특수아동상담

조정연 · 김영숙 · 박상희 공저

박학사

머리말

특수아동을 상담한다는 것은 특수아동들의 다양한 특성만큼이나 다양한 사례들이 많기 때문에 조심스럽고 힘든 일이다. 오랜 시간 함께 지내다 보면 그들의 이상한 행동과 언어, 충동적인 감정폭발을 이해하게 되고, 동작과 눈빛만 봐도 무얼 원하는지 알 수가 있다.

겁 없을 때 더 용감하게 덤빈다는 옛말이 있듯이, 뭔가 몰랐을 때 열심히 교육하고, 행동중재하고, 열심히 가르친 것 같다. 세월이 흐르고 좀 더 체계적인 정보와 많은 것을 알고 난 다음부터는, 오히려 신중하게 아동들을 대하기 시작하였다. 그들을 이해하기 위해 오랜 시간 관찰하고 그들과 함께 생활하면서 무엇을 전달하려는 몸짓인지? 나타내는 행동은 어떠한 기능을 갖고 있는지?

대학에서 특수아동을 지도하고, 상담하고자 하는 학생들을 위해 조금은 선(先)경험자로서, 선(先)실행자로서 특수아동에 관한 지식을 전달하고자 이 교재를 집필하였다. 마음과 달리 많은 내용을 체계화하여, 처음 특수아동을 알고자 하는 사람들에게 조금의 도움이 되는 기초지식들을 정리해 보았다. 다음에는 좀 더 다양한 장애영역별 사례를 중심으로 집필을 하여 도움을 주고자 한다.

2007. 11.

저자 일동

차 례

제 1 장

특수아동과 특수교육

특수아동의 상담에 대해서 알기 위해서는 우선 특수아동과 특수교육에 관한 기본적인 지식을 갖추고 있어야 한다. 본 장에서는 특수아동에 대해서 우선 다루고 전반적인 특수교육에 관하여 이야기한 뒤, 이슈가 되는 통합교육과 특수교육 관련법에 관하여 간단히 언급하고자 한다. 장애 영역별로 보다 구체적인 내용은 2부의 각 장애영역에서 자세히 소개할 것이다.

1. 특수아동의 이해

일반적으로 특수아동이라 하면 두 가지 측면에서 해석할 수 있다. 정규분포 곡선에서 하위그룹과 상위그룹이다. 일반적으로 상위그룹에 속하는 아동은 영재아동이라고 불리는 특수아동이며 하위그룹에 속하는 아동은 장애아동이라고 불리는 특수아동이다. 그러나 특수아동이라고 하면 장애아동을 지칭하는 용어로 사용되고 있다. 따라서 본 장에서도 이러한 측면에서 특수아동이라는 용어를 장애아동이라는 제한적인 의미로 사용할 것이다.

1) 특수아동 정의

앞서 언급하였듯이 본 장에서는 특수아동의 범위를 장애아동으로 한정한다. 일반적으로 특수아동이라고하면 특정영역에서 대부분의 다른 아동들과는 다른 아동을 의미한다. 교육의 목적을 고려할 때 특수아동의 정의는 자신의 잠재력을 개발하기 위해서 특수교육 및 그와 관련된 서비스를 필요로 하는 아동을 의미한다(Hallahan & Kaufman, 2003). 특수교육 진흥법 제10조에 특수아동은 시각장애, 청각장애, 정신지체, 지체부자유, 정서장애(자폐성을 포함한다), 언어장애, 학습장애, 심장장애·신장장애·간장애 등 만성질환으로 인한 건강장애, 기타 교육인적자원부령이 정하는 장애를 가진 아동으로써, 특수교육이 필요한 아동으로 정의하고 있다. 특수아동을 장애아동으로 국한할 때는 장애의 의미를 보다 정확하게 이해할 필요가 있다. 영어의 impairment, disability, handicap을 한국어로 번역하여 사용할 때 대부분 장애라고 번역하여 사용하는 경우가 많다. 그러나 그 의미는 다르다. 장애(impairment)는 손상이라고 사용하는 경우도 있는데 손상(impairment)라고 하면 신체나 내장의 어떤 특정부위가 상실되거나 그 기능이 감소된 형태를 말한다. 예를 들면 팔이 없다거나, 손가락이 없다거나, 다리가 없다거나, 폐가 한쪽이 없다거나 하는 것이다. 장애(disability)는 무능력이라고 사용하는 경우도 있는데 무능력(disability)이라고 하면 손상으로 인하여 특정한 영역을 제대로 할 수 없는 것을 일컫는다. 예를 들면, 손이 없어서 손으로 할 수 있는 일들을 하지 못한다거나 다리가 없어서 걷지 못한다거나 하는 것이다. 장애(handicap)는 불이익이라는 용어로 사용하는 경우도 있는데 불이익(handicap)이라고 하면 손상이나 무능력 때문에 실제적으로 불이익을 경험하는 것이다. 예를 들면 다리가 없는 손상이 있기 때문에 걷을 수 없고 그래서 외출에 제한을 받게 되거나 전동휠체어를 탈 경우 택시를 탈 수 없는 불이익을 받을 수 있게 된다. 이러한 다양한 장애의 의미를 포함하는 장애진단명을 정신지체, 시각장애, 청각장애, 지체장애, 정서장애, 의사소통장애, 중복장애 등으로 사용하고 있다.

위에서 본 특수아동의 정의 및 장애에 관한 내용을 보면 특수아동이라고 하면 이렇게 손상 및 무능력, 불이익이 모두 있어야 하는가? 장애아동들은 출현율에서도 마찬가지이지만 어떤 기준으로 바라보느냐에 따라서 많은 차이가 있다. 또한 일반아동들의 다양성을 그대로 가지고 있으며 때로는 더욱더 다양하여 어떤 범주로 묶어서 보는 것이 더 어렵다고 해도 과언이 아니다. 이러한 측면은 특수아동을 우리가 개별교육하는 것과 연관지어 생각해 보면, 이들의 개별성이 더 뚜렷하기 때문이라고 해석할 수 있다. 그러나 이들이 다양하다고 해서 일반아동들과 모든 장애아동들이 모든 측면에서 차이가 나는 것은 아니다. 예를 들어 읽기장애 아동의 경우에는 일반적인 생활이나 다른 측면에서는 아무런 문제점을 발견할 수 없지만 특정영역인 읽기에서 장애를 보인다. 의사소통장애 중 화용론적인 측면에서 장애가 있는 아동의 경우 이탈행동이나 다른 영역에서의 장애는 없지만 지시를 잘 따르지 못한다거나 질문에 대답을 잘못하는 것과 같은 의사소통상에서만 문제를 나타낸다. 따라서 장애도 경증에서부터 중증까지 다양하다는 것을 이해해야 한다.

2) 특수아동 분류

장애의 종류에 따라서 특수아동을 분류하면, 시각장애, 청각장애, 정신지체, 지체부자유, 정서장애(자폐성을 포함한다), 언어장애, 학습장애, 심장장애·신장장애·간장애 등 만성질환으로 인한 건강장애, 기타 교육인적자원부령이 정하는 장애의 9가지 영역이다(〈표 1.1〉 참조). 그러나 2007년 5월 25일에 공포된 「장애인 등에 대한 특수교육법」(법률 제8483호)에서는 시각장애, 청각장애, 정신지체, 지체부자유, 정서행동장애, 자폐성장애(이와 관련된 장애를 포함한다), 의사소통장애, 학습장애, 건강장애, 발달지체, 그 밖에 대통령령으로 정하는 장애의 11개의 영역으로 나누어서 공포하였다. 시행일이 2008년 5월 26일로 발표되었지만 앞으로 장애의 분류 및 개념에도 변화가 있을 것으로 본다.

2. 특수교육 이해

1) 특수교육 정의

「장애인 등에 대한 특수교육법」에서는 특수교육을 '특수교육대상자의 교육적 요구를 충족시키기 위하여 특성에 적합한 교육과정 및 제2호에 따른 특수교육 관련서비스 제공을 통하여 이루어지는 교육'이라고 정의하고 있다. '특수교육 관

〈표 1.1〉 장애아동 분류

장애범주	진단기준
시각장애	① 두 눈의 교정시력이 각각 0.04 미만인 자 ② 시력의 손상이 심하여 시각에 의하여 학습과제를 수행할 수 없고 촉각이나 청각을 학습의 주요 수단으로 사용하는 자 ③ 두 눈의 교정시력은 각각 0.04 이상이나 특정의 학습매체 또는 과제의 수정을 통해서도 시각적 과제수행이 어려운 자 ④ 특정의 광학 기구·학습매체 또는 설비를 통해서만 시각적 과제수행을 할 수 있는 자
청각장애	① 두 귀의 청력손실이 각각 90데시벨 이상인 자 ② 청력손실이 심하여 보청기를 착용하여도 음성언어에 의한 의사소통이 불가능하거나 곤란한 자 ③ 일상적인 언어생활로 가정에서 청각의 기능적 활용이 불가능하여 일반인과 함께 교육받기가 곤란한 자
정신지체	지능검사 결과 지능지수가 75 이하이며 적응행동에 결함을 지닌 자
지체부자유	지체의 기능·형태상 장애를 지니고 있고, 체간의 지지 또는 손발의 운동·동작이 불가능하거나 곤란하여 일반적인 교육시설을 이용한 학습이 곤란한 자
정서장애 (자폐성을 포함한다)	① 지적·신체적 또는 지각적인 면에 이상이 없음에도 학습 성적이 극히 부진한 자 ② 친구나 교사들과의 대인관계에 부정적인 문제를 지니는 자 ③ 정상적인 환경 하에서 부적절한 행동이나 감정을 나타내는 자 ④ 늘 불안해하고 우울한 기분으로 생활하는 자 ⑤ 학교나 개인문제에 관련된 정서적인 장애로 인하여 신체적인 통증이나 공포를 느끼는 자 ⑥ 감각적 자극에 대한 반응·언어·인지능력 또는 대인관계에 결함이 있는 자
언어장애	조음장애·유창성장애·음성장애·기호장애 등으로 인하여 의사소통이 곤란하고 학습에 어려움이 있는 자
학습장애	셈하기·말하기·읽기·쓰기 등 특정한 분야에서 학습상 장애를 지니는 자
심신장애·신장장애·간장애 등 만성질환으로 인한 건강장애	심장장애·신장장애·간장 등 만성질환으로 인하여 3개월 이상의 장기입원 또는 통원치료 등 계속적인 의료적 지원이 필요하여 학교생활·학업수행 등에 있어서 교육적 지원을 지속적으로 받아야 하는 자
기타 교육인적자원부령이 정하는 장애	

출처: 구 특수교육 진흥법 2005.3.24 법률 제7395호

련서비스'란 특수교육대상자의 교육을 효율적으로 실시하기 위하여 필요한 인적·물적 자원을 제공하는 서비스로서 상담지원·가족지원·치료지원·보조인력지원·보조공학기기지원·학습보조기기지원·통학지원 및 정보접근지원 등을 말한다. 용어의 정의 측면에서 구체적으로 살펴보면, 특수교육기관은 특수교육대상자에게 유치원·초등학교·중학교 또는 고등학교의 과정을 교육하는 특수학교 및 특수학급을 말하고, 특수학급은 특수교육대상자에게 통합교육을 실시하기 위하여 고등학교 이하의 각급 학교에 설치된 학급으로서, 그들의 능력에 따라 전일제·시간제·특별지도·순회교육 등으로 운영되는 학급을 말한다. 순회교육은 특수교육을 담당하는 교원이 가정이나 의료기관, 학교 기타 시설 등에 있는 특수교육대상자를 방문하여 행하는 특수교육을 말한다. 통합교육은 특수교육대상자의 정상적인 사회적응능력의 발달을 위하여 일반학교에서 특수교육대상자를 교육하거나, 특수교육기관의 재학생을 일반학교의 교육과정에 일시적으로 참여시켜 교육하는 것을 말한다. 치료교육은 장애로 인하여 발생한 결함을 보충함과 동시에 생활기능을 회복시켜 주는 심리치료·언어치료·물리치료·작업치료·보행훈련·청능훈련 및 생활적응훈련 등의 교육활동을 말한다. 2007년 9월 현재 치료교육은 관련법상 없어졌으며 관련서비스로 바뀌어졌다. 미국의 경우는 1975년『전장애아동교육법』에 의해서 특수아동은 무상의 적절한 공교육을 받을 수 있게 되었고 개별화된 교육계획과 최소한 제한적인 환경에서 교육받을 수 있게 되었다.

2) 특수교육 관련 서비스체계

특수아동들은 여러 가지 형태로 교육적으로 배치된다. [그림 1.1]에서 보는 바와 같이 일반학급에서부터 가정에서 병원까지 여러 가지 체계가 있었다. 특수교육법에 따르면, 통합교육, 개별화교육, 순회교육, 진로 및 직업 교육을 제시하고 있고 3세 이하의 아동에 대해서는 조기교육을 강조하고 있다. 여기서 통합교육이란 특수교육대상자가 일반학교에서 장애유형·장애정도에 따라 차별을 받지 아니하고 또래와 함께 개개인의 교육적 요구에 적합한 교육을 받는 것을 말한다. 개별화교육은 각급 학교의 장이 특수교육대상자 개인의 능력을 계발하기 위하여

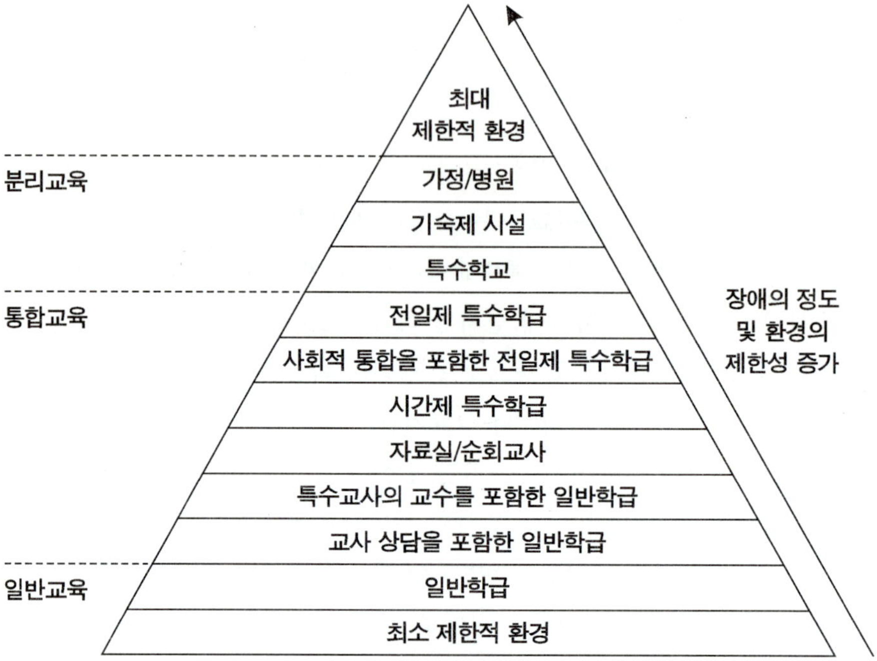

[그림 1.1] 특수교육 서비스 체계

장애유형 및 장애특성에 적합한 교육목표·교육방법·교육내용·특수교육 관련서비스 등이 포함된 계획을 수립하여 실시하는 교육을 말한다. 순회교육이란 특수교육교원 및 특수교육 관련서비스 담당 인력이 각급 학교나 의료기관, 가정 또는 복지시설(장애인복지시설, 아동복지시설 등을 말한다.) 등에 있는 특수교육대상자를 직접 방문하여 실시하는 교육을 말한다. 진로 및 직업교육이란 특수교육대상자의 학교에서 사회 등으로의 원활한 이동을 위하여 관련 기관의 협력을 통하여 직업재활훈련·자립생활훈련 등을 실시하는 것을 말한다(교육인적자원부, 2007). 특수아동의 교육적 측면에서 총체적인 언어접근, 환경중심 접근이 주 패러다임인 것처럼 가장 이상적인 것은 특수아동이 일반학급에 배치되어 교육받는 것이다. 그러나 장애아동이라는 이유만으로 특수학급이나 특수학교에 가야 한다고 인식하는 경우도 많다. 장애아동 부모들이 가장 걱정하고 두려워하는 것 중의 하나가 초등학교 취학 시 장애아동이라고 하였을 때 특수학급에 배치되는 것이

〈표 1.2〉 연도별 특수교육대상학생의 배치 현황

연도	특수학교	특수학급	일반학급	합계
2003	24,192 (45.3%)	26,908 (50.4%)	2,304 (4.3%)	53,404
2004	23,762 (42.9%)	28,002 (50.6%)	3,610 (6.5%)	55,374
2005	23,449 (40.2%)	29,803 (51.1%)	5,100 (8.7%)	58,362
2006	22,963 (34.82%)	35,340 (53.59%)	7,637 (11.58%)	65,940

출처: 교육인적자원부, 200년도 특수교육 실태조사 보고서

다. 실제적으로 부모를 상담해 보면 초등학교 취학통지서를 받고 예비 소집일에 가서 아동이 장애임을 밝혔을 때 특수학급이야기를 대부분 듣고 온다고 한다. 일반학급에서 충분히 학습할 수 있다면 시간제 특수학급이나 특수학교에 배치될 필요는 없다. 그러나 아동에 따라서는 이러한 제한적인 환경에 배치될 필요가 있는 경우도 있다는 것에 대해 숙고가 필요하다. 〈표 1.2〉와 〈표 1.3〉은 특수교육 대상 학생의 현황들이다.

3. 통합교육

통합교육은 30년 전 스웨덴에서 실시되었다. 스웨덴에서는 '정상화 운동'이 전개되었고 이것의 방법으로 '통합'을 제시하게 되었다. 정상화라 함은 장애인 복지의 기본적 개념이며 어떠한 장애가 있다고 하더라도 일반적인 정상인으로 살 권리가 있다는 것을 말한다. 즉 평등의 개념이 포함된다고 보아도 된다. 이러한 관점에서 시작한 정상화의 확대개념인 통합에 대해서 이소현과 박은혜(1998)는 다양한 교육적 요구와 능력을 지닌 학생들이 수업시간의 일부나 전부를 함께 교육받는 프로그램으로서 그 특징은 장애아동과 일반아동이 사회적 활동이나 교수활동에서 의미 있는 상호작용을 하는 것이라고 하였다. 통합교육의 유형에는 특

〈표 1.3〉 특수교육대상학생의 배치 현황

구분			특수학교	일반학교		계
				특수학급	일반학급	
특수교육 대상학생			22,963	35,340	7,637	65,940
학생수	장애영역별	시각장애	1,819	269	204	2,292
		청각장애	1,334	853	677	2,864
		정신지체	14,365	19,246	2,430	36,041
		지체부자유	3,094	3,002	1,643	7,739
		정서장애	2,139	4,629	927	7,695
		언어장애	161	522	502	1,185
		학습장애	11	6,310	661	6,982
		건강장애	40	509	593	1,142
		계	22,963	35,340	7,637	65,940
	과정별	유치원	1,032	599	1,494	3,125
		초등학교	7,657	22,498	2,597	32,752
		중학교	6,286	7,500	1,481	15,267
		고등학교	6,541	4,743	2,065	13,349
		전공과	1,447	0	0	1,447
		계	22,963	35,340	7,637	65,940
학교수			144	4,530	3,621	8,295
학급수			3,278	5,753	6,263	15,294
특수학교(급)교원수			6,141	6,108	–	12,249
특수교육보조원 배치수			1,753	3,914	574	6,241

출처: 교육인적자원부, 2007년도 특수교육 실태조사 보고서

수교육진흥법 시행규칙(1994)에 의하면 특수교육 대상자가 초등학교 취학할 때 학교의 지정이나 배치를 다음과 같은 순서 준하도록 하고 있다(김송석 외, 2006).

① 통합교육을 실시하는 일반학교

② 일반학교의 특수학급

③ 특수학교

④ 다른 특별시, 광역시 및 도에 소재하고 있는 특수학교 등

그러나 실제적으로 통합에 대한 각 교육청과 학교들의 차이점도 많이 있다. 일반유치원의 경우에는 보육료 지원의 체계가 지역별로 차이가 있고 초등학교 입학 시에도 차이가 있다. 다음의 사례를 보면 보다 잘 이해를 할 수 있을 것이다.

민성이는 8살로 보청기를 착용하고 있는 청각장애아동이다. 올해 초 초등학교 입학을 하면서 여러 가지 일을 겪게 되었다. 민성이가 입학 통지서를 받은 학교는 집에서 가장 가까운 곳이지만, 어머니가 알아본 바로는 그 학교의 경우에는 청각장애아동이 없으며 일반교사도 청각장애에 대한 경험이 없다고 하였다. 어머니는 고민 끝에 특수학급과 특수학교 보조원제도가 정착되어 있고, 청각장애학생들이 다니고 있는 이웃 초등학교에 입학시키기 위해서 이사를 결심하였지만, 상황이 여의치 않아 입학 시기를 맞출 수 없었다. 그러다가 현재의 집과 조금 거리가 있지만 특수학급이 있고, 또한 현재 청각장애학생이 있는 이웃 초등학교로 보내기 원한다는 신청서를 작성하여 제출하였다. 그러나 결과는 두 학교 모두에서 취학 통지서가 나왔고, 교육청과 학교 측에 다시 이야기하여 결과적으로는 원하는 초등학교에 입학할 수 있었다.

민성이가 초등학교에 입학하자 특수학급의 배치되는 것에 대해서 고려해 보라는 담임선생님의 말씀을 들었고, 만약 특수학급에 배치되고 싶지 않다면 특수학교 보조원을 활용하는 것에 대한 권고를 받았다. 그러나 어머니께서 이 학교를 선택한 이유는, 청각장애학생들이 이 학교에 다니고 있으며, 일반교사들 또한 청각장애에 대한 의식을 갖고 있을 것이라고 믿었기 때문에, 아동의 능력이 특수학급에 배치될 정도는 아니라고 판단하였으므로 담임선생님과의 상담 이후 일반학급에 배치되어 통합교육을 받을 수 있었다.

위의 사례에서 보듯이 일반 초등학교에 특수학급이 있는 경우나 없는 경우나 통합에 대한 문제는 부모에게 여전히 숙제로 남게 된다. 특수학급이 없는 경우에는 선택의 여지가 없이 통합교육을 받게 되지만, 실제적으로 개별수업이 필요함에도 불구하고 전혀 혜택을 받지 못할 수 있고, 특수학급이 있다면 장애라고

하면 무조건 특수 학급으로 가는 것이 어떻겠냐는 권고를 받음으로써 부모는 또 다른 상처를 받게 된다. 부모들과 상담을 하다 보면 "우리 아이가 특수학급에서 공부하는 것이 좋겠대요. 어떻게 하죠?"라고 이야기하는 경우가 많다. 마지막 말인 '어떻게 하죠?'라는 말에 부모의 심정이 사실 모두 담겨져 있는 것 같다.

통합교육에 대한 필요성은 모두 자각하고 있지만, 이를 위해서는 교사와 학교가 모두 준비되어 있어야 한다. 다음 종규와 명수의 예를 보면 이해를 좀더 도울 수 있으리라고 본다.

종규는 청각장애로 인하여 인공와우 수술을 받은 지 2년이 된 아동이다. 인공와우는 내부 기기를 대뇌 수술을 통하여 내이에 직접 삽입하고 외부에 장치를 착용하는 청각 시스템이다. 수술비용도 비쌀 뿐만 아니라 외부 충격에 의하여 손상을 받을 경우 수술을 다시 받아야 하는 상황도 벌어질 수 있는 기기이므로 각별한 주의를 요하는 기기이다. 초등학교를 입학하였을 때의 일이다. 인공와우 기기는 여러 가지 주의를 요하므로 부모님께서 입학 당시 담임선생님께 상세한 설명을 하였다. 그 후 담임선생님께서는 여러 가지로 신경을 써 주셨고, 쉬는 시간 아이들이 모여 운동장에서 자유롭게 노는 시간에는 아이를 교실 밖으로 내보내지 않으셨다. 그 이유가 혹여 아동이 공에 맞는다거나 다칠 것이 염려되어 내보내지 않았다고 말씀하셨다.

명수는 발달장애를 가진 3학년 아동이다. 먹는 것에 굉장히 집착이 강하며 발화도 단단어 또는 두 단어 수준이다. 학교에서는 먹는 것뿐만 아니라 무엇이든지 입으로 가져가는 경향이 강하여 이것을 통제하는 것이 가장 어렵다고 하였다. 그러나 가정에서는 음식이나 행동 측면에서 어머니의 말에 자제가 가능하다고 하였다. 미술수업을 할 경우 물풀이나 딱풀 같은 것을 순식간에 먹어 없애거나 식사시간에는 너무 많이 먹는 경향이 있어서 특수학교 보조원 선생님께서 한순간도 눈을 뗄 수가 없으며, 수업시간에 갑자기 돌아다니는 것이 1학년부터 현재까지 지속적으로 이루어지고 있으며, 체육시간이나 교실을 이동하는 시간에는 교실 이동을 거부하여 반에서 보조 선생님과 같이 있어야 하는 일도 있다고 하였다.

종규의 예는 통합은 실시되었으나 담임선생님께서 제대로 된 이해가 되지 않았다는 증거를 보여 주는 것이다. 부모교육의 입장에서 이야기하자면 과잉보호를 한 셈이다. 명수의 경우에는 통합교육이 이루어지면서 보조원이라는 제도적 장치가 잘 마련되어 있기 때문에 일반학급에서 생활이 가능한 것이다. 따라서 학교, 일반아동, 담임선생님 모두가 준비가 되어 있어야 한다. 특히 지체부자유의 경우에는 휠체어가 들어갈 수 있는 물리적인 환경이 갖추어져 있어야 한다. 이러한 부분들이 통합의 조건이 될 수 있다.

이러한 제반사항들이 있지만 통합을 하는 목적은 통합을 함으로써 장애아동들의 사회, 정서적 발달을 도모할 수 있고, 뿐만 아니라 장애아동들이 고립되지 않고 사회에 적극적으로 참여할 수 있는 방법을 배울 수 있다. 또한 학업 성취면에서도 긍정적이라는 것이 일반적인 평가이다. 일반아동들의 인식개선에도 많은 도움을 줄 수 있다. 따라서 이러한 측면을 고려할 때 장애아동의 통합은 이루어져야하며 아직도 열악한 우리나라 현실에서 많은 개선이 되어야 한다고 본다.

4. 요약

① 특수교육 대상자 중 일반학급의 통합 비율을 점점증가하고 있다.

특수교육대상자의 배치 현황에 근거하면 횟수가 거듭 될수록 일반학급 내 특수아동들이 늘어나고 있다. 따라서 이러한 교육적 배치에 대한 대비가 필요할 것이다.

② 특수교육대상자의 분류도 자폐성장애, 발달지체가 추가되었다.

구 특수교육진흥법(2007년 5월 25일 폐지)에 근거하여 보면 이전의 분류에서 자폐성장애와 발달지체가 추가되어 장애의 영역도 더 세분화되고 있다. 세분화의 의미는 각각의 특성 및 접근 방법의 다름을 시사한다고 볼 수 있으므로 이러한 측면에서 교사 및 치료사는 고려하여야 한다.

제 2 장

상담의 개요

1. 상담의 개념

1) 상담이란?

흔히 사람들은 상담은 문제가 있을 때 받는 것이라 생각하는 경향이 있다. 문제(Problem)에 대해서 곰곰이 생각해 보자. 자신에게 있어서 문제는 무엇이며, 우리 주변에 문제 아닌 것들이 무엇이 있나? 예전부터 우리는 상담을 해 오고 있었다. 부모에게, 친구에게, 직장 동료에게 자신의 고민을 털어놓은 적이 한 두 번은 있었을 것이고, 고민을 들어준 적도 있었을 것이다. 이와 같은 행위가 체계적이지는 않지만 바로 상담활동과 관련이 된다.

여기서 상담의 의미를 생각해 볼 수 있다. 상담이라 함은 고민을 가진 사람 즉, 도움을 필요로 하는 사람인 내담자와 고민을 들어주고 해결에 도움을 주는 사람인 상담자로 이루어진다. 특수아동 상담에서는 내담자가 장애를 가진 개인과 부모, 양육이나 교육담당자, 그 외 관련자가 될 수 있다. 상담은 실질적인 도움을 주기위해 그들이 갖고 있는 문제를 인식하고, 해결을 위한 모색을 도모하는 것으로 이 교재에서 상담은 counseling으로 보기보다 helping의 개념으로 본다.

상담은 내담자에게 있어 정서적 고통으로부터 벗어나고, 인생의 지침을 발견하며, 변화를 도모하는 피드백을 받을 수 있는 효율적인 수단이 된다. 내담자는 상담을 통해 보다 원만한 인간관계, 내적 성장, 존재 가치의 문제, 의미 있는 기술을 배우게 된다. 상담에서 사용할 수 있는 기술은 주의집중하기(attending), 경청하기(listening behavior), 폐쇄적(closed)또는 개방형 질문하기(open question), 재 진술하기(restatement), 감정 반영하기(reflection of feeling), 승인(approval)과 확신(reassurance), 즉시성(immediacy), 정보제공하기(information), 직접적인 안내(direct guidance)등과 같은 언어와 비언어적 형태의 의사소통을 포함한다.

2. 상담의 목적

상담은 내담자로 하여금 자기이해와 자기수용, 자기개방을 하게 함으로써 자기성장을 꾀하는 데 있다. 때문에 상담의 목적은 내담자가 안고 있는 문제를 보다 효율적으로 대처하게 하고 긍정적인 삶을 살아갈 수 있도록 돕는 것이다.

3. 상담의 효과

상담에는 긍정적인 측면과 부정적인 측면 두 가지가 있다.

1) 긍정적 측면

첫째, 상담은 정서적으로 괴로움을 겪는 사람에게 필요한 지지(support)와 위안(relief)을 준다.

동호의 다리 떠는 문제행동에 아버지는 화만 내게 되고, 아들에게 화를 내는 아버지를 못마땅하게 여긴 어머니의 반응은 아버지와의 심한 싸움으로 이어졌다. 하지만 상담을 통해 동호의 다리 떠는 문제행동에 대한 행동치료 프로그램을 전달받은 후, (동호의 부모님들께서는) 자녀의 행동문제를 해결하기 위한 부모활동으로 참여하게 되었다. 상담 전 동호의 문제행동만을 초점으로 삼아 의견충돌을 가신 부모늘은 상담을 통해 문제행동 접근에 동참함으로써 자녀의 문제행동에 대한 서로의 노력에 돈독한 관계로 새롭게 시작될 수 있었다.

둘째, 상담은 행동변화와 정서적 치유만이 아니라 개인의 인생에 지침을 만들어 갈 수 있다. 사람들은 상담을 통하여 문제가 쉽게 해결되리라고 생각한다. 하지만 가장 효율적인 상담자는 앞으로 또 다시 같은 문제 상황이 발생하더라도 내담자가 스스로 해결할 수 있도록 도울 수 있다.

양치질을 하지 않겠다고 떼쓰는 윤미의 신경질에 대해 고민하는 윤미엄마와 상담을 하게 되었다. 상담자는 윤미의 문제행동이 나타나게 되는 여러 가지 요인을 설명해 주기보다, 윤미에게 아무런 관여를 하지 않고 하루 동안 윤미가 어떠한 행동을 하는지 관찰하고 관찰한 내용을 간단하게 기록하여 이야기해 달라고 하였다. 다음날 어머니께서 상담실을 들어오시면서 하시는 말씀 “우리 윤미가 양치하지 않는 이유를 알아냈어요. 입안이 헐어서 아파 그랬나 봐요.”라고 말씀하셨다. 상담자가 아동의 문제행동에 대한 부모의 대처행동 정보를 주었다면, 양치질을 좀 더 효과적으로 진행할 수 있었을런지 모른다. 하지만 자녀를 세심히 관찰하고 관심 갖는 태도에 대한 소홀함을 깨닫지 못했을 뿐만 아니라, 스스로 해결하는 능력을 상실했을 수도 있다. 이와 같이 문제에 대해 더 깊이 있게 탐색하고 통찰할 기회를 준 것이 앞으로 문제가 또 생겼을 때 문제행동 자체만을 보기보다 그 문제가 발생하기까지의 여러 요인들에 대해 관찰하여 진단하게 되는 능력을 갖게 한 것이다.

셋째, 상담은 내담자가 타인에게 어떻게 보이는지 다른 사람이 말하기 어려운 것을 피드백을 통해 상담자가 말해줄 수 있다.

상담 중에 내담자가 너무 의존적이라는 것을 알려주고 이런 모습들이 다른 부분에서도 나타나는지 체크하게 할 수 있다.

넷째, 내담자가 타인과 건강하고 파괴적이지 않은 관계를 형성하는데 도움을 준다. 재(再)부모역할을 한다고 볼 수 있다. 이 말은 다른 사람으로부터 무시받았던 내담자가 따뜻하게 들어주는 경험을 할 수 있기 때문이다.

종종 장애를 갖고 있는 이들이나 장애부모들은 장애로 인하여 일반인들로부터 따가운 시선과 좋지 않은 소리를 들으며 자신도 모르게 열등감과 부정적인 감정을 가지고 있을 수 있다. 하지만, 상담은 자신들의 문제에 귀 기울이며 문제해결을 위하여 따뜻한 관심을 가져주며 적극적으로 도와주려는 상담자를 통하여 또 다른 일반인들의 감정을 느끼게 되어 새로운 관점을 가지게 해 준다.

다섯째, 내담자는 더 효율적인 삶을 살고 자신의 잠재력을 발휘할 수 있는 기술을 배울 수 있다. 다른 사람들과의 의사소통, 갈등해소방법, 의사결정 전략, 건강하지 못한 습관 바꾸기, 자기주장하기 등의 기술을 배울 수 있다.

발달지체 장애자들은 언어구사력이 일반인들에 비해 떨어진다. 때문에 자신의 의도와 다르게 상대방에게 전달되어 오해를 살 수도 있으며, 반대로 상대방의 말을 잘못 알아듣고 행동하는 경우가 생길 수 있다. 상담을 통해 다양한 사례들을 역할극을 통하거나 상황놀이를 통하여 올바른 의사전달과 자신의 의견, 생각을 주장하는 기법을 전달 받을 수 있다.

여섯째, 상담은 또한 실존적인 문제에 대처하는 데 도움을 준다.

문제를 자각하게 만들고, 해결을 위한 방법을 모색하게 하고, 스스로 선택하여 실천하게 한다.

2) 부정적 측면

첫째, 상담의 긍정적인 면에도 불구하고 타인을 돕는 것에는 책임이 따른다. 종종 상담은 사람들에게 나쁜 상황과 관계를 지속하게 하는 안식처를 제공하기도 한다. 예를 들어 상담은 장애인들이 소외되고 학대받는 환경에서 그들의 입장에 서서 대변하고 보호와 지원해 준다. 그러나 보호받는 장애인과 지원받는 그 가족들을 관찰한 결과, 보호는 궁극적으로 장애인을 독립적인 존재로 기르기보다 더 의존적인 성향의 사람들로 기를 수 있다는 것이다.

둘째, 상담은 타인의 도움 없이는 감정을 탐색하거나 자기 인생의 변화를 꾀하기 힘들다고 느끼는 내담자의 경우 자칫 잘못하면 의존성을 높일 수 있다. 한번 상담을 받기 시작하면 스스로 문제해결을 꾀하기보다 조그만 문제가 발생 하여도 더 자주 상담 받기를 원하게 된다.

셋째, 상담자가 개인적 또는 사회적 가치관을 내담자에게 강요할 때 생긴다.

종교가 없는 내담자에게 종교 관념을 강조하거나 레즈비언 또는 게이에게 성(性)을 바꾸도록 강요할 수 있다.

4. 특수아동 부모상담

장애인 스스로 상담을 오는 경우 보다 부모들이 상담을 의뢰하는 경우가 더 많다. 때문에 장애부모의 심리 상태와 심리적 변화를 이해하는 것은 참으로 중요하다 할 수 있다.

1) 장애아 부모의 심리적 반응

사람마다 차이는 있을 수 있지만, Hornby는 장애아 부모들은 일반적으로 8단계의 심리적 반응과정을 경험하게 된다고 한다(이효자, 1997). 어떤 이는 짧게 스쳐지나가는 단계가 있을 수 있고, 좀 더 길게 겪는 경우가 있다. 상담을 하러 오게 된 경우에는 현재 어느 단계에 머무르고 있느냐에 따라 상담자의 상담내용이 달라질 수 있다.

(1) 초기충격(shock)

누구나 예쁜 아기를 갖고 싶어 한다. 그러나 출산과 동시에 처음 맞이하는 아기가 장애아이라는 것을 알게 되는 심리적 충격은 참으로 대단한 것이다.

(2) 불신과 부정

이 단계에서는 드러난 상황에 대해 설마 ~하는 심리가 생겨난다. 아이가 바뀌었다고 생각을 하거나, 출산 시 타인의 실수로 잘못된 것은 아닌지 하는 불신과 부정적인 생각으로 가득 찬다.

(3) 감정적 격동

이 단계에서는 장애아 부모가 되었다는 사실 자체는 이제 거부할 수 없는 현실이다. 때문에 그 사실에 슬픔과 초조, 혼돈, 갈등이 생긴다.

(4) 책임감과 죄책감

이 단계에서는 이런 저런 생각에 원인을 찾게 된다. 그때 그렇게 하지 않았었다면, 임신 중 약물을 복용하지 않았었다면, 내가 저 사람과 결혼하지 않았었다면, 그때 그랬었다면 등으로 지금의 상황을 회피하고 싶은 심리로 과거 시점으로 돌아가고 싶어 한다.

(5) 분노

이 단계에서는 어느 정도 현실로 돌아와 주변의 다른 사람들과 비교한다. 같은 환경, 같은 상황, 같은 사건이 있었는데도 아무런 문제가 없는 다른 사람과의 비교에서 '왜? 하필 내게~'와 같은 분노를 표출하며 부정적인 심리현상이 일어난다. 그리고 자신을 자책하며 학대하기도 한다.

(6) 우울

이렇게 해도 저렇게 해도 소용이 없다는 것을 알고 난 다음, 현실 속에 나타난 현상을 운명으로 돌리고 어떻게 해 볼 생각들은 포기한다. 더불어 아이에 대해서는 무관심으로 내버려둔다.

(7) 협상과 수용

이전 단계 심리적응을 모두 거치고 지나오면서, 이 단계에서는 현실을 받아들이고 '장애'를 이해하려고 한다. 여기 저기 정보를 얻으려고 노력하기도 하고 주변 사람들에게 있는 사실을 공개하며 이해를 구하기도 한다.

(8) 현실적 계획과 교육

현실로 돌아와 아이에게 맞는 치료와 교육을 시킨다. 아동의 장애영역과 특성에 맞는 교육기관을 찾아 상담과 진단을 받고 체계적인 교육을 시킨다.

2) 부적절한 부모 반응의 양상

장애아동을 대하는 부모의 반응은 다양하다. 긍정적인 반응과 부정적인 반응에 따라 아동발달과 성격이 좌우될 수 있다. 한국장애인 부모회(1999)에서 발표한 부정적인 부모의 반응은 다음과 같다.

(1) 부정과 불신이 계속되는 가정

장애 자녀가 태어나게 되면 원인을 찾고자 한다. 과거 시점으로 돌아가 이것 저것 생각하다 자신에게서 찾지 못한 원인을 상대방으로 돌리려고 한다. 상대방의 과거 생활환경, 행동, 가정 내력 등. 때문에 상대에 대한 부정과 불신이 계속 된다.

(2) 장애의 원인을 계속적으로 추구하는 가정

장애의 원인은 꼭 이것이다 하는 한 가지를 밝힐 수 없다. 여러 복합적 요인으로 인해 장애가 된다. 때문에 어느 한 가지만을 고집하며 결정적 원인이라고 말하는 것은 앞으로의 장애아 교육을 위해서도 시간 낭비일 뿐이다. 원인을 찾는 것도 좋지만, 일단 자녀에 대한 조기중재와 지역사회 및 교육기관의 적절한 서비스를 받도록 대처를 수립하는 것이 바람직하다.

(3) 가정불화

일반자녀와 달리 장애자녀에게 발생할 수 있는 여러 가지 문제로 부부간 의견일치가 이루어지지 않을 수 있어 가족의 해체 위험까지 안고 있다. 서로의 관점이 아이를 위한 것임을 알고 공감할 수 있는 대화를 이끌어가는 것이 현명하다.

(4) 과잉보호와 어린애 취급

때로는 장애를 가진 이들은 부족함으로 인식되어 무조건 못하고, 도와줘야 한다는 생각으로 장애자녀가 할 수 있는데도 불구하고 부모가 나서서 처리해 주는 과잉보호 반응을 보이기 쉽다. 하지만 장애자녀를 위한 가장 좋은 태도는 스스로 할 수 있도록 도와주는 것이다.

(5) 무관심과 학대

과잉보호하는 태도도 나쁘지만, 장애자녀를 무관심하게 대하거나 학대하는 태도는 가장 좋지 못한 부모반응이다. 자녀를 부모자신과 무관한 일인 양 무관심하게 취급해 버리거나, 심지어 보기 싫은 존재로 생각하여 어디론가 사라져 버렸으면 하는 마음으로 학대한다.

3) 장애아 부모의 양육태도와 아동유형

자녀를 잘 키우고자 하는 부모마음은 모두 같지만, 양육방식과 아동을 대하는 태도는 각기 다르다. 이러한 부모의 양육태도에 따라 아동의 성격과 행동이 달라질 수 있다.

(1) 과잉보호

자녀의 능력과 연령을 기준으로 충분히 스스로 할 수 있는 일까지 도와주는 행위를 말하며 과잉보호하는 부모 밑에서 양육되는 아동은 자신이 할 수 있는데도 부모가 모든 것을 알아서 해 주기 때문에 과제해결능력의 상실과 게으른 아이로 성장하기 쉽다.

(2) 무관심

사랑을 받지 못한 사람은 성격이 왜곡될 수 있다. 특수아동이기 이전에 하나의 개체이며 나름대로의 생각과 생활방식, 심리상태를 지닌 인격체인 것이다. 무관심한 부모에게 양육되는 아이는 부모의 관심을 끌기 위해 재롱을 부리고, 이때 부모로부터 관심을 끌지 못하면 말썽을 피우고, 점차 자해행동을 하여 결국에는 내부 장애인 백일몽에 이르기도 한다.

(3) 상반된 부모

부모 중 한 사람은 권위적인 태도를 보이고, 또 한 사람은 허용적인 태도를 보이는 것과 같이 두 사람이 서로 상반된 태도를 보이거나, 부모 사이의 상반된 의견충돌을 보고 자란 아동은 혼란스러워하며 이중적인 인격으로 변하기 쉽다.

(4) 폭력적

감정적인 순간, 상황을 예측할 수 없이 맞는 것이 폭력이며, 예측할 수 없이 받아들이는 것에서 정신적 충격은 더 크다고 할 수 있다. 부모의 감정조절이 필요하며 폭력을 보고 성장하게 되는 아이들은 폭력으로 문제를 해결하는 법을 배우게 되어 성장하면서 폭력을 사용하게 될 확률이 높고, 증오심을 갖고 반항적이 되며 자신을 자해하기도 한다.

(5) 변덕

부모가 아동을 대하는 태도에 일관성이 없고 무계획적이며 변덕이 심한 경우는 아동 역시 감정의 변화가 심하며, 부모의 기분여하에 따라 야단맞을 수도 그냥 지나칠 수도 있기 때문에 눈치를 보는 아동이 되기 쉽다.

(6) 학구적

지식만을 강조하는 부모는 융통성 없는 원리원칙만을 고집하는 아이로 기르기 쉽다. 놀이를 통한 인지개발을 하고, 기회를 다양하게 제공해 주는 것이 중요하다.

(7) 강박적

부모의 행동이 강박적이면 아동은 조심스러워지고 부모 대하기가 불편하다. 때문에 아이는 두려움을 느끼고 자신감이 없어진다. 활동적인 아동은 부모의 강박행동에 대한 스트레스로 심한 과잉행동을 보이기도 한다.

(8) 우울

우울증을 갖고 있는 부모는 생각이 왜곡되거나 내부 침체형태를 보이게 된다. 부모 스스로 활동성이 없다보니 아이에게 자극을 주기 어렵다. 때문에 다양한 자극을 제공해야 하는 중요한 어린시기에 이러한 자극을 받지 못해 위축적인 행동을 하기 쉽다.

(9) 권위적

열등감을 갖고 있는 사람은 자녀에게 권위적인 행동을 한다. 권위적인 부모에 의해서 양육되는 아동들은 무질서하고 눈가림식으로 일처리를 하게 된다. 창의적인 사고가 어렵고 눈치를 보며 행동하는 비굴한 성격이 되기 쉽다.

(10) 이기적/이타적

자신을 더 많이 생각하거나 반대로 가정보다는 사회업무를 더 많이 생각하는 부모의 태도는 자신에 대한 자아상이 정립되지 않아서 오는 현상이다. 좀 더 부모로서의 역할과 책임감을 갖는 주체적인 부모가 되어야 한다. 자녀 역시 이기주의적 사고를 가진 아동이 되기 쉽기 때문에 주변의 아동들과 어울리는 데 문제를 보이기도 한다.

(11) 연민의 대상으로 자녀를 생각하는 부모

자녀가 장애를 가진 것을 측은하게 여기고 슬픔과 두려운 감정을 가지며, 다른 사람들에게 자신과 같은 감정을 요구하고 구걸하는 태도를 갖는다. 하루가 다르게 변화하고 있는 세상이며 과학 및 의학의 발달로 장애의 원인 규명과 함께 치료 및 대체요법 들이 강구되고 있으니 좀 더 나은 미래를 예측하도록 하며, 자녀를 위한 구체적인 문제해결에 힘쓰도록 촉구한다.

(12)종교적/주술적

불안한 마음에 종교적 절대자의 권능이나, 주술적인 힘에 의존하고자 한다, 그러나 의존하고자 하는 태도는 점점 더 크게 의존하는 습성이 들어버린다.

4) 장애아 부모 기대

[그림 2.1]은 특수아동을 양육하는 부모들의 기대가 과다, 과소, 적절한 기대를 가졌을 때 나타나는 아동유형이다.

부모의 기대
- 과다 → 실패의 경험 → 불안감, 공격적, 습관적인 파괴성향의 아동
- 적절 → 성공의 경험 → 자신감, 떳떳함, 밝은 성향의 아동
- 과소 → 비열한 경험 → 고립적, 위축감, 부정적인 성향의 아동

[그림 2.1] 부모기대에 따른 아동유형

(1) 부모의 기대가 아이의 현재수준보다 높다.

아동은 실패의 경험을 맛보게 되고 미래에는 불안감과 공격적, 습관적인 파괴성향의 아동으로 자랄 수도 있다.

부모의 기대치가 높은 사례를 들어보면 부모는 자신의 아이가 집에서 사물의 수 세기를 잘하는 모습을 평소에 보았다면, 바깥에 외출했을 때 거리의 간판들에 그려진 동물들의 개수를 당연히 세어야 한다고 생각한다. 그런데 아동이 동물들을 세는 데 서툴거나 제대로 세지 못한다면 부모는 아이에게 "그것도 못 세니? 하나, 둘, 셋...... 일곱이잖아!" 하며 아동에게 수를 제대로 세지 못한 데 실망감을 드러내 보이며 질책을 하게 된다. 부모로부터 좋지 못한 감정을 전달 받은 아동은 기분이 나빠짐과 동시에 정서적으로 다치게 된다. 그러면 다음에 다른 경험을 하게 되는 상황이 와서 아동이 충분히 해결할 수 있는 일에 놓이게 되더라도 아동은 '혹시 내가 이것을 제대로 해 내지 못하면..... 엄마에게 비난을 받고 혼나겠지.'하는 마음에 선뜻 해결을 하지 못하게 된다. 그러면 또 아이의 엄마는 아이에게 실망감을 보이며, 또 잔소리를 하게 되고 이 같은 감정을 몇 번 경험하고 나면 아동은 이제 모든 일을 맞이하는 데 있어 불안감을 보이며, 그 때의 정서적 압박감을 누군가에게 공격적으로 표출한다.

처음에는 아동에게 대들지 못하는 사물에 표출하고(물건을 파손시키거나, 종이를 찢는 등의 행동), 더 나아가 자신에게 덤비지 못하는 어린 동생을 괴롭히고, 또 더 나아가 친구들과 싸우고, 이 같은 감정이 점점 발전하면 대상이 누구이든 공격적이 되며, 습관적인 파괴성향의 아동으로 발전할 수 있다.

(2) 아동의 현재수준보다 부모가 갖고 있는 기대가 과소하다.

아동은 비열한 경험을 맛보게 되고 나아가 고립적, 위축감, 부정적인 성향의 아동으로 성장할 가능성이 있다.

부모의 기대치가 아동의 능력보다 적은 경우의 예를 살펴보면 아동은 외출할 때 신발을 스스로 신을 수 있는데, 부모가 신발 신는 것을 모두 도와줘 버리면, 아이는 스스로 하고 싶은데도 부모가 모두 도와줘 할 기회를 잃어 버렸기 때문에 비열한 경험을 하게 된다. 외출을 해서도 음료수를 먹는데 캔 뚜껑을 만지면 부모가 "이리 줘 봐! 넌 이거 따지도 못하고 괜히 억지로 따려고 하면서 손 다친다." 하면서 아동이 캔 고리를 잡고 따는 것을 시도하기도 전에 가져가서 따줘 버린다. 아동이 스스로 딸 수도 있는데 부모가 기회조차 주지 않는 데 또 다시 비열한 경험을 하게 된다.

이제 이 아동은 무슨 일이 닥치면 "엄마가 해주겠지, 누군가가 해 줄 거야." 하면서 회피하는 행동을 하게 되고, 그로 인해 또래들로부터 점차 고립된다. 스스로는 할 수 없다는 생각에 행동은 점차 위축되며, "난 잘 못할 거야."라는 생각을 가지는 부정적 성향의 아동이 될 가능성이 있다.

(3) 아동에게 적절한 기대를 갖는다.

아이의 능력을 인정해 주며, 스스로 할 수 있는 기회를 제공해 준다. 그로 인해 성공의 경험을 갖게 되는 아동은 자신감과 떳떳함, 할 수 있다는 밝은 성향의 아동으로 자랄 것이다. 아이에게 관심을 갖고 사랑으로 지켜본다면 아이의 수준에 맞는 기대감을 갖게 될 것이다.

오늘날 사람들은 지속적으로 빠르게 변화하고 있는 세상에서 가치관을 형성한다. 무엇이 옳고 그른지는 매일 변하고 사람에 따라 다르다. 발달단계와 욕구구조가 맞지 않았을 때 문제가 발생하게 되는 것이다.

5. 상담자 역할

① 상담 전 준비

- 편안하고 안락한 분위기를 조성하여야 한다.
- 주의를 끌 물건은 제거하거나 눈에 띄지 않는 곳으로 치워두어야 한다.
- 상담자의 복장과 외모도 내담자로 하여금 신경 쓰이지 않게 체크 되어야 한다. 옷 색깔이 너무 화려하거나, 요란한 액세서리나 머리 모양은 주의하는 것이 좋다.
- 내담자와 정면으로 앉으면 안 된다. 정면은 내담자로 하여금 불안감 및 경계심을 갖게 할 수 있다.

② 주의집중과 경청하기

③ 개방형질문을 한다.

④ 내담자의 환경을 고려한 충고를 해야 한다.

⑤ 정보를 제공한다. 자신과 환경에 대한 정보부족이 문제해결의 원인이 되기도 하므로, 자료, 사실, 약간의 대안 등 정보를 제공한다.

⑥ 공감, 존경, 진솔성, 수용, 비판단 태도를 보인다. 수용 및 비판단적 태도는 상담에서 필수적이긴 하나 타인에 대한 권리, 실제행동, 자신의 행동에 대한 책임 등과 연계되어야 한다.

⑦ 비밀유지

⑧ 구체성을 요구한다. 내담자가 진실을 말하고 있는지? 관심이나 동정을 얻기 위해 과장하고 있는지? 의심이 들면 더 구체성을 요구한다.

⑨ 종결시간 결정은 상담자와 내담자가 상담과 성취해야 할 목표를 분명히 정했다면 종결한다. 추후 상담 계획과 방법을 얘기하면서 관심을 보낸다.

6. 6단계 상담모델

- 경청하기: 주의집중과 경청을 통해 문제를 확인한다.
- 명료화하기: 상담내용을 듣고 무엇을 해결하고 싶어 상담을 왔는지 문제행동(표적행동)을 찾아 정의를 내린다.
- 탐색하기 I : 문제해결을 위해 어떠한 일을 해 왔는지 탐색하고 해결해야 할 문제행동의 목표를 설정한다.
- 탐색하기 II: 목표설정에 앞으로 해야 할 일을 측정 가능한 구체적 목표로 세부화시킨다.
- 결단하기: 문제해결을 위해 세분화된 목표 실행에 적용될 중재를 결정한다.
- 종결하기: 상담면접을 요약하여 진단한다.

7. 주의집중과 경청

주의집중은 상담자가 신체적으로 내담자를 향하는 것으로, 내담자에게 상담자가 그들이 말하는 것을 듣고 싶어 한다고 느끼게 하기 때문에 생각과 느낌을 말로 옮기는 것을 도와줄 수 있다. 경청하기는 내담자가 상담하는 내용, 행동, 움직임 등, 불명확한 메시지를 특별하게 포착하고 이해하는 것이다.

1) 주의집중 행동유형

① 눈 마주치기: 보통 1초를 넘지 않아야 한다. 너무 적은 눈 마주침은 듣는 이로 하여금 흥미가 없어 한다는 감정을 유발할 수 있고, 너무 잦은 눈 마주침은 강요나 압도당하는 감정을 일으킬 수 있다. 특수아동은 특성상 눈 마주치기를 회피하는 경우가 있으므로 상담자는 눈 마주치기를 회피한다고 해서 심리적 불안이나 비밀, 숨김이 있다고 생각해서는 안 될 것이다.

② 얼굴 표정: 상담에 있어서 중요한 얼굴 표정은 웃음 짓는 것이다. 웃음은 일반적으로 사람을 친근하게 만들며 탐색을 격려하지만, 내담자가 심각한 문제에 대해 이야기 할 때는 환심을 사려고 하거나 부적절한 것으로 인식될 수 있기 때문에 상담과정에서 많이 웃지 않도록 주의해야 한다. 장애부모들은 상대가 웃는 것에 대해 자칫 잘못 비춰질 경우에 자신들을 비웃는 것이라 생각할 수 있다.

③ 인간 공간학: Hall의 공간연구 친밀한 거리 0~45cm, 개인적인 거리 45~120cm, 사회적인 거리 120~350cm, 대중적인 거리 350cm 이상. 상담자들이 의자를 너무 가깝게 놓거나 멀리 배석을 하는 등의 내담자를 위한 공간배려는 안정감에 영향을 준다.

④ 준 언어(Paralanguage): 비언어적 소리(신음, 고함, 한숨, 웃음, 울음 등), 비단어들("어", "아", "어험" 등), 목소리 스타일(피치, 강렬, 폭 등), 언어장애(불완전한 문장들, 잘못 말함, 말 더듬기 등) 등을 포함한다.

⑤ 최소한의 격려와 인정: 상담자는 비언어적 소리들 즉, "음", "예", "와우" 등과

같은 간단한 단어들 속에서 내담자들이 계속해서 말하도록 장려할 수 있다. 최소한의 격려와 인정은 머리를 끄덕인다.

⑥ 방해: 방해의 타입은 다른 사람의 문장을 자신이 마무리해 주는 것이다. 상담자에게는 내담자가 스스로 속도에 맞춰 자신을 표현할 충분한 기회를 갖게 하고 자신의 차례를 기다리는 것이 최선이나, 예외적일 때는 내담자가 상담 이외의 주제에 대해 끊임없이 얘기할 때나 상담자에게 이야기 할 기회를 주지 않을 때이다.

⑦ 침묵: 침묵은 내담자의 진술 후, 상담자의 진술을 단순히 받아들인 후에 일어나는 적어도 5분간의 정지시간을 말한다. 아무 말도 하지 않는 것은 아무것도 하지 않는 것이 아니다. 상담자는 매우 집중하고 지지적일 수 있다. 뭔가를 말하지 않고 경청할 수 있다. 하지만 너무 긴 침묵은 내담자가 불안해하고 불편해 질 수 있기 때문에 하지 말아야 한다.

⑧ 문법적 양식 맞추기: 내담자의 교육수준과 문화적 경험에 적합한 언어를 사용해야 한다. 특수아동 본인이나 부모들 중에는 생활연령과 정신연령이 일치하지 않는 경우가 많기 때문에 상담자의 상담에서 사용되는 언어사용 수준은 내담자의 정신연령에 맞추되, 상담내용은 생활연령에 맞추어야 한다.

2) 몸짓·표정 연구

인사로 손 흔들기를 할 수 있는 것과 같은 언어를 대역하는 상징(emblems), 손으로 물고기 크기를 설명할 수 있는 것과 같은 언어를 동반하는 일러스트레이터(Illustrator), 고개를 끄덕이거나 자세변동 등 대화의 흐름을 모니터하는 제어기(regulators), 머리를 긁는 것, 입술을 핥는 것, 펜을 돌리는 것과 같은 인식하지 못하는 습관적인 행동이나 아무런 의사전달 목적이 없는 어댑터(adapter)로 나눈다.

① 고개 끄덕이기: 상담자가 경청하고 있고 그들이 말하는 것을 따라오고 있다고 느끼게 할 수 있다.

② 몸의 자세: 원하는 몸의 자세로는 내담자 쪽으로 상체를 굽히고 개방적인 자세를 취하는 것이다. 팔짱을 끼거나 다리를 꼬지 않는다.

③ 접촉하기: 접촉은 내담자를 이해하고 있다고 만드는 긍정적인 면도 있지만 자신을 침해하고 있다고 느끼는 부정적인 면도 있다.

④ 상호작용적인 동시성: 사람과의 동시적 움직임 즉, 동시에 다리를 꼬는 것이나 같은 템포로 말을 하는 것을 포함하는 동작의 유사성이다. 사람들은 좀 더 결속되었다고 느낄 때 동시적인 동작을 보인다.

⑤ 필기하기: 상담자가 상담내용을 기억하기 위하여 종종 필기를 하나, 이와 같은 태도는 내담자의 호기심을 유발시키거나 내담자의 주목 능력을 감소시키기 때문에 부적절할 수도 있다. 그러나 중요단서를 기억해야 할 경우에는 간단하게 필기를 한다.

8. 개방형 질문

개방형 질문은 내담자의 반응을 "예", "아니오"와 같은 한 두 마디의 대답으로 제한하려는 것이 아닌, 내담자 생각, 느낌의 탐색을 위해 질문형태로 표현되거나 직접적으로 표현되는 것이다.

1) 개방형 질문 유형

(1) 탐색 격려하기

내담자가 이야기를 시작할 수 있도록 격려하는 데 효과적일 수 있다.

"자~ 오늘은 무엇에 대해 이야기 해 볼까요?"
"요즘 기분은 좀 어떠세요?"

(2) 상담에 대한 기대 탐색하기

내담자의 상담상황에 대한 기대와 생각을 드러내는 데 사용될 수 있다.

"상담을 하고 난 후 답답했던 문제가 해결될 것이라고 생각하세요?"

"상담이 도움이 되나요?"

(3) 문제의 다른 부분들을 탐색하기

상담자는 내담자에게 그들 문제의 다른 면에 대하여 질문함으로 탐색을 촉진할 수 있다.

"과거에도 유사한 일이 일어난 적 있나요?"

"앞으로 이것이 어떻게 되었으면 좋겠어요?"

(4) 탐색 요구하기

"그것에 대해 좀 더 이야기 해 주세요."

"부모님께서 당신의 행동을 보고 왜 화가 났는지 이야기해 주세요."

(5) 명료화 및 집중 격려하기

상담자는 내담자가 애매하고, 산만하며, 불명확할 때 개방형 질문을 사용한다.

"그것에 대하여 조금 더 설명해 주세요."

"그 말은 무엇을 의미하지요?"

(6) 사고의 탐색 격려하기

"그것에 대하여 무슨 생각을 했나요?"

"그 사람에게 하고 싶은 말이 무엇인지 조금 더 이야기해 주세요."

(7) 감정의 탐색 격려하기

자신의 감정을 드러내려 하지 않는 내담자를 위하여 감정에 대하여 이야기하도록 제안하며, 상담자가 그들에게 탐색하기를 원하는 것이 무엇인지 확실히 알도록 해 준다.

"당신이 그밖에 무엇을 느끼나요?"

"그 말에 대한 당신의 느낌을 조금 더 이야기 해 주세요."

(8) 예 요구하기

상담자는 예를 요구할 수 있다. 그리고 그것은 문제의 명확한 분별을 얻는 데 구체적인 증거를 제공한다. 예는 적어도 한 실례에서 실제로 있었던 것을 설명한다.

"최근에 만난 친구들은 어떤 유형인지 이야기해 주세요."
"전화가 걸려오기 전과 후에 한 행동에 대해 정확히 이야기해 주세요."

2) 개방형 질문을 하는 방법

개방형 질문을 함에 있어서 개방형 질문의 제시방법이 매우 중요하기 때문에 적절한 행동수반을 유지해야 한다.

목소리는 낮게 유지하면서 관심과 친밀감을 갖도록 하며, 말의 빠르기는 느리게 하여 안정감을 갖도록 한다. 질문은 다소 공격적으로 비칠 수 있기 때문에 심문하는 것처럼 들리지 않게 다정다감하며 가정적으로 표현하는 것이 좋다.

(1) 목적

- 탐색: "당신은 무엇에 대하여 이야기하고 싶으세요?"
- 명료화: "때렸다는 표현은 정확히 무엇을 의미하는 겁니까?"
- 예를 들도록 하기 위하여: "최근에 일어난 것에 대하여 이야기해 주세요."

(2) 초점

- 사고: "그것에 대하여 무슨 생각을 하나요?"
- 감정: "어떻게 느끼나요?"
- 행동: "그 상황에서 당신은 무엇을 했나요?"

(3) 시제

상담자는 어떤 과거 사건이 현재 상황으로 이끌었는지, 현재 상황에 무엇이, 누가 포함되었는지 그리고 내담자가 앞으로 무엇이 일어나기를 기대하는 지에 초점을 맞출 수 있다.

(4) 객체

- 자신: "그 모욕이 당신에게 어떤 영향을 주었나요?"
- 타인: "그 싸움 후에 당신의 어머니에 대해서 어떻게 느끼나요?"

3) 개방형 질문 제시 지침

- 짧고, 간단해야 한다.
- 몇 개의 질문을 한꺼번에 해서는 안 된다.
- 상담자는 내담자에게 계속 집중해야 한다.
- 내담자가 과거의 경험이나 사건에 강한 감정과 반응을 가지더라도 초점은 반드시 현재에 있어야 한다.
- 상담자는 예, 아니오 또는 명확한 정보와 명확하게 요구되어 지는 답을 가진 폐쇄형 질문은 삼가야 한다.
- 상담자가 "왜?"라는 질문을 하지 않도록 한다. 왜라는 질문은 종종 내담자가 도전받았다고 느끼고 방어적이게 만든다.

특수아동 및 부모 상담에서 특수아동의 세계를 이해하고 장애심리를 잘 알아야 한다. 때로는 상담을 통해 마음의 위로와 공감을 해 주기도 하고, 교육, 의학, 정서 및 재정적 지원을 하는 국가기관이나 지역 단체에 대한 정보제공을 하기도 한다. 하지만 가장 중요한 것은 상담을 통하여 장애가 가진 특수성에 대한 정보, 예후, 강점과 제한점을 알 수 있도록 도와주며 현재 나타난 문제의 호전을 저해할 수 있는 감정, 태도, 스트레스 경감, 문제해결력 등을 현실 속에서 훈습하도록 도와주는 데 있다.

9. 요약

① 상담은 고민을 가진 내담자와 도움을 주려는 상담자로 이루어진다.
② 내담자는 상담을 통해서 원만한 인간관계, 내적 성장, 존재 가치의 문제,

의미 있는 기술을 배우게 되어 자신의 문제를 좀 더 효율적으로 대처할 수 있다.

③ 상담에는 실존문제에 대처하거나 정서적 지지 및 위안을 주며, 인생의 지침이 되기도 하는 등의 긍정적인 측면과 내담자가 상담에 의존하거나 상담자가 내담자에게 강요하거나 상담 결과에 대한 무거운 책임이 뒤따르는 등의 부정적인 측면도 있다.

④ 장애부모는 초기충격, 불신과 부정, 감정적 격동, 책임감과 죄책감, 분노, 우울, 협상과 수용, 현실적 계획과 교육의 8단계 심리반응과정을 겪는다.

⑤ 장애아동을 대하는 부모의 반응, 양육태도, 기대에 따라 자녀에게 나타날 수 있는 행동유형은 많은 차이를 보인다.

⑥ 상담을 하기 위해서 충분한 사전준비와 주의집중, 경청을 하도록 한다.

⑦ 상담자는 주의집중과 경청, 개방형 질문을 통해 내담자로 하여금 그들이 표현하고자 하는 것을 도와주어야 한다.

제 3 장

상담기법

상담은 도움이나 지원이 필요한 내담자와 도움을 줄 수 있는 전문가의 상호관계적 과정으로서 내담자가 현실적으로 부딪치고 있는 문제를 해결하고 행동을 변화시키며, 나아가 정신적 건강을 증진해 나가는 학습과정이라고 할 수 있다.

더욱이 아동은 성인과 다르게 스스로 자신의 문제나 문제행동을 해결할 수 있는 경험과 자율능력이 아직 부족한 성장기 과정에 있으므로 가족이나 주위환경의 도움과 지원이 필요하다. 특히 특수아동은 장애의 정도, 장애유형 그리고 장애특징에 따라 다양한 문제행동과 유형들이 나타날 수 있으므로 이에 대한 적절한 상담방법과 적용기술을 중재하는 것이 요구된다.

아동을 이해하고 아동상담을 실행하는 데 따른 중재방법은 정신분석학적 접근, 행동주의적 접근 그리고 인지주의적 접근 측면에서 살펴볼 수 있다.

1. 정신분석학적 접근

1) 정신분석학적 이론

정신분석학적 접근은 "정신역동학" 또는 "심리역동학"이라는 용어로 사용된다. 이 상담방법은 Freud가 신경증 환자들을 치료하는 과정에서 발견한 것을 이론화시켜 정립한 상담기법으로서, 심리적인 요인에 핵심을 두고 인간이 지닌 사고나 정서 그리고 행동에 있어서 무의식적인 결정적 인자와 본능적 측면을 강조한 상담이론이다(정용부 외, 2004).

Freud는 인간을 복잡한 에너지의 유기체계로 보았으며, 인간의 성격을 원본능, 자아, 초자아에 작용하는 심리적 에너지(psychic energy)로 묘사했다. Freud에 의하면 심리적 에너지는 사고, 지각, 기억과 같은 심리적인 일을 수행하는 데 활용되며, 이것은 인간의 행동으로 이어지는 신체적 에너지로 전환되고, 신체적 에너지는 다시 심리적 에너지로 전환된다고 하였다.

또한 Freud는 모든 심리적 에너지는 '본능'에 의해 일어나며, 본능은 바로 모든 생명체의 본능이 지니고 있는 에너지로 리비도(libido)라고 하였다. Freud는 리비도를 생명체의 본능에너지이자 생존과 번식과 직결되는 성적 에너지로 보았던 것이다. 그는 인간은 성적 에너지인 리비도에 의해 지배되는 존재이며, 인간의 발달과정에서는 리비도의 집중영역에 따라 인간의 발달에 영향을 미친다고 보았다(이숙, 정미자 외, 2005). 아동의 발달과정에서 나타나는 성격발달, 문제행동이나 태도는 바로 각 발달단계의 리비도가 적절하게 충족되지 못했을 때 일어나게 되므로, 각 발달단계의 성적에너지가 충족될 수 있도록 바람직한 부모의 양육방식이나 태도가 필요하다.

이처럼 Freud는 인간의 성격과 발달을 설명하고 이해하는데 있어서 원본능(id), 자아(ego) 그리고 초자아(superego)를 근본적인 3가지 구성요소로 제시하였으며, 이 세 가지 구성요소는 상호작용을 통해 인간의 행동뿐만 아니라 성장과정 및 성장 후의 성격발달에 영향을 미치는 주요 요인으로 보았다.

(1) 원본능

원본능(id)은 인간이 태어나면서부터 지니게 되는 가장 원초적인 본능이며 무의식의 지배를 받게 되는 영역을 의미하며, 이것은 인간의 성격을 이루는 기초가 된다. 또한 인간은 본능적 욕구들이 충족되면 긴장해소와 쾌락을 느끼게 되고, 원본능은 고통을 피하고 긴장을 해소하기 위한 쾌락원리(pleasure principle)에 의해 일어나며 양심이나 도덕성, 윤리성을 가지고 있지 않다. 예를 들면, 원본능은 쾌락적 목적을 성취하기 위해 재채기나 눈 깜박임과 같은 반사작용, 배고플 때 음식물을 상상하는 등 긴장을 제거해 주는 물체의 영상을 떠올리며 긴장을 해소하게 되고 쾌락을 느끼게 된다(정용부 외, 2004). 원본능은 인간의 발달단계에서 본능적인 욕구를 지향하는 영아기에 발달하게 된다.

(2) 자아

인간은 자신의 원초적 본능적인 욕구만을 충족시키며 살아갈 수 없으며, 충동적이고 본능적인 욕구충족 후의 사회적 처벌이나 도덕적·윤리적인 갈등으로 인하여 인간의 자아욕구는 객관적인 현실세계와 적절한 타협이 필요하다. 이러한 현실세계와의 적절한 타협적 역할을 하는 것이 자아(ego)이며, 자아는 현실원리(reality principle)에 의해 지배되고 본능적인 욕구를 현실에 맞추어 조정하는 기능을 한다.

이때 자아는 개인의 경험에 따라 현실적인 상황을 검토하고 자신의 행동을 결정하여 실행하게 된다. 따라서 자아는 인간의 행동을 통제하고, 반응하는 환경의 특징을 구별하여 선택하고, 어떤 본능을 어떤 방법으로 만족시킬 것인지를 결정하므로 성격을 이루는 주도적 역할을 담당한다고 할 수 있다. 일반적으로 인간의 발달단계에서 유아기가 이 시기에 해당되며, 이 시기에는 이전의 본능적인 욕구나 쾌락에서 벗어나 현실적인 부분을 인지하게 됨으로써 갈등을 겪게 되고, 본능을 조절하는 자아가 형성되는 시기라고 할 수 있다.

(3) 초자아

초자아(superego)는 자아나 원본능 또는 양 측면에의 갈등에 관여하는 것으로 자아가 본능적인 충동이나 욕구를 통제 또는 금지하는 역할을 한다. 또한 초자아는 부모의 지시나 가치관이 내면화된 상태로서 성격의 도덕적·윤리적 측면을 통제하게 되고, 현실보다는 이성적인 측면을 표출하여, 쾌락으로부터 자기통제를 한다. 즉 초자아는 도덕성의 원리(morality principle)에 의해 영향을 받으며, 부모의 처벌을 통해 생기는 죄책감이나 양심(conscience), 그리고 그들의 보상에 의해 자부심이 생겨 형성되는 자아이상(ego- ideal)의 두 하위체계로 구성된다(이숙, 정미자 외, 2005).

양심은 부모가 느끼는 도덕적인 잘못을 자녀가 인식하고, 잘못의 개념을 형성하며, 잘못의 개념은 벌을 통해 확립된다. 그러므로 자녀는 어떤 행동에 대해 벌을 받게 되면, 자신의 행동이 잘못된 것으로 인식하게 된다.

자아이상(ego-ideal)은 부모의 도덕적인 선이 무엇인가를 아동이 알게 될 때 형성되는 선(善)의 개념과 관련되며, 이것은 아동이 부모가 지닌 양심과 도덕 그리고 선의 기준에 따라 행동하게 될 때면 부모는 이에 대한 보상이나 긍정적인 반응을 주게 된다. 이러한 계속적인 보상을 통해 아동은 자신의 자아이상을 형성하게 된다.

그러므로 부모의 명령이나 가치관이 내면화되어 형성된 초자아의 주요 기능은 자아의 충동을 억제하고, 자아의 현실적 목표가 아니라 도덕적·윤리적인 목적을 지닌 것으로 승화된다. 초자아가 형성되는 시기는 아동기 이후로서 사회적으로 인정받는 도덕적·윤리적인 가치에 적절하게 대응하는 양심이 형성된다.

2) 방어기제

방어기제는 아동이 원본능 속에 포함되어 있는 사회적으로 용납될 수 없는 욕구나 충동 등의 사실적 표현과 이에 맞선 초자아의 압력 때문에 발생하는 불안으로부터 자아를 보호하기 위해 사용하는 전략을 의미한다. 방어기제 전략에는 억압, 반동형성, 투사, 합리화, 전이, 승화, 그리고 고착 등이 있다.

(1) 억압

인간은 외부의 비난, 조소, 거부를 두려워해서 무의식 중에 자신의 욕구표출을 참게 되는데 억압은 사회적으로 용납될 수 없다고 생각되는 욕구나 충동, 사고 등을 자신의 무의식 속으로 숨겨버리게 되는 것이다. 꿈, 농담, 말실수 등으로 나타나기도 하고 신경증적 행동 등의 근본 원인이 된다.

(2) 반동형성

반동형성은 무의식속의 용납할 수 없는 충동을 반대의 감정으로 대치시켜 표현하는 것으로 자아가 실제의 욕구나 충동 등과 반대되는 행동을 나타냄으로써 금지된 욕구나 충동의 표출로 갖게 될 불안으로부터 자신을 보호하려고 하는 것을 말한다.

(3) 투사

아동은 자신의 심리적인 속성이 다른 사람에게도 있는 것으로 생각하고 행동하게 된다. 그러므로 아동은 자신이 스스로 받아들일 수 없는 충동이나 태도 등을 무의식적으로 타인이나 환경의 탓으로 돌리는 행동기제를 사용한다.

(4) 합리화

합리화는 자신의 결점이나 단점을 정당화시켜 자신과 주위 사람들에게 납득시키는 것으로 현실을 왜곡하여 자존심을 보호하는 행동기제다.

(5) 전이

어느 특정한 개인에게 돌려야 할 감정을 그와 유사한 사람에게 돌려 표출하는 것으로 본능적 충동의 표현을 재조정해서 위협을 덜어주는 상대에게 대치하는 행동기제의 일종이다. 예를 들면 어머니께 꾸중을 듣고 동생이나 개에게 화풀이하는 것의 형태로 나타날 수 있다.

(6) 승화

승화는 억압된 충동이나 욕구의 발산방향을 보다 가치 있고 사회적으로 인정받을 수 있는 가치 있는 목표를 세워 실현함으로써 그 충동이나 욕구를 만족시키는 행동기제를 말한다. 예를 들면 어린 시절의 어려운 경험에서 남을 도와주는 행위나 종교적인 행동으로 나타난다.

(7) 고착

아동에게 있어서 좌절과 불안이 그 개인에게 너무 크게 작용할 때 그 개인의 성장이 일시적 또는 영구적으로 정지되는 것을 고착이라고 한다. 즉 현재가 괴로워서 과거로 돌아가 쾌락원리에 적응하는 것으로 좌절을 경험하게 되면 발달초기보다 만족스러웠던 시절의 행동양식을 나타내는 행동기제를 말한다. 다음 단계로 발달해 가는 것이 불안해서 현재 단계에 그냥 머물러 버리는 것을 의미한다. 예를 들면 동생이 생기게 되면 부모의 관심과 사랑을 받는 동생처럼 행동하게 된다.

방어기제는 한 개인의 마음속에 내재되어 있는 다양한 형태의 욕구들의 위협으로부터 자기 자신을 보호하기 위해 일어나는 마음의 정상적인 반응행동이다. 방어기제 사용은 개인의 발달수준이나 불안 수준에 따라 차이가 있으며, 적절한 방어기제의 사용은 현실의 어려운 문제를 해결하는 데 도움이 될 수 있다. 그러므로 특수아동의 행동특성에 따른 행동기제의 배경을 이해하고 이에 대한 적절한 상담기법과 행동수정기법이 중재될 수 있어야 한다.

3) 상담기법

Freud는 인간의 무의식적 요소에 접근하는 방법으로 자유연상, 저항, 전이 등의 방법을 적용하였다. 그는 내담자 스스로 통찰을 하고 증가시키며 자신을 이해하는 데 필요한 자아 기능을 강화시키기 위한 상담기법 등을 적용하였다.

(1) 자유연상법

자유연상은 마음속에 담겨 있는 것을 자연스럽게 떠오르게 하여, 자유롭게 떠오르는 생각들을 그대로 말하게 하는 것이다. 자유연상은 꿈이나 일상생활, 과거일 등이 포함되며, 상담가는 이러한 것에 대한 대담자의 무의적인 생각을 실제 상담현장으로 이끌어 표현하게 한다.

내담자는 이러한 자유연상을 통해 과거를 회상하고 충격적인 상황 속에서 자신이 느꼈던 여러 가지 감정들을 외부로 발산하여 강한 긴장감으로부터 벗어나게 된다.

상담가는 내담자의 내면 속에 일어나는 일을 모두 허용하여 내담자의 원본능, 자아, 초자아로 인해 일어나는 것을 모두 떠오르게 하여 그 파생되는 것을 분석한다. 그러나 내담자의 자아기능을 평가하여, 자아 기능이 너무 약화되어 있으면 분석적 상담은 적용하지 않는다. 이것은 자아가 약한 사람이 한 번 자유연상에 빠져들면 멈추기 어려워 현실감각을 상실하는 위험한 상황과 이에 따른 부작용이 생길 수 있기 때문이다. 그러므로 자유연상은 즉 자아의 기능이 적절한 내담자에게만 사용하는 것이 바람직하다.

(2) 저항의 해석

저항은 상담의 진전을 방해하고 상담자에게 협조하지 않으려는 내담자의 무의식적인 행동을 의미한다. 이것은 자유연상을 방해하고 내담자가 기억해내려는 노력을 방해하고, 통찰을 이해하고 획득하려는 것을 방해하는 것, 그리고 합리적 자아와 변화하고 싶은 욕구에 반대하는 모든 힘을 의미하게 된다(Freud, 1900). 이처럼 내담자가 저항하는 이유는 자신의 억압된 충동이나 감정을 알아차렸을 때 느끼게 되는 불안으로부터 자아를 보호하기 위해서이다. 따라서 내담자의 갈등을 근본적으로 해결하기 위해서는 상담자가 이를 지적해 주어야 한다. 상담자는 내담자가 보이는 가장 큰 저항에 주의를 환기시킨 다음 내담자가 수용할 수 있도록 배려하면서 해석을 한다.

저항은 상담치료의 전체 과정에서 일어나며 내담자의 현재 상태를 유지하고 합리적이고 이성적인 자아에 대항하는 기제방법의 역할을 한다.

특히 특수아동의 경우 저항의 과정에서 아동은 자신이 잘못을 했을 때나, 바람직하지 않은 행동을 했을 경우에는 다양한 방어기제를 사용하여 자신의 행동을 방어하려고 한다. 그러므로 상담가는 아동의 이러한 방어적인 태도가 어디에서 비롯되었는지, 그것을 통해 무엇을 표출하려고 하는지를 이해하는 태도와 배려가 필요하다.

(3) 전이의 해석

전이는 일반적으로 과거에 부모나 부모역할과 유사한 사람들에 대해 가지고 있었던 무의식 속의 본능이나 욕구 그리고 감정과 태도를 과거의 대상이 아닌 현재의 대상인 상담자에게 옮겨서 경험으로 나타내는 것을 말한다. 그러므로 내담자가 나타내는 감정이나 태도 등은 현재의 대상에 대한 것이 아니라 과거의 대상에 대한 반응이라고 할 수 있다. 전이에는 칭찬, 존경 혹은 애정과 같은 긍정적 전이와 증오, 분노와 같은 부정적 전이가 있다.

내담자가 전이에 대한 해석을 통해 자신이 지녔던 부정적인 전이 감정이 해소되면, 내담자는 과거의 부정적인 영향으로부터 벗어나게 되어 보다 정서적으로 안정되고 성숙한 개체로 변하게 된다.

특수아동은 부모나 자신과 관련된 사람들에 대한 부정적인 경험으로 인해 정서적·행동적 문제를 친구 또는 교사에게 나타낼 경우가 종종 있다. 이러한 경우는 아동이 현재의 교사에 대한 반발이나 부정적인 태도가 아니라, 장애로 인해 부모나 가족으로부터의 외면 등의 경험이 원인일 수 있으므로 상담가는 아동의 장애를 이해하고 공감해주는 태도와 노력이 요구된다.

2. 행동주의적 접근

1) 행동주의 이론

행동주의적 상담기법에 대한 대표적인 학자로는 Pavlov나 Skinner를 들 수 있다. 행동주의 이론은 인간의 발달에 영향을 미치는 중요한 요소가 환경이며, 환경 속에서 경험하게 되는 학습을 통해 인간의 발달이 일어난다고 보는 입장이며, 아동의 행동은 아동이 속해있는 주위환경과의 상호작용을 통한 학습에 의해 형성된다고 보는 입장이다. 그러므로 아동의 행동은 환경이 변하게 되면 변화될 수 있고, 아동의 문제행동을 변화시키기 위해서는 아동이 속해있는 환경을 변화시키는 것이 가장 우선적인 일이라고 할 수 있다.

행동주의 입장은 아이들이 어떤 환경에서, 누구에 의해, 어떤 양육방법에 의해 영향을 미치는가에 따라 발달한다고 본다. 아동들은 환경에 의해 영향을 받게 되고, 주어진 환경을 학습하게 되므로 아동의 행동은 개인과 환경과의 상호작용을 통한 학습의 결과이다.

그러나 인간의 행동은 다양한 요인들에 의해 영향을 받게 되고, 그 요인과 행동사이의 관계를 이해하게 되면 행동을 수정하거나 변화시킬 수 있다. 즉 행동주의 입장은 인간의 행동을 학습원리 또는 고전적 조건형성원리에 의해 이해하는 입장이다.

특히 행동주의적 상담기법은 특수아동의 문제행동 수정 및 치료에 있어서 현장에서 가장 널리 적용되고 있다.

2) Pavlov의 고전적 조건형성이론

Pavlov는 러시아의 리아잔 출신으로 개의 타액분비에 대해 주로 연구하여 이론으로 정립시켰다. 고전적 조건형성은 Pavlov가 개의 침을 흘리는 것에 대해 연구하는 과정에서 일반적으로 개는 입안에 음식을 얻게 되었을 때 침을 분비하게 되는데, 입안에 음식이 있지 않아도 중립적 자극에 의해 침을 분비한다는 사실을 발견하였다. 즉 주인이 음식을 가져오는 모습이나, 발자국 소리 또는 주인의 '먹이'라는 소리를 듣고도 침을 분비한다는 것이다. 이전에는 주인의 발자국이나 모습만으로는 침을 흘리지 않지만 이것이 '먹이'라는 중립적 자극의 행동들이 중재되면 개가 침을 흘리는 조건형성이 이루어진다는 것이다.

3) Skinner의 조작적 조건형성이론

Skinner는 미국 펜실베이니아 주 출신으로 인간의 행동과 성격은 내면적 영향에 의해서가 아니라 객관적인 외부 세계에서의 과거와 현재의 사건들에 의해 결정된다고 주장하였다. 그러므로 심리학을 연구하는 사람이라면 관찰이 가능하고 검증이 가능한 행동에 초점을 맞추어 연구해야 한다고 강조하였다.

조작적 조건형성은 고전적 조건형성에서 유기체가 주어지는 중립자극과 무조건 자극을 수동적으로 받아들임으로써 조건화가 이루어지는 것과는 달리, 조작적 조건형성은 원하는 자극을 얻기 위하여 스스로 행동을 조작하여 사용하는 것을 의미한다. 그러므로 조작적 행동이란 환경을 조작하거나 변화시키는 것으로 유기체가 자신의 행동을 무엇인가를 얻기 위한 도구로 사용함으로써 조건형성을 하기 때문에 도구적 행동이라고 부른다.

조작적 행동은 읽기, 쓰기, 자동차운전 등 우리가 일상생활에서 하는 중요한 행동들이다. 조작적 행동이 나타나기 위해서는 아이들이 좋아하는 정적 강화로 강화되거나, 혐오자극이 제거되면 그 행동이 일어날 가능성이 증가한다. Skinner의 조작적 조건형성에서는 인간은 강화 없이는 학습이 일어나지 않는다고 보고 있다(이숙, 정미자 외, 2005).

그러므로 특수아동의 바람직하지 않은 행동을 바람직한 행동으로 수정하기 위해 행동주의적 접근을 적용할 때에는 강화방법을 적절하게 적용하여 행동변화를 지도해야 한다.

4) 상담기법

(1) 체계적 둔감법

체계적 둔감법(systematic self desensitization)은 Jacobson(1938)과 Wolpe(1958)에 의한 상담기법으로 근육이 완전히 이완된 상태에서는 불안을 동시에 경험하기 어렵다는 역조건화 법칙에 근거한 것이다. 그러므로 체계적 둔감법은 대체적으로 스트레스나 공포 그리고 불안감이 많은 내담자에게 광범위하게 적용하게 되는 상담기법이라고 할 수 있다. 즉, 대인관계공포증, 직장생활 불안 및 공포증, 신경증적 불안 등을 지닌 내담자에게 적용되어진다. 체계적 둔감법 과정은 불안이나 공포를 일으키는 최소한의 상황에서 최대한의 상황에 이르기까지 단계적으로 배열하고 순서에 따라 점차적으로 불안이나 공포를 감소시키기 위해 이완상태를 유지하게 된다.

이러한 이완연습은 불안이나 공포가 거의 사라지는 목표에 이를 때까지 지속되며, 6초 간격으로 근육의 긴장과 이완을 계속하게 된다. 이 과정에서 아동(내담자)은 편안한 의자나 부드러운 바닥에 앉거나 누워서 하게 되며, 아동(내담자)은 가능한 한 불안이나 공포를 느끼지 않는 상태의 높은 단계까지 도달한다. 그러나 아동(내담자)이 불안이나 공포를 느끼게 되면 바로 손가락 하나를 들어서 상담자에게 신호를 보낸다. 상담자는 내담자의 신호에 따라 불안이나 공포단계가 적은 단계의 장면으로 되돌아오게 안내한다. 이러한 방법으로 반복연속함으로써 공포나 불안감을 체계적으로 둔감화하는 과정으로 촉진된다(천성문, 2001).

체계적 둔감법의 과정은 다음과 같다(이숙, 정미자 외, 2005).

① 불안을 일으키는 자극을 분석하여 불안의 정도에 따라 불안위계표를 만든다.

② 근육이완훈련을 시킨다.

③ 치료과정을 실행하기 이전 내담자가 눈을 감고 이완상태에 도달하면 불

안위계표 중 가장 적게 불안을 일으키는 장면부터 상상하도록 유도한다.

④ 상상 장면에서 내담자가 불안을 많이 일으키면 치료자는 다시 이완상태로 돌아가 불안을 느끼지 않게 될 때까지 이완시키는 과정을 되풀이한다.

⑤ 이와 같은 방법으로 가장 밑에 있는 자극에서부터 가장 위에 있는 자극에 이르기까지 단계적으로 진행한다.

⑥ 불안이 가장 심한 장면을 상상할 때에는 내담자가 불안을 느끼지 않게 되면 상담절차는 끝나게 된다.

특수아동의 경우에는 대체적으로 장애정도에 따라 강도가 다르지만 장애로 인한 자신감 상실, 정적 관계자의 부재시 불안감 및 공포감이 비장애아들에 비해 자주 일어나므로 체계적 둔감법을 적용하여 장애아들의 불안감이나 공포심을 감소시킬 수 있다.

(2) 강화

강화(Reinforcement)는 행동주의적 상담기법의 한 영역으로 아동의 바람직하지 못한 행동을 바람직한 행동으로 증가시키는 방법으로 정적 강화와 부적 강화가 있다.

① 정적 강화: 아동의 행동에 대해 긍정적인 반응을 줌으로써 바람직한 행동을 증가시키는 것이다. 정적 강화는 아동이 긍정적인 행동을 했을 때 긍정적인 반응을 주는 강화로서 칭찬, 미소, 머리 쓰다듬기, 용돈, 안아주기, 좋아하는 놀이하기, 게임하기 등을 가리키며, 긍정적 강화제는 아동의 긍정적인 행동의 빈도를 증가시키게 된다. 긍정적 강화제 중 일반적으로 자주 사용되는 용돈주기나 스티커 주기 등은 물리적인 강화제로 1차적 강화제라고 불리며, 칭찬이나 미소, 머리 쓰다듬기 등은 2차적인 강화제라고 한다. 아동의 바람직한 행동의 효과를 장기적으로 높이기 위해서는 1차적 강화제보다 2차적 강화제를 적용하는 것이 더욱 효과적이다. 따라서 1차적 강화제는 상황과 시기에 따라 적절하게 다른 강화제로 대치하여 사용하여 강화의 효과를 높이는 것이 바람직하다. 또한 강화제공시기는 아동

이 바람직한 행동을 했을 때 바로 강화를 주는 것이 행동수정의 효과를 높여주며, 강화제는 상담자가 상황에 따라 변화를 줄 수 있고, 강화제를 바로 아동의 행동과 연결시킬 수 있어야 한다.

예를 들어 특수아동의 경우 선생님의 지시를 잘 따라했을 때 친구들 앞에서 칭찬해 주는 것은 아동의 좌절감과 무력감에서 자신감을 형성시켜 준다.

② 부적 강화: 아동이 바람직한 행동을 했을 때 아동이 싫어하는 것을 제거해 주거나, 좋아하는 것을 박탈함으로서 바람직한 행동을 증가시키는 방법이다. 예를 들면 아동이 숙제를 잘 해 왔을 때 화장실청소를 면해 주는 것, 동생을 잘 돌볼 때까지 컴퓨터 게임을 못하게 하는 것 등이다. 부적강화는 아동에게 바람직한 행동으로 이끌 수도 있지만, 때로는 아동이 행동을 회피하거나, 상황과 관련된 사람과의 관계를 나빠지는 방향으로 이끌 수도 있다. 예를 들어 아동이 선생님이나 부모가 원하는 행동을 했을 때 자신의 잘못된 행동을 멈추는 것을 학습한 아동은 부모나 선생님이 있을 때만 주위의 기대에 맞는 행동을 하고, 그렇지 않을 때에는 문제행동을 함으로써 서로 간에 신뢰감이 결여된 좋지 않은 관계로 발전될 수 있다. 또한 이것은 비효과적인 강화자극으로 작용할 수도 있으므로 아동에게 자신의 문제행동에 대해 이해시키고 실행하는 것이 바람직하다(여광응 외, 1998).

3. 인지적 접근

1) 인지주의 이론

인지적 접근은 1960년대 중반에서부터 시작되어 1970년대에 현장에서 적용되기 시작했으며 1980년대 이후 개념이나 치료적 절차가 더욱 세분화되어 다양한 학파로 발전하게 되었다. 인지적 접근은 인간의 행동이 무의식적인 동기에 의해 유발된다는 정신분석학적 접근과는 다르게 인간의 행동이 개인의 지각 또는 사고과정, 신념 등에 근거한 방법이다. 그러므로 인지상담에서는 인간의 부적응 행동이 인지적 과정의 산물로서 인간의 인지과정의 변화를 통해 문제를 해결할 수 있다고 본다(이숙, 정미자 외, 2005).

즉 아동은 스스로 자신과 환경과의 끊임없는 상호작용을 통해서 인지구조를 능동적으로 형성하게 된다.

대표적인 인지적 접근의 유형은 Ellis의 인지·정서·행동치료, Beck의 인지치료 등이 있다.

2) Ellis의 인지·정서·행동치료(Rational Emotive Behavior Therapy)

Ellis는 피츠버그 출생으로 뉴욕 시립대학교에서 경영학 학위를 받았으며, 사람들과 이야기하거나 상담해 주면서 1943년부터 전문적인 상담기관을 설립하여 전문적인 치료사 일을 하면서 내담자에게 조언과 직접적인 해설을 하는 적극적인 방법이 효과적이라는 것을 알게 되었다. 그는 인간의 심리적인 고통은 비합리적인 신념에서 비롯되므로 합리적인 신념으로 바꾸는 인지적 사고를 통해 행동을 변화시켜야 한다는 '합리적인 치료(rational therapy)'의 이론을 미국 심리학회(1956)에서 발표하였다. 또한 이것을 정서적인 측면도 중시하면서 합리적·정서적 치료(Rational Emotive Tehrapy 1961)라고 칭하였고, 나아가서 이에 행동의 중요성을 인정하여 인지·정서·행동치료(Rational Emotive Behavior Therapy; REBT)로 개칭하여 사용하였다. 합리적·정서적·행동적 치료의 기본개념은 인간의 문제는 외부사건이나 상황에서 발생하는 것이 아니며 사건이나 주위환경에 대해 그 사람이 가지는 관점이나 신념으로부터 생긴다고 보는 입장이다. 그러므로 아동의 문제행동시 스스로 자신의 문제행동을 인지시켜 신념을 바꿈으로써 행동을 변화시키는 것이다.

Ellis는 인간의 사고는 정서와 행동에 영향을 주며, 비합리적 신념은 정서적인 혼란과 장애를 일으키는 원인으로 보고 있다. 즉, 비합리적인 신념은 한 개인의 습관이나 부정주의, 욕구추구 등과 같은 본능적 경향이 타인과의 발전적 관계를 방해한다고 보았으며, 자신이 원하는 것을 얻지 못할 때에는 자신뿐만 아니라 자기의 주변환경 탓으로 돌리는 경향을 가지고 있으므로 합리적으로 사고할 수 있도록 지원되어야 한다(Ellis, 1979).

(1) 비합리적 신념

비합리적인 신념이나 사고를 가진 사람은 자신과 다른 사람에게 요구나 명령을 하게 되며, 자기 패배적이고, 절대적이며 독단적이고 그리고 비현실적이며 일관성이 없다. 이러한 비합리적인 사고를 통해서 우울증, 불안감, 분노감, 죄책감, 두려움 등이 나타나며, 이러한 부정적인 정서들은 비장애아동뿐만 아니라 장애아동에게서도 일어날 수 있다. 비합리적인 사고를 지닌 아동들은 대부분 자신은 항상 잘 해야 하고, 올바르게 행동해야 하며, 자신에게 다른 사람들이 친절해야 하며 그렇지 않을 경우는 다른 사람이 나쁜 사람이고, 자신이 가치를 둔 것이 이루어지지 않으면 인생에 가치가 없다고 여기게 된다. 이러한 성향을 지닌 아동은 후에 다른 사람과의 사회적 관계형성에 중요한 영향을 미치게 된다.

Ellis의 상담이론에서 유의할 사항은 상담자가 내담자가 실수할 수 있는 개체이며, 완벽한 인간이 아니므로 무조건적으로 수용하여, 내담자의 비합리적인 신념과 사고를 스스로의 통찰을 통해 수용할 수 있도록 인지적, 정서적, 행동적 치료기법을 다양하게 적용해야 한다.

(2) 상담기법

합리적·정서적·행동적 치료의 상담기법은 인지적, 정서적, 행동적 상담기법들을 모두 포함하는 적극적이고 능동적인 방법이다. 즉 상담가는 내담자의 생각, 감정, 정서, 행동을 변화시키기 위해 적극적인 역할을 담당한다(이숙, 정미자 외, 2005).

① 인지적 기법: 인지적 기법은 비합리적인 신념을 논박하여 상담자가 내담자에게 당위적이고 요구적인 신념체제를 깨닫게 함으로써, 비합리적인 생각이나 신념을 합리적으로 변화시키는 방법이다.

- 질문기법: 질문상담기법은 상담자의 전문적인 질문을 통해 내담자의 적

극적인 참여를 유도하는 것이다. 상담자는 내담자가 지니고 있는 비합리적인 신념의 비현실성, 비합리성에 관점을 맞추어 질문을 제시한다. 이때에는 우선적으로 아동(내담자)이 지니고 있는 비합리적인 신념에 대한 이해를 통해 시도하는 것이 필요하다.

- 합리적인 자기 진술하기: 내담자가 지닌 부정적인 사고나 신념은 자기 패배적인 진술에서 나타날 수 있다. 그러므로 이러한 자기패배적 진술을 합리적인 자기진술카드의 문구로 바꾸고 기회가 있을 때마다 읽게 함으로써 내담자의 부정적인 사고를 긍정적인 사고로 대체시킨다.
- 추론적 기법 적용하기: 상담자는 내담자에게 자신의 행동의 원인을 생각해 보도록 요청하여, 내담자 스스로 자신의 특성을 이해하고, 부정적인 습관이나 행동을 인식하도록 한다.

② 정서적 기법: 정서적 기법은 내담자가 자기 자신을 솔직하게 표현함으로써 정서적 경험을 통해 자기 자신을 개방하도록 지원하는 방법이다.

- 내담자를 무조건적으로 수용하기: 상담자는 인간은 실수를 할 수 있고, 완벽하지 않다는 것을 내담자가 수용하도록 도와준다.
- 자기개방하기: 상담자는 내담자가 스스로 마음의 문을 열 수 있도록 도와준다. 누구나 비슷한 경험과 문제를 가지고 있으며, 극복했었던 점을 진솔하게 이야기해 줌으로써 내담자가 스스로 자기개방을 시도하도록 이끈다.
- 유머기법의 활용: 유머는 내담자가 긴장감이나 불안감을 감소시키기 위해 적용된다.

③ 행동적 기법: 행동적 기법은 내담자가 어떤 행동을 통해 자신의 신념이나 행동을 변화시키고 부정적이고 비합리적인 신념으로 인해 느끼게 되는 정서에서 이탈하여 합리적인 행동을 할 수 있도록 지원해 주는 방법이다.

- 새로운 역할과 행동하기: 상담자의 지도에 따라 합리성에 기초한 새로운 행동들을 연습함으로써 내담자의 긍정적인 행동을 유도한다.
- 합리적인 역할 바꾸어 하기: 내담자가 상담자가 되어 자기 자신의 비합리적인 사고나 신념을 느낌으로써 자신이 지닌 부정적인 정서나 비합리

적인 신념을 깨닫게 한다.

- 과제활동: 합리적, 정서적, 인지적, 행동적 과제를 내담자의 실제 생활 속에서 실행하도록 함으로써, 비합리적 또는 부정적인 신념을 버리고 새로운 행동을 학습하도록 한다.
- 강화와 벌: 상담자는 내담자가 약속한 대로 실행하였을 때 긍정적인 강화를 줌으로써 긍정적인 행동을 증가시키고, 반대일 경우는 벌이나 과제주기 등의 강화를 적용하여 내담자의 행동수정을 유도한다.

3) Beck의 인지치료(Cognitive Therapy)

Beck의 인지치료는 1960년대에 Beck의 우울증 연구로부터 시작되었다. 그의 인지치료는 인지과정이 인간의 행동에 영향을 미치고, 인간의 행동은 인지적·행동적 기법을 통해 변화될 수 있다는 가정 하에서 실행되는 일련과정의 원리와 절차를 의미한다.

Beck는 인간이 지니는 우울증, 공포증, 불안장애 등은 역기능적 사고, 인지왜곡 등의 짧고 간단하면서 개인의 감정과 행동에 영향을 미치는 자동적 사고에 의해 비롯된다고 보았다. 그러므로 이러한 자동적 사고들을 긍정적이고 유익한 사고로 변화시킴으로써 긍정적인 행동으로 변화되도록 도와주는 방법이다.

Beck의 인지이론은 우울증에서 시작되었지만, 현대에 와서는 다양한 계층을 대상으로 강박행동이나, 섭식장애, 성격장애 영역까지 치료범위가 확대되어 사용되고 있다(이숙, 정미자 외, 2005; 원호택 외, 1999).

(1) 기본개념

① 역기능적 사고: Beck는 인간의 인지 도식은 유아기의 경험과 환경에 의해 형성되며, 또한 개인의 경험에 따라 다양한 인지 도식이 형성된다고 보고 있다. 여기에서 인지도식이란 개체가 주변자극을 받아들일 때 자극의 의미를 자신의 경험과 관련하여 해석하고 체계화하는 인지적 틀을 의미한다. 그러므로 유아기의 부정적인 경험에 의해 인지도식이 형성되면 일상생활 속에서 부정적인 일과 부딪혔을 때 그 의미를 왜곡하거나 부정적으

로 해석하여 부정적 정서로 이어질 수 있다.

Beck는 역기능적 신념이나 사고의 인지 도식은 비현실적이고, 절대주의적, 당위적, 완벽주의적, 융통성이 없는 것으로 이루어져 있으며, 이것으로 인하여 부정적인 인지, 사회적 의존성(sociotropy) 등과 연관된다고 보았다.

② 인지적 왜곡(cognitive distortion): 인지적 왜곡은 부정적 정서를 보이는 내담자가 주변 환경이나 상황을 부정적인 방향으로 왜곡하여 그 의미를 해석함으로써 일어나는 것을 의미한다. Beck는 인지적 왜곡의 유형을 다음과 같이 분류하고 있다(원호택 외, 1999; 정용부 외, 2004; 이숙, 정미자 외, 2005).

- 흑백논리(All or nothing)/이분법적 사고(Dichotomous thinking): 흑백논리는 자신의 인격을 흑백의 범위로 평가하거나 환경적 사건의 의미를 이분법적으로 해석하는 것을 의미한다. 즉 어떤 사건이나 경험에서 완벽하지 못할 때 모든 것을 실패하거나 포기하게 된다.
  예를 들어 시험에서 떨어졌으니 학교에 다닐 가치가 없다.
- 정신적 여과(Mental filtering) 또는 선택적 추상화(Selective Abstraction): 어떤 상황이나 경험에서 전체적인 상황을 보지 않고 한 일부분만 선택 강조함으로써 선택한 정보가 부정적일 경우 전체적인 상황을 부정적으로 생각하는 것을 의미한다.
  예를 들어 인간이 지닌 장·단점에도 불구하고, 자신의 단점에만 집중하여 상대방이 자신의 단점만을 가지고 무시한다고 생각한다.
- 의미의 확대(Magnification) 또는 축소(Minimization): 한 번 일어난 일을 가지고 지나치게 과장하여 확대시켜 생각하는 것이다.
  예를 들어 실제로는 일 년에 한두 번 있는 일인데 엘리베이터가 고장이 나면 여러 번 엘리베이터고장이 일어난 것으로 확대하여 부정적으로 생각하게 된다.
- 개인화(Personalization): 아무런 근거 없는 사건을 자기 자신과 관련시켜 생각하는 것이다.

예를 들어 누군가 웃고 있으면 자신을 보고 비웃고 있는 것이라고 여긴다.

- 당위적 사고(Shoulds): "~해야 한다", "~해서는 안 된다"의 당위적으로 생각하여 압박감과 분노를 느끼게 된다.
  예를 들어 병원에서 간호사가 바로 간호가 없게 되면 의사가 환자에게 충실하지 않다고 생각하여 분노를 가지거나 압박감을 느끼게 된다.
- 잘못된 명명(Mislabelling): 자신뿐만 아니라 다른 사람들의 실수를 받아들이지 못하여 실패자 또는 비겁자로 낙인을 찍게 된다.
  예를 들어 다른 사람의 행동이나 말투가 마음에 들지 않으면 나쁜 사람이라고 간주해버린다.

③ 자동적 사고(automatic thoughts): Beck는 우울증 환자들과의 상담에서 이들은 상실, 패배감, 실패, 무능감 등과 관련된 부정적인 생각들을 많이 가지고 있다는 것을 발견하였다. 이러한 부정적이고 비판적인 사고는 내담자 스스로 노력하지 않게 되면 스스로도 의식되지 않고 습관적으로 부정적 정서가 유발된다는 것이다. Beck는 이것을 부정적인 자동적 사고라고 불렀으며, 이것은 자기 자신, 자기의 미래, 자신의 삶의 환경과 연관된다.

(2) 상담기법

인지치료에서는 행동을 행동적, 인지적 양쪽 측면의 원인으로 나타나는 결과로 여기므로 치료적 방법도 다양한 측면에서 접근된다고 할 수 있으며, 인지치료의 교육은 내담자에게 인지치료의 합리성과 부정적인 사고와 신념의 문제점에 대해 교육하는 것이다.

즉, 아동의 행동은 다양한 원인으로 인해 일어나는 결과이므로, 다방면에서 치료방법이 실행되어야 하며, 주로 인지치료에 관한 교육, 사례에 대한 인지개념화가 포함된다고 할 수 있다. 사례에 대한 인지의 개념화는 부적응적인 행동을 이해하고 역기능적인 신념을 수정하기 위한 틀을 제공하는 것으로서 매우 중요한 과정이라고 할 수 있다(김정희 외, 2002).

특수아동의 경우에는 장애로 인한 학습된 무력감, 자신감 결여, 자기존중감 상실, 좌절감 등이 빈번히 일어나므로 자신의 잠재능력에도 불구하고 쉽게 포기하거나 좌절하게 된다. 그럼으로 인지적 기법의 적용을 통해 인지과정을 긍정적으로 바꾸어 줌으로써 질적인 삶을 영위할 있도록 부모나 교사 그리고 관련전문가들의 지원이 필요하다.

4. 요약

① 상담은 도움이나 지원이 필요한 내담자와 도움을 줄 수 있는 전문가와 상호관계의 과정이며 내담자가 현실적으로 부딪히고 있는 문제를 해결하고 행동을 변화시키며 나아가서는 정신적 건강을 증진해 나가는 학습과정이다.

② 아동에 대한 상담은 정신분석학적 접근, 행동주의적 접근 그리고 인지주의적 접근 방법으로 적용할 수 있다.

③ 정신분석학적 접근방법은 아동의 성격발달에 미치는 주요요소를 원본능, 자아, 초자아의 3요소를 제시하였으며, 각 발달단계마다 성적에너지가 충족될 수 있도록 바람직한 부모의 양육방식이나 태도의 중요성을 강조하고 있다.

④ 아동은 자신의 원본능 속의 본능이나 욕구로부터 자아를 보호하기 위해 사용하는 방법으로는 억압, 반동형성, 투사, 합리화, 전위, 투사, 고착 등의 방어기제가 있다.

⑤ 정신분석학적 상담기법으로는 자유연상, 저항의 해석, 전이의 해석이 있다.

⑥ 행동주의적 접근방법은 환경을 인간의 발달에 영향을 미치는 중요한 요소로 보고, 아동은 자신이 생활하고 있는 주위환경과의 상호작용에 의해 학습이 형성된다고 보는 입장이다.

⑦ 행동주의적 상담기법으로는 체계적 둔감법과 아동의 행동을 바람직한 행동으로 증가시키는 정적 강화와 부적 강화 방법이 있다.

⑧ 인지적 접근방법은 인간의 행동을 개인의 지각 또는 사고과정, 신념 등에 의해 유발되며, 인지상담에서는 인간의 부적응 행동이 인지적 과정의 산물로서 인간의 인지과정의 변화를 통해 문제를 해결할 수 있다고 보는 입장이다.

⑨ 인지적 상담기법은 Ellis와 Beck의 인지적 기법, 정서적 기법 그리고 행동적 기법 등이 적용될 수 있다.

⑩ 특수아동의 경우에는 장애로 인한 학습된 무력감, 자신감 결여, 자존감 상실, 좌절감 등을 인지적 기법의 적용을 통해 인지과정을 긍정적으로 바꾸어 줌으로써 질적인 삶을 영위할 있도록 부모나 교사 그리고 관련전문가들의 지원이 필요하다.

제 4 장

자폐증

1. 정의

> 준호는 엄마가 불러도 들은 척도 않고 계속 블록 쌓기에만 정신을 쏟고 있다. 엄마가 다가와 말을 건네지만 엄마의 눈을 회피하고 돌아서 계속 블록만 만진다. 엄마가 블록을 치워버리려고 하자 화가 나 갑자기 자신의 머리를 카펫에 들이대고 꿍꿍 찍어 버리고 만다.

자폐증, 자폐스펙트럼장애는 전반적 발달장애(PDD) 중 하나이다. 자폐증이란 용어는 1940년대 초, 정신과 의사인 Leo Kanner(1943)가 붙인 개념으로 사회적 손상, 비정상적인 언어, 한정되고 반복적인 관심을 보이는 아동을 말한다. 이 아동들은 정신분열은 보이지 않으면서 현실과의 접촉상실을 경험하는 것으로 여

[그림 4.1] 물체의 특징만을 살려 한번 만에 묘사한 자폐증이 있는 L아동이 그린 그림들

졌다. Kanner는 첫 보고서에서 자폐증상을 나타낸 아동들은 생후 얼마 안 되어 조개껍질 안으로 철회했으며, 사람을 사물처럼 대했고, 눈 맞춤을 피했고 사회적 인식이 결여되었으며, 제한된 언어를 가졌거나 동일한 집착에 대한 강박적 고집이 있는 정형화된 활동을 보였다고 하였다.

자폐증은 심각한 장애로 사회적 기능, 언어, 의사소통에서의 비정상적인 관심과 행동이라는 특징을 보인다. 자폐장애는 대뇌의 많은 영역들, 즉 사회적 반응성, 의사소통능력, 다른 사람에 대한 감정 영역들을 제대로 처리하지 못한다. 껴안으려 해도 안기지도 않고 눈도 맞추지도 않으며, 감정이나 가벼운 접촉에도 반응하지 않는 아동의 부모라고 상상해 보자. 다른 아이들과는 달리 부모와 상호작용 하면서 애정관계를 형성하지 못한다. 사실, 이 아이는 사람과 정상적인 관계를 형성하고 의사를 소통할 수 없는 듯하다. 말을 할 때는 비정상적인 방식으로 말을 하는데, 예를 들면 부모가 아이에게 말한 것을 앵무새처럼 따라하거나 "집에 엄마가 안녕? 있어요."처럼 무의미한 듯한 문장을 불쑥 꺼낸다. 자신의 욕구를 전달하고 어떻게 느끼는지를 말하기 위한 얼굴 표정이나 제스처를 사용하지 않는 특징을 갖고 있다.

자폐장애에 대한 DSM-IV의 진단기준은 〈표 4.1〉에 나타나 있다.

자폐증은 보고에 의하면 10,000명당 대략 15명에서 20명으로 나타났으며(Wing, 1993), 여아보다 남아가 3배에서 4배 가량 더 흔히 나타난다. 자폐증상을 나타내는 아동들의 출현율에 관심 가는 부분은 정상범위의 IQ를 가지고 있는 아동집단에서는 남자아이가 많으나, 심한 인지적 손상은 여자아이가 더 많다는 사실이다.

자폐증이란 말을 들으면 ≪카드로 만든 집≫이나 ≪레인맨≫, ≪말아톤≫과 같은 영화를 떠올리게 된다. 이 같이 자폐를 가진 소수의 사람들이 영화의 주인공들처럼 특별한 재능을 가지거나 정상적인 삶을 영위하기도 하지만, 대부분은 그렇지 않다. 자폐증은 스펙트럼 장애(spectrum disorder)라고 불리기도 한다. 이것은 증상과 특징들이 상이한 조합과 여러 수준의 심각성에서 나타난다는 것을 뜻한다. 자폐증이 있는 아동은 자신의 인지능력, 언어능력, 사회적 능력에서 아주 다르고 또한 자폐증에만 국한되지 않은 많은 특징들을 보인다. 그 중 가장

〈표 4.1〉 자폐장애에 대한 DSM-IV 진단기준

A. (1)(2)(3)에서 총 6개(또는 그 이상) 항목, 적어도 (1)에서 2개 항목, (2)와 (3)에서 각각 1개의 항목.
  (1) 사회적 상호작용에서의 질적 결함이 다음 항목들 가운데 적어도 2개 항목에서
    (a) 사회적 상호작용을 조절하기 위해 상대방 눈 맞춤, 얼굴 표정, 신체자세, 몸짓과 같은 다양한 비언어적 행동을 사용함에 있어 현저한 결함
    (b) 발달수준에 적합한 또래관계 발달의 실패
    (c) 자발적으로 다른 사람들과 즐거움, 관심 또는 성취를 공유하고자 시도하지 못한다(관심 대상을 보여주거나 가져오거나 또는 지적하지 않는 것).
    (d) 사회적으로나 정서적으로 서로 반응을 주고받는 상호교류의 결여
  (2) 의사소통에서의 질적 결함은 다음 항목들 가운데 적어도 1개 항목에서 나타난다.
    (a) 구두 언어발달의 지연이나 완전한 결여(몸짓이나 흉내 내기와 같은 의사소통의 대체양식을 통한 보상시도가 수반되지 않는다).
    (b) 적절하게 말을 하는 경우, 다른 사람과 대화를 시작하거나 지속하는 능력에서 현저한 결함.
    (c) 정형화되고 반복적인 언어나 괴상한 언어의 사용
    (d) 발달수준에 적절한 자발적이고 다양한 가상놀이나 사회적 모방 놀이의 결여
  (3) 제한적이고 반복적이며 정형화된 행동이나 관심, 활동이 다음 항목들 가운데 적어도 1개 항목에서 나타난다.
    (a) 강도나 초점에서 이상한 한 가지 이상의 정형화되고 제한된 양상의 관심의 집착
    (b) 특이하고 비효율적인, 틀에 박힌 일이나 의식에 고집스럽게 매달림
    (c) 상동적이고 반복적인 동작성 매너리즘(손이나 손가락으로 딱딱 때리거나 비틀기, 복잡한 몸 전체 움직임)
    (d) 사물이나 사물의 부분에 대하 지속적인 집착
B. 다음 영역 가운데 적어도 한 가지 영역에서 기능이 지연되거나 비정상적이며, 3세 이전에 시작된다.
  (1)사회적 상호작용
  (2)사회적 의사소통에서 사용되는 언어
  (3)상징적 또는 상상적 놀이
C. 장애가 레트장애나 소아기 붕괴성장애로 잘 설명되지 않는다.

흔한 것으로 정신지체와 간질을 들 수 있다. 따라서 자폐증 진단을 받은 아동들은 각각 다를 수 있다. 가령 자폐증이 있는 아동들 중에는 매우 심한 정신지체에서 평균지능 이상까지의 지능수준을 보이는 아동, 언어 면에서도 표현 언어가 있는 아동과 전혀 말을 하지 않는 아동으로 구분된다. 또 아동의 행동은 나이에 따

라 변하기도 한다. 진전이 없는 경우도 있지만, 어떤 경우에는 언어발달을 보이거나 행동 면에서 더 잘 적응하게 된다.

2. 원인

과거에는 자폐증을 사랑이 없거나, 아동을 제대로 돌보지 못한 부모의 탓이라고 여겼던 적도 있었다. 지금은 자폐증을 생물학적 면에 근거한 신경발달상 장애로 대개 받아들인다. 임상적으로 신경학상 이상을 발견할 수 없었던 자폐장애 아동의 대다수는 성장하면서 간질을 나타내며, 이 발견은 어떤 형태의 미세뇌기능장애가 있음을 시사한다(Rutter, 1970).

1) 임신과 출산

자폐증이 있는 아동은 정상아동보다 임신, 출산 직후에 좀 더 많은 건강상의 문제를 경험한다. 어머니의 나이, 미성숙, 임신 중 출혈, 임신중독증, 바이러스 감염이나 바이러스 노출, 분만 후 기력의 부족과 같은 위험요소가 자폐증이 있는 아동의 약 25%에게서 확인되었다(Eric & David, 2001).

2) 유전적 영향

자폐증이 있는 아동 중 극소수에게서 취약한 X 증후군(fragile-X anomaly)이 발견되었고, 자폐증과 취약한 X를 가진 대부분의 개인은 정신지체를 가지고 있기 때문에 자폐증과 취약한 X 사이에 존재하는 어떤 연관성은 정신지체에 부수적인 것일 수도 있다.

임상보고에서 자폐증의 어떤 경우는 7,000명 중 한 명 꼴로 발생하는 결절경화(tuberous sclerosis)와 같은 단일 유전자 장애와 관련되어 있다고 보고했다. 이 장애의 유전자 위치가 염색체 9번과 염색체 16번에 있다는 것을 확인했다.

자폐증이 있는 사람은 다른 염색체 변이에 대한 위험이 약 5% 정도 더 올라

간다(Gillberg & Coleman). 불행하게도 자폐증과 관련된 염색체 변이는 이 장애의 기저에 있는 유전자 위치를 제시하는데, 자폐증이 거의 대부분의 염색체가 포함되는 변이와 관련되어 있기 때문이다.

3) 신경심리학적 발견

자폐증이 있는 아동에게서 인지, 언어, 사회적 정서의 결핍이 나타나듯이, 신경정신학적인 기능에 대한 테스트를 수행하는 데도 똑같이 광범위한 범위의 결핍을 예상할 수 있다. 자폐증의 신경정신학적인 결함은 지능, 집중력, 기억, 언어 수행 기능 등을 포함해서 여러 영역에서 나타난다. 신경정신학에서의 연구 발견으로 언어, 기억과 연관된 뇌의 부위에서 더 큰 변신을 가지면서 전두엽손상이 자폐아동들에게 공통적이라는 것을 알 수 있다.

4) 신경생물학적 요소

두뇌이상은 출생 전 30주 이전에 일어나는 신경발달에서 초기장애라는 것이 일반적으로 확인되고 있다. 자폐증과 관련된 연구에서 소뇌와 중앙 측두엽과 이와 관련된 변연계 구조에서 구조적 이상이 일관되게 확인되었다. 뇌간 가까이 위치해 있는 뇌의 비교적 큰 부분인 소뇌는 운동근육의 움직임과 매우 많이 관련되어 있다. 소뇌가 언어, 학습, 감정, 사고, 관심집중 같은 비 운동근육기능에도 부분적으로 관계한다는 것을 제시하였다(Courchesne, Townsend, & Chase, 1995).

자폐증이 있는 사람들 중 대다수가 소뇌의 특정 영역이 정상인보다도 훨씬 작다는 사실이 발견되고 있으며, 이는 소뇌발육부전증(cerebellar hypoplasia)으로 이미 알려져 있다. 소뇌의 이상이 자폐증이 있는 아동이 한 자극에서 다른 자극으로 관심이 빠르게 이동되는 문제행동을 발생할 수 있다는 것이 제안되었다. 하지만 소뇌발육부전증이 있는 사람 중, 자폐증상이 없는 사람도 있어 소뇌발육부전증과 자폐증과의 연관성은 계속 연구해야 할 문제다(Bailey et al., 1996).

대뇌국부이상은 중앙측두엽과 이와 관련된 변연계에 있는데 이 영역은 신경

회로를 통해 서로 밀접하게 연결되어 있으며 자폐증이 있는 아동의 장애로 알려진 기능 즉, 감정조절, 학습 그리고 기억과 연관된다. 편도핵은 자극의 정서적 중요성에 대한 분간, 사회적 행동과 보상의 관계에 대한 이해를 위한 연합형성, 신체 움직임과 눈의 응시 방향의 시각, 사회적 자극에 관심 돌리기 해마(hippocampus)의 장기기억 등에서 특별히 중요한 역할을 하는 듯하다. 동물에서 이 뇌 영역의 손상은 자폐증에서 관찰되는 것과 유사한 사회성 퇴행, 강박행동, 위험상황 학습실패, 기억에서 정보인출 장애, 새로운 사건이나 상황에서 적응장애 같은 행동을 일으킨다. 그러나 이 발견 역시 자폐증 전반에 걸친 일반화에는 신중을 기해야 한다.

3. 주요 특징

희원이는 엄마가 "희원아 그건 안 돼!"라는 말을 들은 후 계속 "이건, 안 돼?" "이건, 안 돼?" "이건, 안 돼?" 듣기 괴로울 정도로 엄마를 따라 다니며 반복해서 말하고 있다. 엄마가 그만 하라고 해도 계속 쉴 새 없이 말한다. 참다못한 엄마가 인내의 한계를 드러내며 "그만해! 희원아!"라는 고함소리를 듣고 잠시 멈추는 듯하였다.

자폐증 아동들의 대부분은 기괴하고 유별난 행동을 한다. 장난감 자동차의 바퀴 돌아가는 모습이나 소리에 흥분하여 소리를 지르고, 자신이 열중하는 활동에 참여하는 누군가의 시도를 무시하거나 이것에 대해 극도의 화를 내며 광분해 한다. 자폐증이 있는 아동들은 때로 가리키는 곳을 응시하거나 쳐다보지 않는 듯 보이기도 하고, 때로는 멍하니 목적 없이 어딘가를 쳐다보거나 반대로 뚫어져라 쳐다보기도 한다. 또 자신의 요구를 말로하기보다 상대방의 팔을 끌어 이끌기도 한다. 무어라 말을 하면 듣지 않고 있다가, 어디선가 TV선전문구가 나오면 귀를 쫑긋 세우고 열심히 듣는다.

위와 같은 자폐증의 주요한 특성은 크게 세 가지 즉, 사회적 관계 측면, 언어와 의사소통 측면, 행동과 관심 측면에서 살펴볼 수 있다.

1) 사회적 관계

자폐증이 있는 아동들은 어릴 적부터 초기 사회적 발달에 결정적인 영향을 미치는 많은 기술들, 예를 들면 사람 흉내 내기, 사회자극에 적응하기, 다른 사람들과 관심 공유하기, 타인의 감정 이해하기, 가상놀이 하기 등에 결함을 보인다. 성장을 하면서도 사회적 행동을 거의 시도하지 않고 타인의 감정에도 반응하지 않는 듯하다. 사람과의 관계에서도 상호교류 표현과 감수성이 제한되어 있고 타인의 감정이나 경험을 거의 공유하지 않는다. 자폐아동은 자신의 공간에 들어오는 잘 아는 사람들을 보고 인사할 때도 고개를 숙이는 사회적 행동이나 "안녕하세요?"와 같은 의사소통적 행동, 상대방을 보고 미소를 띠거나, 친숙한 얼굴 표정을 나타내는 등의 감정적 행동을 통합하는 데 매우 큰 어려움을 가지고 있다. 이는 사람을 사물처럼 대하거나 아동이 상대방의 전체를 인지하는 것이 아니라 상대방의 손이라든지, 얼굴에 있는 점이라든지 신체 일부분을 향해 행동을 하기 때문이다.

자폐증이 있는 아동은 사회적 관심교류의 모든 측면에서 장애를 보인다. 보통 아동들이 12개월에서 15개월 사이에 발달하는 사회적 관심교류에는 손가락으로 가리키기, 보여주기, 공유한 흥미에 대해 의사를 소통함으로써 사물이나 사람에게 관심을 향하게 해서 이 사람과 완전한 의견일치를 획득하는 것이 포함된다. 자폐증이 있는 아동은 특이한 방식으로 사회적 정보를 처리한다. 어릴 때 이들은 다른 아이들보다 신체활동과 장난감의 움직임을 모방하는데, 또는 사회적 자극과 비사회적 자극에 초점을 두는 데도 큰 어려움을 겪을 수 있다. 사람얼굴이라는 정보를 처리하면서도 이들은 얼굴전체 형상보다는 입이나 코 같은 얼굴의 일부에 초점을 둘 수 있다(Boucher & Lewis, 1992). 이들은 비언어적 소리에 대해 말을 하는 대부분의 아동들이 전형적인 선호를 보이지 않을 수 있다(Klin, 1991).

자폐증이 있는 아동이 부모와 사회적 유대를 형성하지 못하거나 부모와 다른 어른들 간의 차이를 말할 수 없는 것으로 한 때 생각했지만, 이 같은 연구결과들은 잘못되었음이 밝혀졌다. 자폐증이 있는 대부분의 아동들이 친숙하지 않는 어른에게 하는 반응과 자신의 보호자에게 하는 반응은 다르다. 더 사교적인 행동

[그림 4.2] 자폐증이 있는 아동이 엄마가 방을 비운 사이 반응하는 모습

을 하고 짧은 분리 후에는 낯선 사람보다 보호자에게 더 가까이 있고자 하며, 애착을 형성하는 능력에서 전반적인 결함을 보이지는 않고, 그보다는 사회적 정보를 이해하여 반응하는 능력에서 결함이 드러난다(Rogers, Ozonoff, & Maslin-Cole, 1993). 이 같은 사실은 [그림 4.3]을 보면 알 수 있다. 자폐증이 있는 아동과 정상아동이 같이 있던 엄마가 잠시 방을 비운 후 반응하는 모습이다. 자폐증이 있는 아동은 엄마가 방을 떠난 것을 알고 이리저리 방을 배회하며 찾아다니지만 표정의 변화는 없다. 그러나 [그림 4.2]에서 정상아동은 엄마가 없다는 사실을 깨닫고 이내 울음으로 전달하여 엄마가 돌아오게 만든다.

자폐증이 있는 아동은 사회적 어려움뿐만 아니라 신체언어, 제스처, 얼굴 표정, 목소리 등에 담겨 있는 정서정보를 처리하는데도 문제를 보인다. 다른 사람이 행복한지, 슬픈지, 재미있어 하는지, 불쾌해 하는지 얼굴표정으로 알아차리지 못한다. 동일한 정신연령의 정상아동들에 비해서 자폐증이 있는 아동은 사진 속

[그림 4.3] 일반아동이 엄마가 방을 비운 사이 반응하는 모습

인물이 표현하는 정서유형보다 쓰고 있는 모자의 형태에 따라서 사람 얼굴 사진을 분류할 수 있다(Weeks & Hobson, 1987). 자폐증의 기본적인 심리결함은 정서를 포함하는 신체표현을 직접적으로 지각하는 데 일찍부터 실패하는 것이라고 보며, 나이가 들어도 사회적 단서와 정서, 다른 사람의 주관적 경험을 읽는 데 여전히 어려움을 갖는다.

2) 의사소통 결함

자폐증이 있는 아동은 인생초반에 의사소통과 언어에서 심각한 이상성을 보여주고 있다. 자신의 의사를 상대방과 소통하기 위한 중요한 동기가 다른 사람과 함께 노력, 사고, 감정을 나누려는 욕구에서 유래된 것이기 때문에 자폐증이 있는 아동의 사회적 상호작용과 사회적 이해의 손상은 의사소통 기술발달에 심각한 부정적 영향을 준다는 것은 놀라운 일이 아니다.

자폐증이 있는 아동에게 나타나는 언어손상의 첫 단서 중 하나가, 초기 언어 이전의 의사소통에서 나타나는 아동의 불일치성이다. 예를 들면 자폐증이 있는 아동은 원하지만 손에 닿지 않는 동물인형을 갖고 싶을 때, 다른 사람의 관심을 끌지 못한 채, 단지 가리킬 수만 있다. 이렇게 함으로써 요구대상지시 제스처(protoimperative gestures: 욕구를 표현하기 위해 사용하는 제스처나 발성)를 사

[그림 4.4] 자폐아동은 자신이 잡은 물체에 관심을 가지나, 다른 사람과 공유하지 못한다.

[그림 4.5] 일반아동은 자신이 잡은 물체를 다른 사람에게 보여줌으로, 관심을 공유하려고 한다.

용하는 능력을 보인다. 그러나 이 아동은 관심유발 제스처(protodeclarative gestures: 다른 사람의 시각적 관심을 공유된 대상으로 향하게 하는 제스처나 발성)를 사용하는 것은 실패할 것이다. 관심유발 제스처의 일차적 목적은 다른 사람을 상호작용하도록 끌어들이는 것이다. [그림 4.4]에서 자폐증이 있는 아동은 뭔가에 관심을 기울이지만 다른 사람과 공유하지 못한다. 그러나 [그림 4.5]에서 보는 바와 같이 정상아동은 자신이 관심을 기울인 물체를 타인에게 보여줌으로써 의사소통을 시도한다.

자폐증이 있는 아동의 거의 절반 이상이 어떤 유용한 언어를 발달시키지 않는다. 여기에는 말을 시작한 아동이 자신의 언어발달을 후퇴시키는 것도 포함되며, 이것은 거의 12개월에서 30개월 사이에 일어난다. 언어를 사용하지 않거나 한정된 언어를 사용하는 자폐증이 있는 아동은 의사를 소통하기 위해 제스처를 사용하지 않는다. 대신 이들은 엄마 손을 원하는 방향으로 끌거나 냉장고의 주스를 꺼내기 위해 엄마 손을 냉장고문 손잡이에 갖다 대는 등의 원시적 의사소통형태에 의존한다.

자폐증이 있는 아동은 자신을 위해 누군가가 어떤 것을 즉각적으로 하게 하는 도구적 제스처(instrumental gesture)를 사용한다. 그러나 감정을 전달하기 위한 표현적 제스처(expressive gesture)를 사용하지는 못한다(Frith, 1989).

자폐증이 있는 아동의 사회적 결함과 인지적 결함에 더해서, 언어의 한정된 사용이 언어에 필요한 근육 움직임을 실행하는 운동능력 손상과 관련되어 있을 수 있다. 언어에 필요한 운동손상은 자폐증이 있는 말하지 않는 아동이 수화(sign language)나 그림상징, 쓰기 같이 말로 하지 않는(nonspeech) 시스템을 사용하여 의사를 소통하는 것을 배울 수 있다는 사실로 설명된다. 더구나 말을 하지 않는 자폐증 아동은 구강운동 손상이 가정되는 증상을 보이는데, 이 증상에는 혀, 입술, 턱의 제한된 독립적 움직임이나 식사문제 그리고 어떤 경우, 낮은 얼굴긴장이나 허튼소리(drooling) 등이 있다. 말을 하지 않는 다른 자폐증 아동은 구강언어적 운동을 실행하는 것에서 어려움을 보이며, 이 증상에는 한정된 자음 사용, 다중 음절 생성에서 연속되는 소리를 내는 것의 어려움, 발음 길이의 감소, 불수의적이고 반복적 형태의 언어에서의 명료함 결여 등이 있다(Prizant, 1996).

언어가 발달된 자폐증이 있는 아동은 대개 5세 전에 말을 한다. 자폐증이 있는 아동 모두가 대개 언어발달에서 지연을 보이지만, 가장 놀라운 것은 질적으로 이탈된 형태의 의사소통 사용이다. 가장 주목할 것은 사회적 수단의 부족이다. 대인 간 의사소통을 위한 언어 사용을 하지 못하고 자폐증이 있는 아동의 부모와 교사는 그들의 의사소통이 일어나는 상황과 의미 있게 연결하지 못하기 때문에 터무니가 없고, 어리석으며, 조리가 없고, 부적절한 것으로 서술했다. 특이하고 별나며 부적절하게 보이는 언어화를 사용하는 것 이외에, 자폐증이 있는 아동에게서는 다른 공통된 질적 언어손상인 대명사 전도와 반향어를 볼 수 있다.

대명사 전도(pronoun reversals)는 아동이 상황에 맞게 변화시키지 않고 정확하게 인격대명사를 반복할 때 일어난다. 예를 들어 "네 이름이 뭐니?" 라고 물을 때 "나의 이름은 철수예요"라고 말하기보다 "네 이름은 철수"라고 말한다. 반향어(echolalia)는 아동이 즉각 또는 지연되어 자신이 들은 단어나 단어연합을 앵무새처럼 반복하는 것이다. "화장실 갈래?"라는 질문을 받은 아동은 "화장실 갈래?"로 반복해서 반응한다. 반향어가 한때는 병리적으로 여겨졌지만, 실제로 이것은 자폐증이 있는 많은 아동한테 언어습득의 중요한 첫 단계가 된다. 반향어와 한말 또 하기(perserverative speech)와 끊임 없이 질문하기와 같은 상이한 비전형적인 언어행동은 자폐증이 있는 아동에게 의사소통과 발달상 기능의 다양함을 제공하고 아주 원시적인 방법이지만 아동의 의사소통 욕구를 반영한다.

언어가 발달된 자폐증 아동의 일차적 어려움은 산술적 언어(소리, 단어, 문법)나 의미론적 언어 사용에는 그리 많지 않다. 오히려 화용론(pragmatics)에서나 사회적 맥락과 의사소통 맥락에서의 적절한 언어사용에서 더 심각한 손상을 보인다. 자폐증 아동은 다른 사람과 정보를 공유하거나 새로운 정보를 묻기 위해 언어를 거의 사용하지 않는다. 정보를 교환하기 위해 언어를 사용하는 것의 실패는 각 개인이 독특한 정보나 생각을 하고 있으며 언어는 다른 사람이 생각하고 있는 것을 이해하는 데 중요한 도구라는 것을 인지하는 데 부족을 드러낸다.

자폐증에서 모든 의사소통 결함의 기저에 있는 공통 요소는 언어로 다른 사람에게 정보를 알리고 영향을 줄 수 있다는 것을 이해하는 데 일반적으로 실패하는 것이다. 자폐증이 있는 아동은 자신이 말을 하고 있는 사람의 소리에 관심을 기울이는데 실패하여, 결과적으로 거의 억양에 굴곡이 없는 체로 너무 크게 말을 하거나 너무 작은 말을 한다. 정상 아동은 자신의 이야기를 좀 더 흥미 있게 만들고 듣는 사람에게 좀 더 잘 들리게 하기 위해서 자기 목소리의 톤을 변화시킨다. 그러나 자폐증이 있는 아동은 아마도 듣는 사람과 같이 다른 사람에 대한 개념이 부족하기 때문에 이렇게 할 수 없는 듯하다.

자폐증이 있는 아동은 또한 문자 양식(literal fashion)의 언어를 사용한다. 흔히 단어의 뜻은 완고해지나 원래 획득한 의미와 다르게 사용하지는 않는다. 예를 들면 놀이터의 미끄럼틀을 신나게 타고 있을 때 "또, 타!"라는 말을 획득했다면 다음에 미끄럼틀을 타고 싶다는 표현으로 "또, 타!"를 사용할 지도 모른다는 것이다. "또, 타!"라는 단어들의 의미를 특정한 문맥과 분리시키지 못하며, 일반적인 '반복 사용'으로 이를 사용하는 데 어려움을 겪을 수 있다. 붉은 색깔의 사과를 보며 사과(1)라는 단어를 읽었다면 접시 위에 껍질이 벗겨진 채 놓여있는 사과를 사과(2)라고 명명할 때는 처음에 획득한 사과(1)와 다른 사과(2)로 받아들이게 된다는 것이다.

아주 특정한 상황과 단어 의미를 연합하는 이런 경향은 어린 시절 자폐증을 겪은 Donna Williams(1992)의 경험에서 살펴볼 수 있다.

내가 예전에 수학여행 동안 국회의사당에서 낙서를 하는 것에 대해 호된 훈계를 받았다. 그러고 난 후 나는 다시는 이런 짓을 하지 않겠다고 약속했다. 그러고 나서 10분 후에 학교 벽에 낙서를 하다가 붙잡혔다. 나는 내가 그 전에 약속한 것을 무시하려고 했던 것도 아니고 다른 사람을 놀리려고 한 것도 아니었다. 나는 내가 전에 했던 일과 정확하게 똑같은 일을 하지는 않았다. 나를 혼내는 사람들 또한 나를 당황하게 만들었다. 내가 규칙을 중요시 하지 않았다기보다 각 특정상황에 대한 많은 규칙을 따라갈 수가 없었다.

어순과 많은 어휘력을 가지고 있는 숙달된 고기능자폐증 아동조차도 언어의 실용적 기능에서 계속적인 결함을 보인다. 게다가 그들은 다른 사람의 생각, 느낌, 의도를 인식하는 데 기본적인 결함을 반영하는 언어적 결함과 비언어적 결함을 계속 보인다.

3) 반복적 행동과 관심

자폐증이 있는 아동은 물체 나열하기와 몸 흔들기처럼 정형화된 행동과 같은 반복적 행동과 협소한 형태의 흥미를 보인다. 이들은 이 행동을 시작하고 유지하고 싶은 듯 보인다. 자폐증이 있는 어떤 아동은 땀을 흘릴 정도의 강한 강도로 손과 팔을 흔들거나 위아래로 움직이는 것과 같은 정형화된 움직임을 보일 수 있다.

자기자극행동은 반복적인 신체행동이나 물건을 움직이는 것이다. 자기자극행동은 다른 형태의 발달장애가 있는 아동에게도 일어나지만, 이것들은 특히 자폐증이 있는 아동에게 흔하고 지속적이다. 눈앞에서 손가락을 움직이는 것과 같은 특정 행동이 아동기에서 성인기까지 유지될 수 있다. 자기자극행동은 오감 중 한 가지 이상이 포함되며, 탁자 위에서 숟가락을 돌릴 때처럼 정형화된 반복행동에는 두 감각이 포함될 수 있다.

자폐증이 있는 아동의 자기 자극의 일반 형태는 다음과 같다.

- 시각: 눈을 깜빡이고, 불빛을 응시하고, 눈앞에서 손을 흔들고 손가락을 움직이기
- 청각: 손가락으로 딱 소리내기, 목소리를 내기, 귀를 가볍게 톡톡 두드리기, 탁자 위의 물건을 돌리기
- 촉각: 긁기, 손이나 물건으로 피부를 문지르기
- 전정(Vestibular): 앞뒤로 흔들기, 옆으로 흔들기
- 미각: 몸의 일부분이나 물건을 입에 넣기, 물건 핥기
- 후각: 물건의 냄새 맡기, 사람냄새 맡기

4) 기타 특징

자폐아동들의 대표적인 사회적 측면, 언어와 의사소통 측면, 행동과 관심 측면 외에도 여러 일반아동들과 다른 특징들을 보이고 있다.

(1) 지적 결함과 강점

자폐증이 있는 아동은 매우 심한 정신지체에서부터 우수한 능력까지 지능이 아주 다양하다. 우수한 능력을 가진 아동은 가끔 언론의 관심을 받기도 하지만, 실은 자폐아의 약 80%가 정신지체를 함께 가지고 있으며 약 60%는 50 미만의 IQ를 지니고, 20%는 50에서 70 사이의 IQ를 가지고 있다. 정신지체 아동들은 모든 영역에 걸쳐 지능의 일반적인 지체를 보이나 자폐증 아동들은 여러 하위 검사에서 현저하게 불규칙한 경향을 나타낸다. 가령 Wechsler지능척도의 하위검사인 언어 이해력 하위검사에서 비교적 낮은 점수를 받았고, 비언어적인 숫자 외우기와 토막 짜기에서 높은 점수를 받았다. 이러한 많은 지적 결함에도 불구하고 수는 적지만 자폐증이 있는 아동 중에는 영화 ≪Rain Man≫에서 Raymond가 발휘했던 바닥에 떨어진 이쑤시개 한 통을 세어보지 않고 몇 개인지 정확히 알아맞히는 그런 종류의 기능의 파편이나 단편적 능력(islets of ability)을 나타낸다. 이들은 철자외우기, 독서능력, 체육, 음악, 그림그리기에 특별한 재능을 가지고 있을 수 있다.

자폐증이 있는 아동의 5%는 고립되어 있으며 흔히 또래 정상 아동에게서 발

견되는 것을 초월하는 뛰어난 재능을 가진다. 음악과 체스에 재능이 있는 Trevor Tao나 말 그림을 생생하고 정확히 그리는 Nadia는 자폐증학자(atistic savant)로 이미 알려져 있다. 이런 매력적인 기술의 개발은 보기 드문 몰두와 반복적인 행동과 관련되고 그 기술의 정도는 아동의 IQ와 관련된다. 또 다른 생각은 자폐증 학자는 정보를 전체로 보기보다는 부분으로 나누어 보는 경향이 있으며, 이것이 특정분야에서 비범한 일을 만드는 것이다. 자폐증 아동들은 추상적인 개념보다는 심상(image)으로 사고하기 때문에 카메라나 녹음기 같은 방식으로 물질을 기억할 수 있다는 것이다. 자폐증 학자의 매력, 드러나는 기술이나 많은 재능의 파편화에도 불구하고 대부분의 경우에 자폐증이 있는 아동은 일상생활을 증진시키는데 이것을 발전적으로 사용하지 못한다.

(2) 감각과 지각결함

일반아동들에게는 아무렇지도 않은 광경, 소리, 냄새, 감촉의 많은 것이 자폐증이 있는 아동에게는 혼란을 주거나 심지어 고통스러운 것이 될 수 있다. 자폐증이 있는 아동은 특정한 사람의 목소리를 아주 큰 비명소리와 같이 느끼거나, 손에 가볍게 닿는 것에 심한 고통을 느끼거나, 전화벨소리를 귀 바로 옆에서 들려주는 강한 드릴소리같이 지각하고 반응할 수 있다. 자폐증이 있는 아동에게 흔히 이러한 감각의 이상성과 결함에는 특정자극에 대해 지나치게 민감하거나 무감각한 것, 감각 정보를 전환시키는 데 있어서의 손상, 감각 양상을 종합적으로 혼합하는 능력에서 손상 등이 있다. 예로 사람의 박수소리를 듣는 동시에 움직임을 보는 것.

자폐증에 관한 초기 이론은 감각우세(sensory dominance)와 자극에 대한 과잉 선택성(stimulus overselectivity)과 같은 감각-지각 결함을 검토하였다. 감각우세란 다른 것들에 비해 감각정보의 특정형태에 집중하는 경향을 말하는 것이다. 예를 들면 소리에 비해 눈에 보이는 것을 선호하는 것과 같은 것이다.

자극 과잉선택성(stimulus overselectivity)이란 똑같이 중요한 다른 특성을 무시하고 환경에서 사물이나 사건의 한 가지 특징에 초점을 맞추는 경향이다. 예를 들어 "이리와"같은 요청에 반응하는 법을 엄마에게 배울 때 자폐증이 있는 아동들은 선택적으로 엄마의 입술이나 엄마의 목소리에 관심을 집중할 지도 모른다. 만약 아동이 입술에 집중을 한다면 엄마가 고개를 돌리고 부르면 아동은 오지 않을 것이다. 입술의 움직임이 보이지 않기 때문이다. 아동이 입술의 움직임은 보지 않고 엄마의 목소리에 집중할 때 방안에 소음이 엄마의 목소리를 방해한다면 아동은 반응을 보이지 않을 것이다. 자폐증이 잇는 아동이 자극에 대한 과잉선택성을 나타내는 것은 한 자극에서 다른 자극으로 관심을 이동시키는 데 어려움이 있기 때문일 것이다. 다른 중요한 성질은 무시한 채, 환경의 한 가지 한정된 부분에 선택적으로 집중하는 것은 자폐증아동에게 터널 시야(tunnel vision) 또는 터널 청력(tunnel hearing)이 나타나서 이들이 세상에 대해 배우는 것을 매우 어렵게 만든다.

(3) 인지적 결함

자폐증 아동은 많은 다른 인지적 제한을 보인다. 사회적 정보와 정서적 정보를 처리하는 데 있는 특정 인지적 손상과 정보처리, 계획하기, 관심 기울이기에서 보다 일반적 인지적 손상이 있다.

자폐증이 있는 아동의 사회적 능력과 의사교류능력에서의 결함은 이들의 정서표현, 얼굴 표정, 내적인 정신 상태와 같은 사교적 정보, 정서정보, 사적정보를 처리하는 방법에 대해 많은 관심을 불러왔다. 자폐증이 있는 아동의 이상한 사회적 행동은 사회적 민감성에 상당한 손상이 있음을 나타낼 수 있다(Sigman, 1995).

12개월 된 대부분의 정상아동은 자신과 다른 사람이 같은 것에 관심을 가지게 될 때 이에 대해 말을 할 수 있게 된다. 이들은 사람행동이 욕망에 의해 이끌리고 목표를 향한다는 것을 인식하기 시작한다. 인생의 첫 두해 동안 이러한 능력을 통해서 가장놀이(pretend play) 또는 "마치~인 것처럼(as if play)"의 놀이를 나타낸다. 그러나 자폐증이 있는 아동은 뭔가를 가장하는 것을 이해하지도 못하고 가장놀이를 하지도 않는다. 예를 들면 정상아동은 마시는 소리를 내면서 빈 컵을 가지고 인형에게 물을 먹이기도 한다. 반면에 자폐증이 있는 아동은 단순히 컵을 반복적으로 빙빙 돌리기만 한다. 종종 자폐증이 있는 아동의 부모가 자녀의 능력을 의심하는 것은 이러한 가장놀이의 결핍 때문이다.

자폐증이 있는 아동에게 자연스럽게 일어나는 가장놀이의 부재로 인해서 자폐 아동이 다른 사람이나 자신의 정신 상태를 이해하는 데 결함을 나타낼 거라고 예상할 수 있다. 여기에서 정신상태란 믿음, 그리고 욕망과 같은 직접적으로 드러낼 수 없는 것을 말한다. 이것은 자폐증에 관한 가설인 마음이론(The theory of mind; TOM)이라고 불린다. 자신이 눈으로 볼 수 없는 정신적 상태에 관해 보다 고차원적인 설명을 하는 데는 큰 어려움이 있다.

또 다른 일반적인 인지적 결함은 미분화 사고(central coherence)에 대한 욕구가 약한 것이다. 이것은 보다 넓은 상황을 고려하여 비교적 포괄적인 방법으로 자극을 설명하고자 하는 인간의 강한 경향을 말한다. 이렇게 함으로써 우리는 다양하고 복잡한 정보에서 의미를 이끌어낼 수 있고 정확한 세부사항 보다는 요점을 기억할 수 있다. 자폐증이 있는 사람은 미분화 사고에 약한 경향으로 정보를 큰 그림으로 보기보다는 작은 조각으로 처리하는 경향이 있다는 것이 계속 가정되어 왔다(Frith & Happe, 1994). 다른 사람의 말, 몸짓, 감정을 이해한다는 것이 미분화 사고가 결핍된 사람에게는 극도로 어려울 수 있다.

사회적 의사소통(social communication) 또한 미분화 사고가 결핍된 사람에게 매우 제한될 수 있다. 각 진술을 연속선에서 결합하여 보고자 하는 전반적인 노력을 하지 않기 때문에 분리된 단위로 취급하기 때문이다. 언어과제에서 대부분의 사람은 단어를 개별적으로 읽는 동시에 문맥 속에서 읽는다. 예를 들면 하늘에서 내리는 눈(:)과 보는 눈을 자폐아동들은 전체 문맥을 파악하지 않고 읽어버리기 때문에 눈(:)과 눈의 발음에 실수를 나타내는 가능성이 높다(Frith, 1993)는 것이다. 미분화 사고에서 자폐증 아동들은 전반적인 양상이나 모양이 수행을 촉진시키기보다 부분 부분의 자극에 집중해서 놀라울 정도로 일을 잘 수행한다. 이런 과세의 예로 WISC의 도막 짜기 하위검사와 숨은그림찾기 검사 점수가 높게 나오는 것이다.

(4) 신체특징/기타

자폐증이 있는 사람의 20%에서 30%가 간질을 나타낸다. 정신발달이 지연된 사람은 간질병이 더욱 젊은 나이에 나타나는 반면, 자폐증이 있는 사람은 청년기 후기나 성인기 초기에 독특하고 비교적 높은 발병을 보인다. 어린 나이에 간질을 일으키는 경우는 정신발달과 관계가 깊지만 후자의 경우는 간질의 위험이 IQ와는 밀접한 관계가 없다. 자폐증이 있는 아동은 주로 정상이거나 매력적인 신체모습을 가진 것으로 드러난다.

4. 교육과 중재

1) 진단 및 조기중재

자폐성 위험 증후는 생후 18개월 이전부터 특이한 행동양상들을 나타내기 시작하며, 진단의 기준도 만 3세 이전에 나타나는 것으로 되어 있다. 인간발달에 있어 영·유아 시기는 발달이 가장 민감하고 활발한 시기로서 이 시기의 발달은

〈표 4.2〉 영유아기 자폐증 관찰 선별 체크리스트(영·유아 자폐증–Segawa, 1995)

- 영아기-미소가 결핍되어 있다.
- 과소민감성을 보인다.
- 낯선 사람에 대한 불안감이 없다.
- 불러도 대답이 없다.
- 까꿍에 무반응이다.
- 눈 맞춤이 결여되어 있다.
- 말하기의 지연현상이 나타난다.
- 타인의 움직임에 대한 대응이 곤란하다.
- 극단적 위축행동이 있다.
- 상상놀이가 전혀 없다.
- 과다행동이 나타난다.
- 불규칙하고 자주 깨는 잠버릇이 있다.
- 과다민감성을 보인다.
- 옹알이가 없다.
- 추종하는 행동이 미약하다.
- 무표정한 얼굴이다.
- 자율 운동적 적응력이 결여되어 있다.
- 유아기 때 손가락을 써서 가리키는 일이 없다.
- 말에 의한 표현력이 상실되고 있다.
- 무의식적 자극행동이 있다.
- 놀이 중 방해 받기 싫어한다.
- 동일성 고집이 세다.
- 이유 없는 갑작스런 울음과 웃음이 있다.

성인기에 필요한 대부분의 학습의 기초를 형성한다. 이와 같이 중요한 시기에 적절한 지원을 받지 못함으로써 학습의 기회를 잃거나 제한받게 된다면, 그로 인해 개인의 삶에 미치는 부정적 영향은 일생에 걸쳐 진행될 수 있다. 자폐관련 장애는 뇌의 중추신경계와 관련한 신경생리학적인 원인으로 알려지면서, 뇌세포의 확장 및 발달에 중요한 시기인 만 3세 이전의 적절한 프로그램 실행은 자폐성 위험요소를 나타내는 영·유아에게 절대적 필요사항이 되었다.

자폐진단에 사용되는 검사 도구에는 가장 빈번하게 사용되는 진단편람(DSM-IV)의 진단규준 이외에도 국제질병 분류기준(International ICD-10), 자폐행동 검목표(Autism Behavior Checklist: ABC), 자폐진단 면담지(Autism Diagnostic Interview-Revised: ADI-R), 아동기 자폐평정척도(Childhood Autism Rating Scale: CARS), 언어 전 자폐진단 관찰검사지(Pre-Linguistic Autism Diagnostic Observation Schedule: PL-ADOS), 영·유유아기 자폐 체크리스트(Checklist for Autism in Toddlers: CHAT) 등이 있다.

자폐증이 있는 아동을 평가하거나 진단할 때 도구를 사용하는 목적은 모든 장애영역에서의 평가목적과 마찬가지로 자폐성 문제발생을 가능한 빠른 시기에 발견하여, 문제의 진행을 사전에 차단하고자 하는 1차적 목적과 동시에 이미 진행된 장애상태를 정확히 파악 선별하거나 평정, 진단함으로써 현재 상태에서 적합한 교육을 수행하여 가능한 모든 발달 가능성을 증대시키는 데 있다. 그리고 이러한 선별, 평가, 진단은 대상아동을 약 6개월가량 가까이 관찰할 수 있었던 사람이어야 하며, 아동을 처음 대하는 상담가나 교사, 치료사는 일반적으로 부모 면담을 통하여 평가기초를 얻을 수 있다. 유의할 점은 임상관찰에 의한 평가나 진단은 반드시 임상경험이 다년간 축적된 전문인이 실시해야 함을 명심해야 한다.

2) 교육적 접근

효과적인 교육접근법에 대한 많은 연구자들은 발달주의적 접근이나 응용행동주의적 접근, 그리고 생태학적인 접근 등의 접근방법을 제시하였으며, 이들 접근법에서 제시하는 공통적인 교육원칙은 첫째, 정상발달단계를 중요한 기준으로 하여 자폐아동의 발달수준에 맞는 교육을 제공한다. 둘째, 자폐아동의 특수한 요구사항을 지원하기 위해 각 개인에 맞는 고유한 학습특성 및 기질을 고려하는 것이 필수사항이다. 셋째, 사회성 기술, 의사소통 기술, 문제해결 기술, 의사결정 기술 등 아동의 일생을 통해서 반드시 필요한 기능적 기술들에 대한 개별화교육프로그램을 강조하여 체계적으로 연결되도록 한다. 넷째, 자폐아동의 특성 상 적극적인 가족참여를 바탕으로 가족 중심적이며, 지역사회 중심의 중재접근을 강조하고 있다는 점이다.

3) 감각통합훈련

자폐증을 가진 아동은 감각계에 이상이 있을 수 있다. 어떤 감각이 주위의 자극에 과잉 또는 과소로 반응하는 것이다. 몸을 흔들거리거나, 빙빙 돌거나, 손을 찰싹거리는 등의 행동은 이러한 감각상의 문제들이 원인이 될 수 있다. 감각의 수용체는 말초신경계(뇌와 척수를 제외한 모든 신경계)에 있지만, 이들 문제들은 중추신경 즉, 뇌의 이상에서 기인된다고 생각하고 있다. 자폐증을 가진 사람들이 얘기하는 것처럼 눌러주거나 건드리는 감각통합방법들은 집중력과 주의력을 향상시키고, 전체적인 흥분을 가라앉혀 준다.

감각통합이란 뇌가 주변 환경으로부터 들어오는 감각 자극들을 통합하고 해석하는, 타고난 신경생리학적 기구를 의미한다. 반대로 감각통합장애란 뇌가 이러한 감각자극들을 적절히 통합하고 조직화하지 못하는 장애로서, 발달이나 정보처리, 행동 등에 다양한 정도의 문제를 일으킨다. 감각통합치료이론은 A. Jean Ayers 박사가 신경과학과 신체발달, 신경근육 기능의 연구에 바탕을 두고 발전시킨 것이다.

감각통합은 주로 세 가지 기본적인 감각 즉, 촉각(tactile), 전정감각(vestibular) 및 고유감각(proprioceptive)에 초점을 맞추고 있다. 태어나기 전부터 이들 사이에는 연결이 형성되기 시작하며, 점차 성숙하고 주위환경과 상호작용을 하면서 발달되어 간다. 세 가지 감각은 이들뿐만 아니라 뇌의 다른 계와도 서로 연

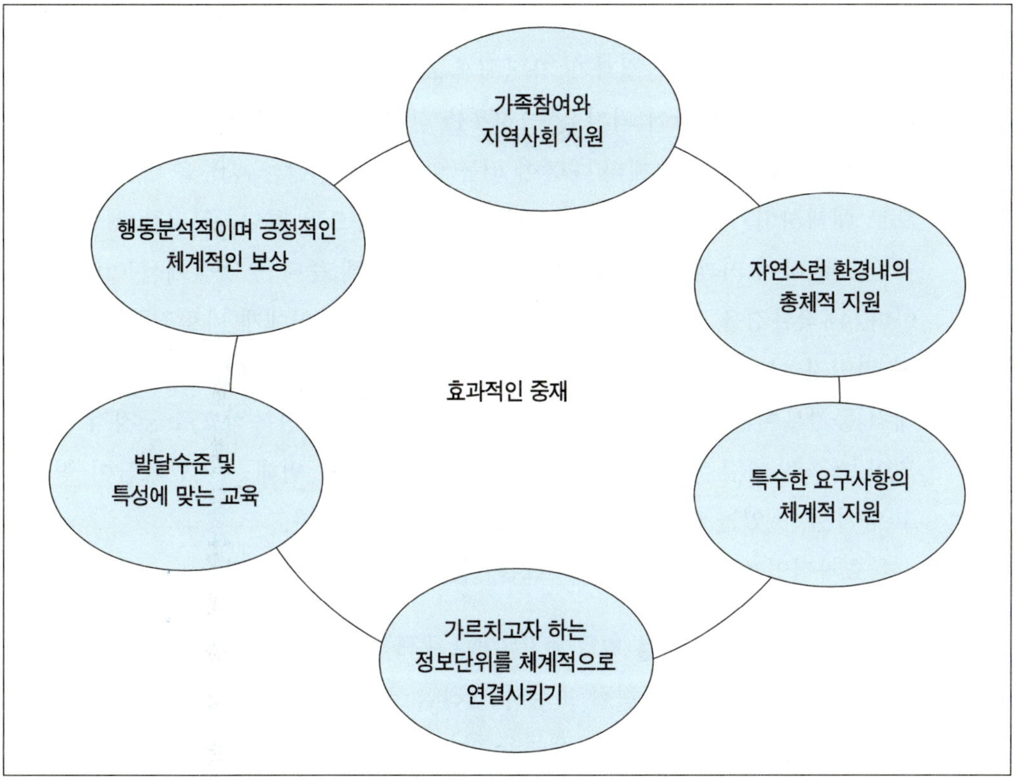

[그림 4.6] 자폐성 위험아동의 효과적인 교육중재

결되어 있다. 시각이나 청각만큼 친밀하지는 않지만 이들은 우리가 기본적으로 생존하는 데 꼭 필요한 감각들이다. 세 감각들 사이의 상호관계는 아주 복잡하며, 우리가 주변 환경의 여러 가지 자극들을 경험하고, 해석하며, 이에 적절히 반응할 수 있도록 해준다.

4) 행동치료

자폐아동들이 가지는 여러 가지 바람직하지 않는 행동은 감소시키면서 상대적으로 바람직한 행동을 증가시키는 것을 기본 원리로 한다. 즉, 선행자극이나 선행사건으로 인해서 어떤 행동이 일어났을 때 그에 따르는 즉각적이고 일시적인 환경적 변화 혹은 후속자극을 조작적으로 제공하게 되면 그에 따르는 후속결과가 발생한다. 그 후속결과가 자신에게 보상이 될 경우 미래에 행동이 일어날 확률이 증가하고 보상이 되지 않는 경우는 감소하게 된다.

행동치료에서는 중재의 대상이 되는 바람직하지 않는 행동을 바람직한 행동으로 대체시키기 위한 긍정적인 행동지원을 내용으로 한다. 철저한 행동분석을 기반으로 하여 자폐아동의 내·외적 환경을 조정해 준다는 입장에서 이해되어야 한다. 내적환경을 조정한다는 의미는 자폐아동이 자신에게 바람직한 행동이 어떤 것인지 이해하고 스스로 선택할 수 있는 내적 동기부여가 우선되어야 한다. 내적 동기부여는 외부로 나타난 자신의 행동으로부터 반복적으로 긍정적 강화가 되어 스스로 바람직한 행동을 수행하고 그 행동으로 인해 자기만족감이 형성되고 증가될 수 있는 환경이 제공되는 것을 원칙으로 한다.

효과적인 행동치료를 위해 고려해야 할 사항은 다음과 같다.

(1) 긍정적 행동지원을 위한 동기유발과 총체적 지원

아동이 선호하는 물질적 보상과 칭찬을 적절히 사용하여야 한다. 자폐아동의 특성을 고려하여 목표하는 행동을 함으로써 선호하는 물체나 대상을 얻기 위해 자폐아동 스스로 자신의 교육내용을 탐색하고 터득할 수 있는 다양한 구성체계가 필요하다.

(2) 긍정적 환경과 적응행동 제공

부적응행동을 중재할 때는 목표행동을 부적응 행동 대신 자폐유아가 원하는 기능을 바람직하게 나타낼 수 있는 '대체행동'지원을 기본으로 한다. 보다 바람직한 것은 부적응 행동의 발생에 대한 철저한 기능분석을 하고 그를 토대로 하여 다시 그 행동이 발생하지 않도록 조치하는 행동발생이전의 선행사건 중심 예방 프로그램을 제공하는 것이다.

(3) 강화는 경제성과 다양성을 고려

보상이 지나치게 사용되거나 체계적이지 못한 방법으로 남용되면 자폐아동의 동기를 유발하기 위해 사용된 목적이 점차적으로 기능을 잃게 되어 더 이상동기 유발제로서 유익하게 사용되기 어렵고, 잘못 남용되면 자폐아동에게 오히려 부정적인 결과를 주게 되기 때문이다. 강화를 제공할 때는 가장 최소의 양으로 최적의 언어행동발생을 유도하는 경제성을 유지해야 한다.

(4) 체계적이며 일관적인 적용

중재의 계획이 체계적이고 중재진행 또한 체계적일 때 중재대상이 되는 자폐아동은 그 체계적인 법칙에 의해 긍정적인 행동이 일관성을 유지하면서 손쉽게 형성해 나간다. 자폐아동을 위한 행동치료를 실시할 때는 중재자, 중재 장소, 중재절차, 보상규칙 등이 어떤 일관성을 갖도록 해야 하며, 행동치료실, 가정, 학교에서의 일관성도 동시에 염두에 두어야 한다.

(5) 부정적 형태의 교육적 환경은 절대 금물

자폐아동이 보이는 문제행동의 대부분은 실질적으로 의도된 것이라기보다는 사회적으로 미성숙하기 때문에 나타나는 것이라는 것을 염두에 두고 체벌은 절대 금지해야 한다. 자폐아동을 교육하고 문제행동을 대체행동으로 전환시키도록 중재하는 과정에서 체벌뿐만 아니라 모욕적인 말의 사용이나 표정도 사용해

〈표 4.2〉 자폐아동의 바람직하지 않은 행동을 이용한 행동치료 활동 사례 1

목표물 맞히기 (▶사회적 부적응행동/타인의 생활에 위협을 주는 문제행동 교정하기)	
적용대상학생	물건이나 무엇이든 손에 잡히는 것을 던져 버리는 학생에게 적용
활동 내용	• 하드보드지에 펀치로 구멍을 낸다. • 풍선을 크게 불어 묶는다. • 하드보드지에 난 구멍에 풍선 꼭지를 빼서 테이프로 고정시킨다. • 일정거리에서 모래주머니를 던져 풍선을 터뜨린다. • 많이 터뜨린 사람에게 보상한다.
자료 및 유의점	• 풍선 • 하드보드지 • 모래주머니 • 펀치 • 투명 테이프
효과	타인에 대한 공격적인 행동을, 게임에서의 목표물을 향해 모래주머니를 던지는 목적지향적인 행동으로 바꿀 수 있고, 자신의 에너지는 바깥으로 소진시킬 수 있다.

〈표 4.3〉 자폐아동의 바람직하지 않은 행동을 이용한 행동치료 활동 사례 2

꼬리잡기 (▶사회적 부적응행동/대인관계 형성하기)	
적용대상학생	*혼자 노는 학생이나 소심한 학생에게 적용
활동 내용	• 술래를 정한다. • 맨 앞에 선 학생은 머리(대장)이 된다. • 나머지 학생들은 대장 뒤 모두 한 줄로 서 앞 사람 허리를 잡는다. • 술래가 맨 뒤에 꼬리부분에 서 있는 학생을 잡기 위해 다닌다. • 대장학생은 술래가 꼬리를 잡지 못하게 술래를 막는다. • 맨 뒤에 선 학생은 잡히지 않기 위해 앞사람 잡은 채로 술래를 피해 다닌다. • 중간에 있는 학생들도 술래가 맨 뒤, 꼬리에 있는 학생을 잡지 않게 하기 위해 이리 저리 피해 다닌다.
자료 및 유의점	• 게임의 첫 시작에는 문제행동을 갖고 있는 학생이 대장이나 꼬리가 되게 하면 안 된다. • 절대 손을 놓쳐선 안 된다는 주의사항을 준다.

서는 안 된다.

(6) 중재대상이 되는 부정적 행동을 아동의 특성 및 강점으로 분석활용

자폐아동이 어떠한 문제행동을 보이더라도 그 행동에는 반드시 어떤 이유가 내포되어 있다. 따라서 문제행동 자체에 중점을 두기보다는 그 문제를 통해 나타내고자 하는 의사표현을 이해하려고 노력하고, 자폐아동이 보다 긍정적인 의사표현 방법을 사용하도록 도와야 한다.

아동이 나타내는 부적절한 행동 형태나 특성은 학습활동을 촉진시키는 매체로 전환되어 사용할 수 있다. 자폐아동의 환경과의 부적응적 형태로 나타난 표현행동에 담겨 있는 기능과 아동의 특성을 교육적 촉진요소로 사용하는 시각을 갖는 것이 반드시 선행되어야 한다.

5) 약물치료

신경전달물질은 뇌의 복잡한 연결망들을 통해 정보를 적절하게 전달하는데,

이러한 신경전달물질이 부족하거나 혹은 지나치게 많거나 하는 등의 문제는 여러 가지 행동적 이상 또는 정서적 문제를 야기하게 된다. 신경과학자들에 의해 발견된 아세틸콜린(acetylcholine), 도파민(dopamine), 에피네프린(epinephrine), 노르에피네프린(norepinephrine), 세로토닌(serotonin) 등의 신경전달물질은 신경과 신경 간의 정보를 전달하는 역할을 하는 화학적 물질로서 우리의 행동과 정서에 영향을 미친다. 이와 같은 신경전달물질이 행동과 정서에 영향을 미치므로 신경전달물질의 기능을 조절하는 정신영역의 약물은 행동상의 문제와 정서상의 문제를 개선하는 데 기여한다. 즉, 노르에피네프린이 너무 많이 방출되는 사람은 모든 자극에 대해 선택 없이 반응하므로 인데랄(Inderal)과 같은 노르에피네프린 차단제를 사용한다. 그러면 뇌의 흐름이 보다 적게 자극되어서 아동의 불안을 가라앉힐 수 있다. 반면에 노르에피네프린이 적으면 중요한 것에도 주의집중을 할 수 없다. 이런 경우에 중추신경자극제인 리탈린(Ritalin)을 사용하면 주의집중이 높아진다. 또한 자폐가 있는 아동의 행동이 혈액내의 세로토닌과 관계가 있다는 신경생리학적 연구결과로 인하여 세로토닌 재흡수차단제인 펜플루라민(fenfluramine) 등 세로토닌계 약물들이 자폐아동들의 문제행동 증상들을 치료하는 데 사용되기 시작하였다. 도파민도 자폐 및 정서행동장애아와 관련이 있다는 연구에 의해 도파민수용체차단제인 할로페리돌(haloperidol) 등이 자폐 및 정서행동장애 아동들의 과잉행동과 충동성을 개선하는 데 사용되고 있다.

1993년 Gordon 등의 연구에 의하면, 만 6세 이상~18세의 자폐 및 정서행동장애 아동들에게 클로미프라민(clomipramine: CMI)과 데시프라민(desipramine)을 투여한 결과 아동들의 과다행동을 줄이는 데 효과가 있었다고 보고했다. 그러나 약물로 인한 대발작, 심전도 변화, 빈맥, 그 외 행동 이상 등의 부작용이 발생할 수 있기 때문에 매우 주의해서 사용해야 한다.

위에서 언급한 바와 같이 약물치료는 자폐증상이 있는 아동들을 특수교육을 중심으로 여러 접근에서 다른 치료나 접근을 잘 받을 수 있도록 도와주고, 용이하게 해 주는 역할을 한다. 약물치료를 받기 전에는 가정환경, 학교프로그램의 적절성 여부까지 포함한 철저한 평가가 우선되어야 하며, 약물치료를 시작하게 되면 임상적으로 관찰 가능한 변화와 부작용의 발생에 대해 항시 모니터해야 한다. 보통 4~6개월마다 중단하고 평가하는 것을 권고하고 있으며, 반드시 전문의사와 신중한 상담을 통해서 결정하고 효과가 나타나지 않거나 부작용이 있다고 해서 일방적으로 약물 복용을 중단해서도 안 된다.

약물치료를 필요로 하는 경우는 대개 과다행동(hyperactivity), 분노발작(tempertantrum), 자극과민성(irritability), 위축(withdrawal), 상동증(stereotypies), 공격성(aggressiveness), 자해행동(self-injurious behavior), 우울(depression), 강박행동(obsessive- compulsive behavior)이다.

5. 요약

① 자폐증은 전반적 발달장애(PDD) 중 하나이다. 자폐스펙트럼장애라고도 불리는데, 이는 증상과 특징들이 상이한 조합과 여러 수준의 심각성에서 나타난다는 것을 뜻한다. 자폐증은 여아보다 남아가 3배에서 4배 가량 더 흔히 나타난다.

② 자폐증의 원인이 아직 알려져 있지는 않지만, 우리가 이해하고 있는 가능한 원인은 생물학적으로 기원을 둔 많은 원인으로부터 비롯되는 신경발달 장애로 받아들여지고 있으며, 소뇌와 중앙 측두엽, 변연계 구조와 관련된 구조적인 이상들이 발견되었다.

③ 자폐증의 주요한 특성은 크게 세 가지, 즉 사회적 비정상성, 언어와 의사소통에서 비정상성, 행동과 관심의 제한된 양상이다.

④ 자폐증이 있는 아동들은 어릴 적부터 초기 사회적 발달에 결정적인 영향을 미치는 많은 기술들, 예를 들면 사람들을 흉내 내기, 사회자극에 적응하기, 다른 사람들과 관심 공유하기, 타인의 감정 이해하기, 가상놀이하기 등에 결함을 보인다.

⑤ 자폐증이 있는 아동은 언어 이전의 발성과 제스처와 대명사전도와 반향어와 같은 언어의 특이함을 나타내며, 감정을 전달하기 위한 표현적 제스처(expressive gesture)를 사용하지 못한다.

⑥ 자폐증이 있는 아동은 물체 나열하기와 몸 흔들기처럼 정형화된 행동과 같은 반복적 행동과 협소한 형태의 흥미를 보인다.

⑦ 자폐성 위험 증후는 생후 18개월 이전부터 특이한 행동양상들을 나타내기 시작하며, 진단의 기준도 만 3세 이전에 나타나는 것으로 되어 있다. 진단은 아동의 상태를 정확히 파악 선별, 평정, 진단하여 현재 상태에서 적합한 교육을 수행하여 가능한 모든 발달 가능성을 증대시키는 데 있다.

⑧ 효과적인 교육접근법에 대한 많은 연구자들은 발달주의적 접근이나 응용행동주의적 접근, 그리고 생태학적인 접근이 있다.

⑨ 감각통합은 주로 세 가지 기본적인 감각, 즉 촉각(tactile), 전정감각(vestibular) 및 고유감각(proprioceptive)에 초점을 맞추고 있다.

⑩ 행동치료는 자폐아동들이 가지는 여러 가지 바람직하지 않는 행동은 감소시키면서 상대적으로 바람직한 행동을 증가시키는 것을 기본 원리로 하며, 중재의 대상이 되는 바람직하지 않는 행동을 바람직한 행동으로 대체시키기 위한 긍정적인 행동지원을 내용으로 한다.

⑪ 아동이 나타내는 부적절한 행동 형태나 특성은 학습활동을 촉진시키는 매체로 전환되어 사용할 수 있다. 자폐아동의 환경과의 부적응적 형태로 나타난 표현행동에 담겨 있는 기능과 아동의 특성을 교육적 촉진요소로 사용하는 시각을 갖는 것이 반드시 선행되어야 한다.

제 5 장

정서 및 행동장애

1. 정의

인석이가 지나간 뒤 현석이는 자신의 물건이 제대로 작동되는 지, 내심 궁금해 한다. 인석이가 손대는 물건들은 부서지고, 망가지고, 긁힌 흔적이 남아있기 때문이다. 인석이는 친구들이 새로운 물건을 갖고 오면 위협적인 몸짓과 시비로 물건을 마치 제 것인 양 빼앗아 가버리기도 한다.

과거에는 정서·행동장애라는 용어가 사회부적응, 정서장애, 행동장애라는 용어로 사용되었다. 정서(emotion)는 내면적 행동측면을 나타내고 있으므로 자신은 알 수 있으나 상대방은 알 수 없다. 반면 행동(behavior)은 외현적 행동측면을 나타내므로 타인이 관찰 가능하다. 예를 들면 남의 물건을 갖고 싶다는 충동(내면적 행동)에 상대방에게 허락도 구하지 않고 가져왔다(외현적 행동). 이와 같이 행동문제는 내면적, 외현적 두 측면을 모두 포함하고 있기 때문에 정서·행동장애라고 불리는 것이, 대상자들에게 제공할 교육·치료계획 수립 및 실행에 용이하다.

우리나라 2007년 5월 25일자로 공포된 특수교육법에 의하면 정서·행동장애를 다음과 같이 정의하고 있다(법률 제 8483호).

가. 일반적인 환경 하에서 사회적 관계(대인관계포함), 행동관련 감정 표현이 평균적으로 일탈되어 있는 경우.

나. 지속적으로 지나치게 우울해 하거나 슬픔 등의 감정표현을 6개월~1년 이상 나타내는 경우.

다. 이러한 현상이 일상생활이나 학습활동, 각종 기능을 발휘하는 데 심각한 영향을 미치는 경우로 학습활동이나 일상생활에서 특별한 지원을 요구하는 자.

1993년 국제장애아협의회 년차대회(International Convention of the Council for Exceptional Children)에서 제안된 정의는 다음과 같다.

가. 정서장애 또는 행동장애의 용어는 학교 프로그램에서 적절한 연령, 문화 또는 민족적 규준으로부터 벗어나 교육적 수행능력에 효과를 가져다주는 행동이나 정서적 반응들로 특징지어진다. 교육적인 수행능력은 학습, 사회적 기술, 대인관계 능력, 직업 등을 포함한다. 이 같은 장애는 첫째, 환경내의 스트레스 사건상황에서 기대되는 반응보다 더 지속적이다. 둘째, 두 가지 다른 환경에서 지속적으로 나타난다. 적어도 하나의 환경은 학교와 관련된 환경이다. 셋째, 일반적인 교육에서 적용되는 직접적 중재에 반응하지 않거나 아동의 상태가 일반적인 교육중재로 불충분하다.

나. 정서·행동장애는 다른 장애와 함께 나타날 수 있다.

다. 정신분열증, 정동장애, 불안장애, 행위 또는 적응의 관계가 교육적인 수행능력에 영향을 미치면 이 범주에 포함된다.

2. 원인

정서·행동장애 발생원인은 다양하다. 어느 한 가지 원인으로 인하여 장애가 발생되었다는 확신을 가질 수 없으며, 내부적 요인과 외부 환경적 요인들이 상호 관련 되어 있다.

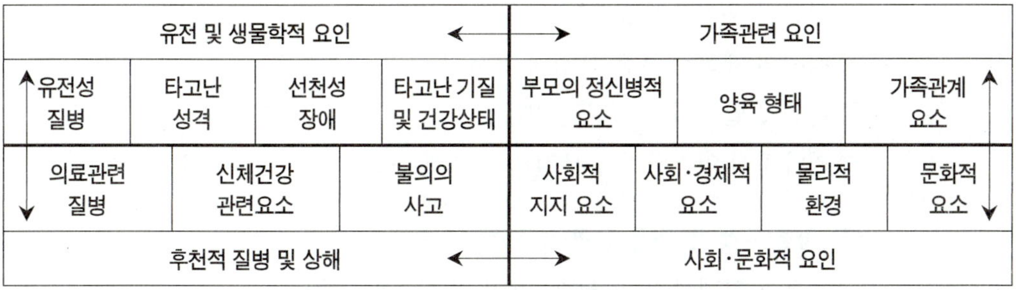

[그림 5.1] 아동의 정서·행동장애 관련 요인들

1) 내부적·환경적 요인

유전 및 생물학적 요인, 가족관련 요인, 후천적 질병 및 상해, 사회·문화적 요인으로 나누어 볼 수 있으며 각 요인들의 하위 내용들이 [그림 5.1]에 제시되어 있다. 이들 요인들은 서로 연관되어 나타나기도 한다.

2) 학령전기 유아들에게 관련된 문제행동

유아의 성격관련 요인, 부모의 양육관련 요인, 가족 구성 및 가족 간의 상호작용 요인, 가정환경 및 사회적 맥락 관련 요인과 같은 위험요인들에 의해 발생 가능성이 높다.

(1) 유아의 성격관련 요인

① 기질적 취약성
② 연령 및 성별 관련 요인
③ 조급성과 다루기 힘듦
④ 불균형적 혹은 지체된 인지발달
⑤ 사회 인지 및/혹은 사회적 능력 결함

(2) 부모의 양육관련 요인

① 무관심과 무반응

② 접근이 용이하지 않음
③ 정서의 제한성 혹은 부정적 정서의 개입
④ 아동 발달상의 부적절한 기대
⑤ 지나치게 엄격하거나 무절제한 통제기술

(3) 가족 구성 및 가족 간의 상호작용 요인

① 부모와 자녀간의 비율(예: 양친, 편모, 편부 등)
② 부부 간의 갈등
③ 부모의 성격문제
④ 가족심신건강과 관련한 복지와 장애
⑤ 아동 양육 관련 부부간의 의견 불일치
⑥ 자녀의 수

(4) 가정환경 및 사회적 맥락 관련 요인

① 부모의 저학력
② 부모의 실업 또는 불안한 고용
③ 경제적/물질적 곤란
④ 열악한 사회적 지지도
⑤ 부적절한 제도적 지지도
⑥ 부적절한 아동양육 시설
⑦ 핵가족을 둘러싼 가정적 스트레스

3. 특성

1) Quay의 행동범주별 특성(Quay & Peterson, 1987)

(1) 품행장애

일반아동도 싸우고 때리고 소리를 지르고 또 대부분의 일탈된 아동들이 나타내는 행동을 하지만, 품행장애 아동은 그 정도가 매우 심한 공격적 행동을 표출한다. 그들은 또래에게 인기가 없고 외현적 행위장애 아동은 주변의 아동들을 죄책감 없이 고의적으로 괴롭힌다. 이런 아동들이 나타내는 사회화되지 않은 공격적 행동은 신체적 또는 언어적 공격성으로 특징지어진다. 또한 이 장애는 어린 나이에도 나타나고, 사회화된 공격성보다 더 흔하다. 품행장애의 행동 증후들은, 신체적 언어적 공격, 불순종, 방해, 자기통제 부족, 대인관계 손상, 행동들을 포함한다.

예를 들면 주변에서 흔히 볼 수 있는 것으로 지나가는 차에 위험한 물건들을 던지거나 자신이 직접 뛰어드는 행위, 괜히 시비를 걸고 싸움을 거는 행동 등.

(2) 사회화된 공격성

사회화된 공격성을 나타내는 아동은 정상 아동보다 심한 정도의 공격적인 행동을 한다. 그러나 공격행동에도 불구하고 또래들에게 인기가 있고, 그들의 비행 하위문화의 규준과 규칙을 준수한다. 사회화된 공격성을 나타내는 아동들은 전문적 비행인은 아니다. 왜냐하면 비행은 법적 용어이나, 사회화된 공격 유형은 또래그룹 상황 내의 비행 활동과 관계가 있다.

사회화된 공격행동은 품행장애보다 덜 흔하며 아동기 청년기 이후에 더 빈번하게 발생한다. 이 범주의 특정행동 증상들은 또래 그룹 상황에서 발생하는 비행활동들을 포함한다. 청소년들의 무단결석이나 집단가출을 하는 경우도 여기에 해당한다.

(3) 주의력 결함/미성숙

주의력 결함, 미성숙 행동특성을 나타내는 이들의 문제들은 인지적이고 통합적인 것이며, 그들은 충동통제와 좌절에 대한 인내심뿐만 아니라 사고과정과 기억에서 문제를 경험한다. 그들은 시·청각자극을 조직하고 해석하는 데 어려움을 가지며 산성이 쉽게 사주 변하고 종종 무력감을 나타낸다.

이들의 결함은 종종 학습결함으로 개념화되어지고, 행동은 어린 아동들의 행동과 유사하다.

(4) 불안/위축

아동의 위축과 불안은 일반적으로 쉽게 나타난다. 여기서 논의되는 아동은 전형적으로 자기 의식적이고 과잉반응을 하고 종종 사회기술에 결함을 가진 것으로 특징지어진다. 그들은 환상에 빠져들고, 사회적으로 고립되며, 우울과 공포를 느끼고 정상 활동참여를 잘하지 못하며 신체적 질환을 호소한다.

병원진료 소견에는 아무 이상이 없는 것으로 나타났지만, 민승이는 자꾸만 두통을 호소하고 속이 메스껍다고 한다. 때문에 야간 학습은 하지 못한 채 집에 돌아와 누워 있어야만 했다. 민승이는 자신의 낮은 학습력을 친구들이 놀리는 것도 싫고 야간 학습에서 문제풀이 하는 학습도 싫다는 생각에 실제로 두통과 속 메스꺼움이 발생하기도 한다. 두통발생은 민승이가 친구들을 회피하는 수단이 되며 집으로 도피하는 행동을 가능하게 만들기 때문이다.

(5) 정신증적 행동

정신증적 행동을 가진 아동들은 병리학적으로 심한 정도에 속한다. 자신과 현실에 대한 태도가 전반적으로 손상되어 있다. Prior와 Werry(1986)는 사실 이러한 아동들이 경험하는 손상 정도는 세계와 자신의 상황 또는 자기 자신에 대한 표현으로 알 수 있다고 하였다. 대개 손상은 일상생활을 방해하고 관찰자가 이해할 수 없을 정도로 심각하다.

(6) 과잉행동

과잉행동을 지닌 아동들은 종종 과잉행동, 주의력 결핍장애, 과잉행동을 동반한 주의력 결핍장애라고 불린다. 그리고 그들의 문제들은 빈번하게 과잉행동과 관련되어 있다. 이러한 과잉행동에 대한 설명은 다양하지만, 그들의 문제들은 전형적으로 불안정하고 예측할 수가 없고 주의가 산만하고 충동적이고 성급하고 파괴적인 행동으로 특징지어진다.

혜원이 엄마는 혜원이를 데리고 바깥에 나서기를 두려워한다. 집안에서는 어느 정도 자신이 가지고 노는 장난감과 텔레비전 시청으로 혼자 있는 시간이 있으나, 바깥에 나가게 되면 엄마가 혜원이 손을 잡고 있어도 어느 순간 자신이 흥미로운 것을 쫓아 사방으로 이동하여 정신없이 만들고 남의 물건을 함부로 만지는 등의 돌발행동을 하는 행동으로 엄마는 신경이 곤두서기 때문이다. 간혹 자신의 뜻대로 되지 않거나 마음에 들지 않을 때는 순간적으로 공격하는 행동이 나타나 엄마도 깜짝 놀랐다고 한다.

2) 지적·학업성취분야

일반 아동들에 비해 전반적으로 낮은 성취 특성을 보인다. 읽기나 산수 문제를 푸는데 문제를 보일뿐 아니라 기타 과목들의 학습에도 문제를 보인다. 중증 아동들은 기초학업 기술 외에도 기본적인 자조기술(용변기술, 식사기술)조차도 갖추지 못하는 경우도 있다. 많은 아동들이 학습장애를 복합적으로 보이기도 하며, 부적절한 행동이 낮은 학업성취로 인해서 바람직하지 않은 행동으로 나타나기도 한다.

3) 과다행동, 충동성, 산만함

과다행동의 특징은 활동의 양이 지나치게 과도하게 나타날 때 사용되는 용어로서 쉴 새 없이 움직이거나 연령 및 주어진 과제에 비해 움직임의 양이 부적절한 경우이다. 예를 들면 만 2세 아동의 경우 활동적이며 끊임없이 움직이나 10세 아동이 학급 토론시간에 동일한 행동을 보인다면 적절한 행동으로 평가하지 않는다.

산만함의 특징은 과제에 대한 주의집중과 관련된 용어로서 학교 활동으로 방해를 받거나 특정과제에 주의를 기울일 수 없는 경우를 의미하며, 아동이나 환경과 관련된 변인들을 반드시 고려해야 한다. 예를 들면 아침 식사를 하지 못하고 등교하여 배가 고픈 상태에서 점심시간 이전의 과목 학습 시 매우 산만해 질 수 있다.

충동성의 특징은 주의 깊은 생각이나 목적 없이 발생하는 행동으로 충동성을 보이는 아동은 생각 없이 충동적으로 행동하기 때문에 부적절한 경우가 많으며, 수업시간에 부정확한 반응을 보인다. 예를 들면 교사의 질문이 끝나기 전에 큰소리로 답을 말하거나 과제를 수행함에 있어 떠오르는 데로 마구 적어 나가는 아동이다.

4) 기타 행동적 특성

기능적인 목적 없이 동일한 행동을 반복하는 행동(상동행동), 자신을 상해하는 행동(자해행동), 청소년 비행 등이 있다.

*** 정서 및 행동장애아동의 행동을 관찰할 때 주의할 지침**

① 모든 학생들이 시기적으로 달라도 부적절한 행동을 보인다는 사실을 인식
  – 문제행동이 아동의 학업성취, 교우관계, 교사와의 관계, 교수 프로그램의 진행을 심각하게 방해하는지를 고려

② 문제 행동이 어느 정도의 기간 동안 지속적으로 발생하는지를 관찰

③ 아동의 부적절한 행동의 성격을 반드시 고려

*** 일반아동에게 기대되는 행동과의 다른 차이점**

① 행동의 빈도(수업시간에 잡담하는 횟수가 한 시간에 한두 번이 아니라 1분에 한 두 번 정도로 나타남)

② 반응의 강도(대부분의 학생들이 대수롭지 않게 생각하는 사건에 대해서 지나치게 흥분하는 반응을 보임)

③ 행동 지속 시간(학급 토론 시 의견이 다르다고 해서 하루 종일 흥분하고 화를 냄)

☞ 아동의 행동을 부적절하다고 판단하기 전에 교사는 그 행동에 대해서 해줄 수 있는 모든 교수전략을 시도해 보아야 한다.

4. 정서 및 행동장애아 교육

1) 통합교육을 위한 일반적 지침

① 행동문제, 사회적 기술, 학과목 학습의 세 가지 측면에서 교육 프로그램의 적용을 고려한다.

② 체계적인 행동 조절을 위해 교사는 먼저 목표행동을 확인하고 목표행동과 관련된 아동의 현행수준에 관한 자료를 수집한 뒤에 교수의 효과를 평가하기 위한 추가 자료를 수집하여 교수의 지속적인 시행을 결정하게 된다.

③ 세 가지 유형의 목표행동 선정한다.

- 적절한 행동의 증가
- 부적절한 행동의 감소
- 새로운 행동의 학습

예를 들면 친구가 상호작용을 시작해 올 때 적절하게 반응하는 행동을 증가시키거나 수업 중 자리를 이탈하여 돌아다니는 행동을 감소시키거나, 10이 넘어가는 한자리수 덧셈을 새롭게 학습하는 등의 목표행동들이다

④ 부모들이 프로그램에 직접 참여할 수 있도록 유도하며, 부모-교사 회의나 알림장 등을 통해 구체적으로 알리고 이해시키고 참여시킴으로써 행동통제에 대한 일반화 효과를 기대할 수 있다.

2) 문제행동 지도

수업 진행을 방해하는 부적절한 행동 습관과 사회적 문제를 보이는 학생들을 어떻게 다루어야 하는지에 대한 내용을 제시해 보면 다음과 같다.

① 지각

- 수업 시간에 늦게 들어오는 학생은 늦은 시간만큼 학습 활동에 참여할 수 없으므로 수업활동에 적극적으로 참여하는 태도를 기르기 위해 지각하는 습관은 고쳐져야 한다.

- 교사는 자료 수집을 통하여 반드시 아동의 현재 행동에 대한 정확한 정보를 기초로 실시
- 지각하는 행동을 감소시키기 위한 구체적인 교수방법: 강화, 과제분석, 출석부기록, 시간표 조절, 계약서, 부모면담, 반응대가, 집단강화, 시계사용, 좌석배치

② 수업 중 큰소리로 떠들기

- 수업 중 큰소리로 떠드는 행동은 교사의 수업진행뿐만 아니라 다른 학생들의 수업 참여를 방해 된다.
- 수업 중 큰소리로 떠드는 행동을 감소시키기 위한 교수방법: 규칙정하기, 강화, 차별강화, 반응대가, 자기조절

③ 수업 중 돌아다니기

- 자리에 앉아있어야 하는 시간에 교실을 돌아다니는 부적절한 행동으로 교사의 수업진행을 방해할 뿐 아니라 학습 진도에 차질을 보이고 다른 학생들의 학습활동까지 방해된다.
- 자리에 앉아 있을 때에도 끊임없이 움직임, 손가락으로 책상을 두드리거나, 의자 위에서 몸을 비틀거나 엉덩이를 들썩거리고 때로는 무릎으로 의자 위에 기어 올라가기도 한다.
- 수업 중 돌아다니기 행동의 교정을 위한 교수지침: 학급규칙 확인, 강화, 반응대가, 이탈허용, 소거, 좌석배치, 자기기록 법, 타이머 사용

④ 사회적 관계 형성의 어려움

- 다른 사람들과 관계를 형성하고 유지해 나가는데 어려움을 보이는 아동들이 많다.
- 공격적인 행동, 지나치게 위축된 행동을 보이는 아동의 두 가지 유형으로 나뉜다.
  - 공격적인 행동: 또래들과 싸우고 욕하고 교사의 지시를 따르지 않고 적대하는 행동
  - 위축된 행동: 교사나 또래들과 제한된 상호작용을 할 뿐 아니라 신체적인 접촉이나 언어적 의사소통을 회피하기 때문에 사회적 관계 형

성에 어려움을 보인다.

- 사회적 행동의 향상을 구체적인 교수방법: 시범보이기, 역할놀이, 자기 방어, 대체행동 강화, 소거, 벌, 행동분석, 강화, 그룹 활동, 보조인력 활용.

3) 학습준비기술 지도

학습준비기술이 빈약한 학생은 수업을 받을 때 여러 가지 면에 불이익을 경험하게 된다. 학습준비기술이 빈약하다는 것은 수업에 주의를 집중하지 못하거나, 주의집중 결핍으로 인하여 지속적으로 과제를 수행하지 못하고, 또는 과제 수행을 위한 작업 자체를 계획하고 조직화하지 못하거나 정확한 반응을 보이지 못하는 것으로 예를 들면 주어진 숙제나 수업 중의 과제를 완성하지 못하는 학생의 경우 현행수준이나 진도를 정확하게 평가할 수 없기 때문에 수업을 진행하기 어렵게 만든다.

학습준비기술의 중요한 세 가지 구성요소는 주의집중력, 조직력, 반응의 정확도이다.

(1) 주의집중력

행동 문제를 보이는 학생 중 수업시간에 수업내용과 관계없는 행동을 보이는 것으로 허공을 응시하기, 아무런 목적 없이 다른 학생 쳐다보기, 낙서를 하거나 수업과 상관없는 일에 열중하기이다.

이들 학생들의 주의 집중력을 증진시키기 위한 구체적인 방법들은 주의집중을 위한 신호사용, 강화, 좌석배치, 지시 전달, 수업진행, 지속적인 점검, 신체적 근접성, 수업 진행의 다양화, 개별학습 공간, 교재의 단순화를 모색할 수 있다.

(2) 조직력

해야 할 일을 미리 계획하는 것과 같은 행동을 조직적으로 수행하는 능력이 부족한 아동으로 질문을 잘 하지 못하며, 연필이나 기타 필요한 준비물을 가져오는 것을 쉽게 잊어버리거나, 시험 시간을 효율적으로 분배해서 사용하는 기술의 부족현상을 가져온다.

아동의 조직력을 증진시키기 위한 구체적인 방법들은 시간분배, 지시전달, 교재정리, 과제전달, 과제난이도, 질문하기, 그룹과제, 교재준비, 숙제하기 등이 있다.

(3) 반응 정확도

과제를 수행하거나 교사가 질문을 할 때 학생은 여러 가지 이유로 부정확한 반응을 보인다. 이는 정답을 생각해보지 않고 너무 급하게 반응하기 때문이거나, 토론시간에 토론주제를 문제에 대해서 주의 깊게 생각하지 않고 충동적으로 발언하기 때문이다.

아동의 반응 정확도를 높이기 위한 구체적인 방법들은 정확도 점검, 강화, 교정연습, 적절한 교재, 시험연습, 생각하기, 인지행동수정, 반응대가, 또래교사 활용 등이다.

5. 정서·행동장애아의 개념적 지도 모델

요즘 특수학생들을 지도하는 놀이치료, 물리치료, 작업치료, 미술치료, 음악치료 등 많은 치료법이 나오고 있다. 모든 전략, 기술, 방법, 연구법 등은 다음의 7가지 개념적 모델의 교육적 중재방법에서 비롯되고 있다.

1) 정신 역동적 모델

일탈을 심리내적 갈등, 즉, 미해결 갈등, 혹은 정신구조들 사이 통합의 결여로써 정의하고 있으며, 이 모델에 관련된 주요 패러다임이 포함하고 있는 이론들은 정신구조는 이드, 자아, 초자아로 구성되었으며, 자아가 의식적으로 받아들일 수 없는 상황에서 스스로를 보호하는 방어기제를 가지며, 발달 단계들은 일정하고 규칙적이고, 유기체는 울적한 정서를 일소하거나 발달시킴으로써 스스로를 해방시키거나 혹은 정화시킨다는 것을 시사하는 카타르시스의 내용을 포함하고 있다.

중재방안으로는 카타르시스 패러다임에 근거한다. 아동을 위한 수용적 교사, 허용적 교실환경, 그리고 울적한 마음을 정화할 다른 환경적 구조 등을 필요로 함을 의미한다. 구체적인 몇 가지 중재의 예를 들면 역할놀이, 사이코드라마, 그림그리기와 색칠하기, 그리고 신체적 활동 등을 포함한다. 말하자면 공격적 아동은 갇힌 적대감을 풀기 위해 펀치백을 두드리면서 시간을 보낸다.

주형이는 주위 친구들을 난폭하게 대하여 담임선생님으로부터 상담 의뢰가 들어왔다. 면담 결과 주형이는 어릴 때부터 부모에게서 항상 야단을 맞았다. 부모님의 야단에 못마땅하여 주형이가 무슨 말이라도 하려고 하면 "쬐끔한 게, 어디 말대꾸야!"하면서 오히려 더 야단맞고 심지어는 맞기도 하였다. 학교에서 조차 선생님께 야단맞고....

자신보다 큰 사람들에게는 대 들면 오히려 더 많이 혼나기 때문에 주형이는 자신보다 약한 존재들을 건들기 시작하였다. 그것들은 괴롭혀도 어른처럼 자신을 야단치거나 혼내지 않기 때문이다. 처음에는 연필을 거칠게 다루고, 동생을 때리고, 이제는 학급의 동료들을 혼내기 시작하였다. 그동안의 심리적 갈등이 증폭되어 외부적 폭력으로 나온 것이다. 이런 주형이를 빨리 행동지원하지 않으면 점차 어른들에게까지 공격적으로 대들 수 있다.

치료는 주형이가 갖고 있는 내부적 스트레스 심리행동을 바깥으로 표출하도록 하는 것이 1차적 중재방안으로 제시될 수 있었다. 주형이에게 샌드백을 치게 하거나, 권투 글러브를 끼고 정당하게 권투시합을 하도록 하면서 공격행동을 정당하게 사용하도록 하는 것이었다. 그리고 가면을 쓰고 역할놀이를 통해서 자신의 심리적 갈등상태를 바깥으로 그대로 표현하도록 하였다.

2) 생리학적 모델

생리학적 모델의 지지자들은 일탈을 해부학, 생리학, 혹은 신경생리학적 결함으로 정의하고 있으며, 주요 패러다임으로 유전, 뇌손상, 혹은 뇌기능장애, 그리고 신진 대사 과정 등이 다양한 장애들, 예를 들면, 우울증, 자폐증, 과잉행동,

정신병리 등의 근원적인 원인들로 간주한다.

중재방안은 수술, 신체적 훈련, 식사조절, 향정신성 약물치료, 바이오피드백 등을 포함한다.

미세 뇌기능손상으로 인하여 신경계통의 결함이나 간질을 동반할 수가 있다. 이 같은 경우 수술이나 약물 등을 활용한 치료를 할 수 있다. 과잉행동과 공격행동을 하는 아동들 중 편식이 심한 아동들은 식이요법으로 행동조절을 꾀하기도 한다.

3) 심리 교육적 모델

심리 교육적 모델의 지지자들은 일탈을 가정, 학교 그리고 공동사회에서 기능화에 대한 압력들과 결합한 근원적 갈등의 결과를 본다. 이 견해의 지지자들은 인간행동은 무의식적 동기화의 결과라고 인식한다. 그러나 사람들은 또한 의식적 인식에 사용될 정신적 요소들을 충분히 지니고 있다고 믿는다. 이러한 이해에 근거해서, 통찰력이 행동에 변화를 가져오도록 한다.

중재방안으로는 학생들이 그들의 행동문제들과 동기화를 구체화하기, 행동의 결과를 관찰하기, 좀 더 유익한 결과를 가져올 대안적 활동을 계획하기 등을 하도록 한다.

준이는 집에서는 식탁의자에 앉아 밥 먹으라고 하고, 학교에서는 왼쪽 복도를 따라 소리 내지 말고 걸으라고 하는 규칙을 따르지 않아 엄마로부터 잔소리, 선생님으로부터 복도 청소하라는 벌을 받았다. 사회가 복잡해질수록 요구하는 규칙들은 많아진다. 이러한 규칙위반에서 오는 압력이 일탈행동을 하도록 만들기도 한다.

4) 생태학적 모델

이 모델은 일탈을 중요한 권위적 인물의 기대를 위반하는 행동을 하는 개인과 같은 문화위반자와 문화의 규준에 가치를 전달하는 책임을 가진 사람인 문화

전달자 사이의 "일치"의 부족에 의한 것으로 본다. 따라서 일탈은 개인만의 책임이 아니라, 개인과 그의 환경(예: 교사) 사이의 환경적 구조와 밀접한 관계가 있다. 이 모델의 주요 패러다임은 아동이 공동사회의 분리될 수 없는 한 부분이라는 관계론이다.

생태학적 모델의 중재는 개인들이 환경과 조화를 이루도록 도와줌으로써 일치를 가져오도록 고안된 교수결정을 필요로 한다. 이것은 교사가 아동들에게 필요한 기술들을 획득하도록 돕거나 혹은 교사의 기대 그리고 교실환경을 조절함으로써 일치되도록 도와주는 것을 의미한다.

손을 허공에다 대고 펄럭이는 행동을 하는 아동이 있다면, 펄럭이는 손에 태극기를 단 막대를 쥐어주고 흔들게 하자. 그러면 그 아동은 태극기를 펄럭이는 목적적인 행동을 하기 위한 행동으로 변화될 것이다. 개인을 둘러싸고 있는 환경이 개인의 일탈 행동을 조화롭게 만들어 주도록 하는 것이다.

5) 인본주의적 모델

인본주의적 모델은 일탈을 개인의 경험과 그 사람의 자아-구조 사이의 불일치로 정의한다. 불일치의 정도는 정서의 혼란과 행동의 일탈형태로 나타나게 된다고 본다. 주요 패러다임은 자아실현 개념에 근거한다. 부가적이고 중요한 패러다임은 충분히 기능적인 사람에 대한 개념이다. 충분히 기능적인 사람은 ① 경험에 개방되어야 하고, ② 자신의 판단을 신뢰할 수 있어야 하고, ③ 일치되어야 한다.

이 모델과 관련된 중재들은 교사와 학생의 관계를 중요시한다. 교사에 의한 교실 분위기는 개방적이고, 비전통적이며 인간적이어야 하고, 학습은 지기-지시로 간주된다. 그리고 대부분의 인본주의적 경향의 교사들은 아이들이 만약 지지적이고, 교육적인, 그리고 사랑받는 환경에서 자유롭다면 그들 스스로의 문제를 위한 해결책을 찾기 위해 학습하고 지식을 획득할 것이라고 믿는다.

영희는 골목길에서 큰 개에게 물릴 뻔한 경험을 했다. 영희에게 있어 골목길-큰 개-물림-공포의 단계로, 외출을 꺼려하고 급기야는 학교등교거부 증세까지 나타났다. 행동치료사는 영희에게 경험으로 인해 굳어진 인지구조(골목길=공포)를 변화시키기 위해 다양한 경험에 개방하도록 노출치료를 하였다. 영희가 예전에 큰 개에게 물릴 뻔한 기억으로 바깥 출입을 하지 않으려고 하는 행동이 생겼다. 행동치료사는 영희에게 체계적 둔감법을 사용하여 개에 대한 공포를 제거하였다. 간식시간에 개 캐릭터로 장식된 접시에 영희가 좋아하는 쿠키를 담아주었고, 개를 주제로 한 퍼즐 맞추기, 색칠하기, 애니메이션 보여주기, 개 인형 갖고 놀기, 영상보기, 애완용 강아지 쓰다듬기 등, 점차 개에 대한 두려움을 없앨 수 있는 경험을 강도가 약한 것에서 실제 경험할 수 있는 공포의 강도까지 경험에 점차 개방되도록 한다.

6) 행동적 모델

행동적 모델에 있어 일탈은 잘못된 학습 혹은 부적절하게 학습된 행동들로 정의된다. 이 모델의 주요 패러다임은 대부분의 학습이 조건화 혹은 조작적 조건화 반응의 결과로서 나타난다. 부가적 패러다임은 행동을 세 가지 조건적 연계 즉, 선행자극, 행동 및 결과의 면에서 분석하는 일이다.

중재는 행동정의와 행동평가, 직접적인 행동기록 방법들, 행동변화 평가, 반응소거, 역조건화, 정적강화와 부적강화, 소거, 계획표 짜기, 행동형성, 용암법, 벌 등을 포함한다.

7) 인지학습 모델

이 모델의 지지자들은 일탈을 미성숙한 사고, 비합리적인 자기-언어 혹은 자기-지각 그리고 불충분한 자기-교육 혹은 자기-강화의 결과로서 간주하고 이렇게 잘못된 인식들이 비 기능적인 감정과 행동을 초래한다고 본다. 전통적인 정신분석학 혹은 행동주의 견해들과는 달리, 인지적 학습 모델은 정서적 혼란의 조성과 결정에 대해 개개인 스스로에게 많은 책임을 부여한다.

중재는 학생들이 ① 개인 문제들의 해결책을 가져오도록, ② 자기-강화, 자기-훈련, 그리고 독백을 사용하여 학습을 촉진시키고 학습 문제들을 해결하도록, ③ 새로운 사회적 행동기술에 적응할 수 있는 새로운 자기-진술을 배우도록 하고, ④ 자기-훈련 기술들을 적용함으로써 스트레스로부터 그들 자신을 교육하도록 ⑤ 피드백을 제공하고 성공과 실패를 조작하여 인과적 사고를 재교육시키도록 그리고 ⑥ 비합리적 사고와 자기-신술을 저지하도록 가르치는 것을 포함한다.

6. 요약

① 정서·행동장애는 정서(emotion)라는 내면적 행동측면과 행동(behavior)이라는 외현적 행동측면을 나타내고 있으며, 사회부적응, 정서장애, 행동장애라는 용어로 사용되었다.

② 발생원인은 내부적요인과 외부·환경적 요인 즉, 유전 및 생물학적 요인, 가족관련 요인, 후천적 질병 및 상해, 사회·문화적 요인들이 연관되어 있다.

③ 정서·행동장애는 공격, 주의력 결함, 위축, 과잉행동, 자해행동 등과 같은 행동특성을 보인다.

④ 정서·행동장애 교육은 일반아동들과의 통합교육, 문제행동지도, 학습준비기술 지도를 실천한다.

⑤ 정서·행동장애아동들을 지도하기 위한 일곱 가지 모델로 정신 역동적 모델, 생리학적 모델, 심리 교육적 모델, 생태학적 모델, 인본주의적 모델, 행동적 모델, 인지학습 모델이 있다.

제 6 장

학습장애아교육

1. 학습장애의 정의

학습장애(learning disabilities)는 누구보다도 학교현장에 있는 교사가 가장 많이 경험하게 되는 장애영역이다.

학습장애를 지닌 아동은 무엇보다도 학습영역과 관련이 있으며, 수업에 대한 이해와 과제수행에 어려움을 지니게 된다. 학습장애에는 지적능력, 정서적 학업부적응, 열악한 환경요인, 발달지체, 신경생리학적 요인 등이 영향을 미친다. 학습장애를 이해하고 학습장애아를 지원하기 위해서는 우선적으로 학습장애의 유사용어 및 정의에 대해 알아볼 필요가 있다.

1) 학습장애의 유사용어

학습장애라는 용어는 1962년 Samuel Kirk에 의해 처음으로 사용되었으며, 그는 학습장애를 다음과 같이 정의하였다.

“학습장애는 정신적 지체나 시각적·청각적 장애, 정서적 장애 또는 극단적인 환경적 문제가 주요인이 아니면서 읽기, 쓰기, 의사표현, 산수, 어휘력에 결함을 나타내는 아동”이다(김송석 외, 2006).

학습장애에 따른 정의는 다양한 학문영역의 전문가에 따라 다양하게 변화되고 있으며, 유사용어로는 의학적 측면과 행동적 측면에서 이해되고 있다.

학습장애의 의학적인 유사용어는 다음과 같다.

- 뇌손상(brain injury)
- 미세 뇌 기능장애(minimal cerebral dysfunction)
- 중추 신경장애(central nervous system disorders)
- 미세 뇌 손상(minimal brain damage)

또한 행동적 유사용어는 장애대상의 행동적 또는 심리적 특성에 따라 다음과 같이 사용되고 있다.

- 지각장애(perceptual handicaps)
- 개념장애(conceptual disorders)
- 읽기장애(reading disabilities)
- 언어장애(language disorders)
- 산수·수학장애(arithmetic disabilities)

학습장애는 학습환경이나 낮은 지적 능력의 결함으로 인한 학습부진이나 학습지진과는 다르게, 이러한 문제가 없더라도 학업성취도가 지체되거나 학습과 관련된 읽기, 쓰기, 말하기 등의 특정기능에 결함 또는 장애를 가지게 된다.

2) 미국 학습장애의 정의

미국 교육법에 의한 학습장애의 정의는 아동 개인의 능력(잠재능력 또는 기대되는 성취수준)과 성취수준(아동의 현재 성취수준)의 현저한 차이에 핵심을 두고 있다.

미국 정신의학적 분야에서는 학습장애를 임상적 적용을 위한 진단기준을 정하기 위해 DSM-IV(American Psychiartric Association, 1994)를 통해 다음과 같이 정의하고 있다.

"학습장애는 읽기, 산술, 쓰기를 평가하기 위해 개별적으로 시행된 표준화

검사에서 나이, 학교교육 그리고 지능에 비해 기대되는 수준보다 성적이 현저하게 낮게 나올 때 진단된다. 학습문제는 읽고, 계산하고, 쓰기를 요구하는 학업의 성취나 일상생활의 활동을 현저하게 방해한다. 점수의 차이가 유의미함을 밝히기 위해 다양한 통계적 접근이 이용될 수 있다. 현저하게 낮다는 것은 표준화 검사 성적과 지능지수 사이에 2표준편차 이상 차이가 날 때로 보통 정의된다. 때로는 성적과 지능지수 사이의 작은 점수 차이(즉, 1표준편차와 2표준편차 사이)가 판단의 근거가 되기도 하는데, 특히 개인의 지능검사 결과가 인지과정과 연관되는 장애로 인하여 영향을 받았거나 개인의 정신장애, 일반적인 의학적 상태, 또는 개인의 인종적, 문화적 배경에 의해 영향을 받았을 경우에 그러한 기준이 적용된다. 만약 감각 결함이 있다면, 학습장애는 통상적으로 감각 결함에 동반되는 정도를 초과해서 심한 정도로 나타나야 한다. 학습장애는 성인기에도 지속될 수 있다(American Psychiatric Association, 1994)."

미국 교육부에 의한 학습장애는 다음과 같이 정의하고 있다(미국 교육부 정의: USOE, 1977).

"학습장애란 구어나 문어의 사용이나 이해와 관련된 기본적인 인지 기능의 장애를 의미한다. 이와 같은 인지기능장애는 듣기, 말하기, 읽기, 쓰기, 산수 등의 학습기능을 수행하는데 어려움을 가져온다. 그러므로 학습장애는 지각장애, 뇌손상, 미세 뇌 기능장애, 난독증, 발달 실어증과 같은 상태를 포함하고 있다. 그러나 시각장애, 청각장애, 운동기능장애, 정신지체, 정서장애로 인한 학습결함 그리고 환경이나 문화적·경제적 결함으로 인한 학습결함은 학습장애에 포함시키지 않는다."

미국 교육법에 의한 학습장애의 정의는 아동 개인의 능력(잠재능력 또는 기대되는 성취수준)과 성취수준(아동의 현재 성취수준)의 현저한 차이에 핵심을 두고 있다.

3) 우리나라의 학습장애 정의

우리나라에서 학습장애에 대한 정의는 최근에 와서 연구가 늘어나면서 학습장애아에 대한 교육 및 지원에 따른 인식 또한 확대되고 있다(이나미, 윤점룡, 1990). 우리나라의 학습장애에 대한 정의는 (구)특수교육진흥법 시행령(2007. 5. 25 법령폐지)에서는 학습장애를 "셈하기·말하기·읽기·쓰기 등 특정한 분야에서 학습상 장애를 지니는 자"로 정하고 있다. 이에 따라 학습장애를 평가하는 도구는 웩슬러 아동용 지능검사, 시지각 검사 등의 검사방법을 제안하고 있다.

또한 우리나라 교육개발원에서 정한 학습장애의 개념은 다음과 같다(이나미, 윤점룡, 1990).

> "학습장애는 여러 다양한 장애그룹을 지칭하는 포괄적인 용어로서 듣기, 말하기, 읽기, 쓰기, 논리적 사고나 산수 능력을 습득하거나 사용하는 데 심한 어려움을 보이는 경우를 말한다. 이런 장애는 개인에게 내재하는 원인으로서 지각, 지각-운동 및 그 밖의 신경체계적인 역기능과 같은 기본적인 내적 과정의 장애를 보이는 경우이다. 그러나 주로 시각, 청각 및 운동장애, 정신지체, 정서장애 또는 문화적, 환경적, 경제적 실조에 의한 학습문제 아동은 포함하지 않는다."

2. 학습장애의 영역

1) 발달상의 학습장애

학습장애는 발달상의 학습장애와 학업상의 학습장애로 구별된다. 발달상의 학습장애는 일반적으로 심리과정에서 나타나는 주의집중장애, 지각장애, 기억장애, 문제해결 능력장애, 사고장애 등이 포함된다. 즉, 주의집중이나 기억, 지각장애 등은 또 다른 문제와 어려움을 야기하므로 1차적 장애라고 한다. 사고장애나 언어장애는 2차적 장애로 주의집중, 기억곤란, 개념 및 공간관계의 인식문제와 관련이 있다.

2) 학업상의 학습장애

학업 상 학습장애는 일반적으로 취학연령에 있는 아동이 읽기, 쓰기, 철자 및 문자표, 산수장애 등에 문제를 지니게 된다. 예를 들어 아동이 학교에서 교과목의 학습 성취도가 매우 떨어지며, 아동 개인이 지니고 있는 잠재능력과, 학습 성취도간의 심각한 차이가 나는 경우를 학습장애로 간주한다(이소현, 박은혜, 2006).

3) 학습장애의 하위영역

(1) 주의집중장애

주의집중은 내적·외적 자극들에 대해 적절한 자극에 의식을 집중하여 선택하게 되는 인지활동능력을 의미한다. 따라서 주의집중장애의 유형은 과잉행동을 수반하는 것과 그렇지 않은 유형으로 나눌 수 있다. 과잉행동을 수반하는 주의집중장애유형은 주의산만, 충동성, 과잉행동 유형이 있으며, 이러한 행동유형은 7세 이전에 발생하여 6개월 이상 지속될 때 주의집중장애로 규정하고 있다.

일반적으로 학습장애를 지닌 아동은 위와 같은 주의집중장애를 동반할 수 있으며, 주의집중 시간이 짧거나 주의력을 이동 또는 연속적으로 제시하는 자극에 대한 주의집중에 어려움을 지니게 된다.

(2) 기억장애

기억은 정보를 분류하고, 후에 사용하기 위해 정보를 기억장치 속에 저장하거나 분류된 정보와 저장된 정보를 이끌어 내어 인지하는 능력으로 정의할 수 있다. 따라서 기억장애는 이러한 능력에 장애가 있어서 장·단기기억, 인지기억, 청각기억, 시각기억, 운동기억, 의미적 기억, 기계적 기억 등에 장애를 나타내는 학습장애의 한 영역이다.

(3) 지각장애

지각은 청각자극, 시각자극, 촉각자극의 감각에서 의미를 이끌어내는 심리적 활동으로서, 인간은 지각활동을 통해 외부의 자극에 주의집중을 하고 특정자극을 선별하게 된다. 따라서 지각장애는 이러한 활동 중에서 기능이 파괴되거나 적절한 기능의 역할을 하지 못하는 것을 의미한다.

예를 시각변별장애, 청각변별장애, 종결장애, 시각운동장애, 순서장애, 무의식적 반복장애 등이 있다(김송석 외, 2006).

① 시각변별장애: 정상적인 시각적 민감성을 지니지만 두 가지 이상의 시각적 자극간의 차이를 구별하는데 어려움을 지니게 된다.

② 청각변별장애: 정상적인 청각의 민감성을 지니지만 음의 고저, 강약, 리듬, 멜로디, 길이간의 차이점과 유사점을 찾는데 어려움을 지니게 된다.

③ 종결장애: 전체 중에서 어느 한 부분이 부족하거나 없을 경우 전체를 인지하지 못하게 된다.

④ 시각운동장애: 주로 시각-운동 간의 협응문제로 문자의 좌우가 바뀌는 현상 등으로 지각하는 특징을 지닌다.

⑤ 순서장애: 사물과 사건의 순서에 대한 기억과 관련된 문제로서 보고, 듣고, 행동으로 할 때 요구되는 순서에 주의를 기울이지 못하여 순서장애를 나타낸다.

⑥ 무의식적 반복행동: 자신이 한 말이나 행동을 반복하게 되고 자신의 부적절한 활동을 수정하거나 중단하지 못하게 된다.

(4) 사고장애

사고는 판단, 추리, 평가, 비판적 사고, 문제해결 및 의사결정 능력 등의 활동으로, 개념과 지식 그리고 이해와 관련시킬 수 있는 능력이라고 할 수 있다. 사고장애는 이와 같은 능력을 적절하게 발휘하지 못하게 되는 경우로서 일반적으로 개념형성장애와 문제해결장애로 나누어진다.

그러므로 사고장애를 지닌 아동은 충동성, 주의집중 결함, 고집성, 낮은 자존감과 자신감, 사고하려는 노력의 저하, 조직화 및 범주화 능력의 결함 등을 나타낼 수 있다.

(5) 구어장애

구어는 우리의 생각을 단어나 문장으로 나타내고 서로 의사소통하기 위해 사용하는 일련의 신호이다. 인간의 의사소통에는 언어적·비언어적인 방법을 통해 이루어지는데, 구어는 언어 영역 중 비언어적 요소를 배제한 언어적 의사소통적 방법을 가리킨다. 따라서 구어장애를 지닌 아동은 다른 사람의 의사를 이해하거나 통합, 그리고 자신을 표현하는데 구어를 통해 어려움을 지니게 된다.

그러므로 학습장애아 중 구어장애를 지닌 학습장애아동은 다른 사람의 말을 들을 수 있지만 이해하는 데 어려움을 겪는 구어수용장애, 자신의 일상생활과 경험과 관련시키는데 어려움을 겪는 구어통합장애, 자신의 생각이나 의견을 적절하게 표현하지 못하는 구어표현장애 등을 겪게 된다.

(6) 읽기장애

읽기장애는 학습장애 영역 중 가장 많은 하위 장애로서, 구어나 문어로 기록된 것을 독해하는데 있어서 언어의 수용적 수용능력, 시·청각자극을 통합하는 능력에 결함이 있는 것을 의미한다. 읽기장애를 지닌 아동은 이러한 능력을 발휘하는데 어려움을 지니게 되고, 대표적인 읽기장애가 난독증이다. 또한 읽기영역은 학습에 있어서 가장 중요한 영역 중의 하나로서 읽기장애아동은 다음과 같은 특징을 나타낸다(김송석 외, 2006).

① 문장을 읽을 때 단어나 단어의 일부분을 빠뜨리고 읽기
② 제시된 문장에 없는 내용 추가하여 읽기
③ 어떤 주어진 단어를 다른 말로 바꾸어 읽기
④ 읽는 단어의 음을 첨가하거나 생략하여 읽기
⑤ 문자나 단어의 좌우를 바꾸어 읽기
⑥ 단어를 하나씩 천천히 읽어 단어의 의미를 파악하지 못하기
⑦ 단어의 의미를 파악하지만 자료의 의미에 주의하지 않기

(7) 쓰기장애

쓰기장애는 환경적·교수적 원인, 내적요인이나 운동기능, 지각, 손의 선택

등으로 인해 쓰기에 곤란함을 가지거나 타인이 읽지 못할 정도의 난필을 의미한다.

예를 들어, 철자법, 보고쓰기, 자신의 생각을 글로 서술하는 일기, 문서작성 등의 쓰기 영역에서 문제나 어려움을 지닌 아동을 쓰기학습장애라고 한다.

그러므로 쓰기장애의 원인은 언어문제, 주의집중문제, 시·공간에 대한 변별력, 감각통합문제 등을 들 수 있으며, 쓰기학습장애아동은 이러한 영역들에 있어서 곤란함을 겪게 된다.

(8) 수학학습장애

수학학습장애는 일반적으로 덧셈, 뺄셈, 곱셈, 나눗셈 등 기본적으로 계산하는 능력, 추리력, 언어력을 필요로 하는 수학교과 영역에서 학습적 어려움을 나타내는 것을 의미한다.

> 인호는 초등학교에 3학년에 다니고 있다. 아버지는 학교 선생님이고, 인호 어머니는 유치원 교사이다. 가정환경으로 볼 때 인호가 수학학습장애를 가질 이유는 찾아보기 어렵다. 그러나 인호 어머니의 말을 들어보면 성장과정에서 인호는 숫자놀이를 할 경우에는 항상 한 숫자씩 건너뛰어 말하거나 때로는 십 자리의 숫자를 생략하였다고 한다. 이러한 행동은 일반아동에게도 나타나므로 특별히 신경을 쓰지 않아 수정을 시도하지 않았다고 한다. 그러나 인호가 성장하면서 숫자개념이나 이해에 점차 갈등을 겪는 것이 보였으며 점점 흥미를 잃어 산수영역이나 추리력이 요구되는 산수시간이나 자연시간에는 더욱 힘들어 하는 것으로 나타난다. 인호와 같이 특별히 지적능력이 결함되거나, 환경적인 결함 없이도 특별한 영역에서 그 기능에 문제를 지니게 되는 아동들이 있다. 인호의 경우는 어머니의 말을 빌리자면 부모가 일에 가정에 너무 바빠 아이가 틀리게 해도 적시에 교정이나 수정을 해 주지 않은 것이 학습영역에까지 문제를 이끌었다고 한다.

3. 학습장애의 원인

학습장애의 원인은 인지과정의 결함, 환경적 요인 그리고 정서적 요인 등의 다양한 영역의 상호작용에 의해 나타난다고 할 수 있다. 이에 따라 학습장애의 원인을 유전적 요인, 의학적 요인 그리고 환경적 요인의 측면에서 살펴볼 수 있다.

1) 유전적 요인

학습장애의 원인을 유전적 요인과 관련하여 찾아보려는 연구의 시도는 많이 이루어져 왔다. 특히 Hallgren(1950)은 스웨덴에서 가계연구를 통해 난독증을 지닌 사람의 가족이나 친척 중 같은 증세를 지닌 사람들이 많은 것으로 유전적인 원인을 연구하였다. 또한 쌍생아 연구에서도 일란성 쌍생아가 이란성 쌍생아보다 난독증을 함께 지니게 되는 확률이 더 높게 나타나기도 했다(Hermann, 1959).

또한 읽기장애를 지닌 부모들의 자녀에게서 읽기능력에 어려움을 보였으며, 난독증을 지닌 아동의 부모나 형제에게서도 난독증을 보이는 경우가 많은 연구들에서 나타난다고 한다. 이것은 읽기나 쓰기자체가 유전되는 것이 아니라. 읽기, 쓰기의 기능을 하는 신경학적 결함이나 인자가 유전되는 것으로 이해될 수 있다.

2) 의학적 요인

학습장애의 의학적 요인으로는 임신전후에 뇌 신경세포의 성장과 기능에 부정적인 영향이 작용하었을 경우로 가장 많이 보고되고 있나. 뇌 신경손상으로 인해 나타나는 언어적 또는 비언어적인 학습장애아동은 언어적 발달, 시각-공간적 인지기능의 결함, 동작성 기능의 결함, 감각 및 운동기능의 결함, 사회적 인지기능 및 문제해결영역에서 어려움을 나타낸다. 이와 같은 학습장애를 일으키는 뇌 손상의 원인은 임신동안의 약물중독 및 약물복용, 흡연, 각종 감염이나 질병, 조산, 미숙아를 들 수 있다.

3) 환경적 요인

학습장애의 원인 중 하나가 사회적·경제적인 환경요인이다. 환경적인 요인으로는 발달시기에 적절한 환경자극이 주어지지 않거나, 발달과 성장에 필요한 영양이 충분히 공급되지 못했을 경우에 아동에게 부정적인 영향을 미치게 된다. 예를 들어 아동학대나 아동폭력 그리고 아동방임 등의 환경적 요인이 학습장애의 근거가 될 수 있다.

4. 학습장애 아동의 특성

학습장애아동은 개인에 따라 장애정도나 유형이 다양하게 나타나며, 일반적으로 한 가지 이상의 다른 장애를 동반한 복합적인 장애특징을 나타낸다. 그러므로 학습장애를 지닌 아동의 장애정도에 따른 지도방법과 전략이 필요하다.

1) 사회·정서적 특성

학습장애아동은 반복된 학습실패의 경험으로 인해 학습에 대한 낮은 자아감을 지니게 된다. 이러한 부정적인 자아감은 학습 성취에 부정적인 영향을 미치게 되고 결과적으로 학습부진으로 이어진다. 아동은 자신의 낮은 학업부진으로 인해 정서적·사회적 측면에서 충동적인 성향이 나타나거나 심리적·정서적으로 매우 쉽게 좌절하게 됨으로써 친구나 선생님과의 사회적인 대인관계형성에도 어려움을 지니게 된다. 또한 아동이 처한 환경에 대해 적절하게 반응 또는 대처하는 적응능력에 있어서도 일반 아동보다 문제행동을 보이게 된다.

2) 학업 성취적 특성

일반적으로 학습장애아동은 읽기영역, 쓰기영역, 말하기영역, 듣기영역, 셈하기영역, 추론영역 등에서 어려움을 나타낸다. 특히 읽기영역에서는 학습장애아동의 60% 이상이 문제를 지니고 있으며, 문장읽기에서도 문장을 지속해서 읽기 또는 독해력에도 문제를 지니게 된다.

쓰기영역에서는 받아쓰기, 보고 쓰기, 작문하기, 자신의 의사를 문장으로 표현하기에 문제를 지니게 된다. 또한 다른 사람의 말을 잘 집중하여 듣고 이해하는 능력이나 자신의 생각이나 의견을 적절한 단어를 사용해 말하고 표현하는데도 어려움을 지닌다.

수학영역에서 숫자를 쓰거나 읽기 또는 시간적·공간적으로 조직화하는 능력에 문제를 지니게 된다.

학습장애아동은 전반적으로 학습동기측면에서 반복된 학습실패경험으로 인해 학습된 무기력을 보이게 되고, 실제 자신이 할 수 있는 능력을 지녔음에도 미리 실패에 대한 두려움으로 학업에 대한 시도를 포기하는 경향도 있다.

3) 인지 및 기억력 특성

학습장애아동은 대부분이 실제 평균이상의 지적능력을 지니고 있음에도 다양한 영역에서의 인지처리과정이나 주의 집중력, 기억 등에서 결함을 나타낸다(Swanson, 1994). 학습장애아는 실제 평균이상의 지능을 지니고 있더라도 모든 주위환경 자극에 주의가 분산되어 특정한 자극에 주의집중을 지속적으로 하지 못하게 된다. 그러므로 학업성취영역에서도 실제 아동의 능력에 비해 학습효과가 나타나지 않게 된다. 이러한 문제가 어린시기에 수정되지 않으면 유아기, 아동기뿐만 아니라 성인기까지도 영향을 미치게 된다.

또한 기억적인 측면에서도 어려움을 보이게 되는데, 이것은 학습장애아동이 주의집중장애가 있을 경우에는 일반아동에 비해 낮은 기억능력을 보인다. 이러한 기억결함은 학습영역과도 관련되어 학습장애아동의 학업성취에 부정적인 영향을 미칠 수 있다.

4) 신체 지각적 특성

학습장애아동은 신체지각적인 측면에서 민첩하지 못한 특성을 지니고 있으며, 시각-운동 협응능력에 문제를 지니고 있어서 세심한 동작이나 지각-운동 간의 협응능력을 요구하는 과제수행에 어려움을 가진다.

5. 학습장애아 지도방법

학습장애아 교육과 지도에 있어서는 무엇보다도 장애의 조기발견과 조기치료가 중요하다. 학습장애의 조기발견은 아동이 학습영역을 효율적으로 수행할 수 있도록 지원해 주고, 장애로 인한 심리적·정서적인 이차적 문제를 치료하게 한다.

학습장애아 지도를 위한 교육프로그램은 다양한 접근방법에서 적용할 수 있다(송준만, 유효순, 1997; 이소현, 박은혜, 2006).

1) 처리과정 훈련

처리과정 훈련방법은 교과목 학습과 관련된 내재적 과정이 구체화되어, 아동이 구체적 학습행동보다 학습과정의 증진을 위한 훈련과 교육을 받게 된다.

예를 들어, 시지각의 문제로 인한 독서학습장애아동은 독서하는 기술보다는 시지각 훈련을 받음으로써 전반적인 학습의 증진을 지원해 준다.

2) 중다 감각 접근훈련

이것은 두 가지 감각(예: 시각과 청각)이상의 감각기관을 통해 정보를 입수하게 되면 학습하는데 더 용이할 것이라고 가정하여 접근하는 지도방법이다. 여기에서 다감각이란 시각, 청각, 근육운동, 촉각을 의미한다. 그러므로 다감각훈련방법은 처리과정 훈련에서 문제가 되는 부분의 활동을 하지만, 교과자료를 직접적으로 다루어보는 것을 중요하게 다루게 된다. 그러므로 중다 감각 방법은 하나 이상의 감각이 학습경험에 관련되면 아동이 보다 잘 학습하리라는 전제하에 접근하는 방법이다.

3) 구조화 및 자극 감소법

주의집중문제를 지닌 아동, 과잉행동을 보이는 아동을 위해 외부자극을 최소화로 구조화시켜 학습장애아에게 적용하는 방법이다. 즉, 구조화된 프로그램을 통해 외부적 자극을 최소로 감소시키고, 교수자료의 효과를 증진시키고자 하는 것이다.

4) 인지훈련

인지훈련은 아동의 사고과정에 영향을 미쳐서 행동으로 나타나는 관찰 가능한 행동에 영향을 미치고자 하는 다양한 교수방법들을 의미한다(이소현, 박은혜, 2006; 〈표 6.1〉 참조). 학습장애아동은 일반적으로 스스로 문제해결 능력에 결함을 지니고 있다. 아동 스스로 할 수 있는 능력이 있음에도 주의집중을 하지 않고

〈표 6.1〉 인지훈련 접근을 위한 일반적인 교수절차

교수단계	교수방법
1단계	학생은 교사가 다음의 내용을 큰 소리로 말하면서 과제를 수행하는 모습을 관찰한다. • 활동에 대한 질문 • 어떻게 과제를 수행할 것인가에 대한 교수 • 수행에 대한 스스로의 평가
2단계	교사가 언어로 지시하면 아동은 교사와 함께 과제를 수행한다.
3단계	큰 소리로 말하면서 스스로 활동을 수행한다.
4단계	과제 수행방법을 조용히 하라하면서 과제를 수행한다.
5단계	마음속으로 말하면서 활동을 수행한다.
6단계	자신의 수행결과를 점검하고 스스로 평가한다(예: "참 잘했어." "다음에는 좀 더 빨리 해야지.")

출처: 이소현, 박은혜(2006)

충동적인 행동으로 반응하는 학습장애아에 대해 모델링이나 자기교수훈련, 자기점검법 등의 적절한 인지적 교수방법을 통해 지원하는 방법이다.

5) 행동수정

행동수정은 가장 일반적으로 많이 적용되고 있는 교수방법으로서 바람직한 행동을 지향하고, 바람직하지 않은 행동을 감소시키고자 하는 교수방법이다. 학습장애아는 충동적인 성향으로 인해 주의집중결함이나 과잉행동적인 문제를 드러낼 경우, 칭찬, 격려, 어깨 토닥이기, 용돈주기, 싫어하는 일에서 제외시키기 등의 강화방법을 통해 학습장애아동의 문제행동 영역이나 학습영역에서 적용한다.

6) 직접교수

직접교수는 가르쳐야 할 교수내용에 중점을 두는 교수적 접근방법으로서 학습장애아동의 특정 학업 영역의 기술을 성취하게 하는 목적을 지닌다. 아동 주도적 특성을 지닌 인지훈련과는 달리 교사가 미리 계획하고 준비한 교안에 따라 진행되는 교사 주도의 연습과 훈련을 중요시하는 방법이다. 그러므로 교사는 계획된 교수전략, 단계별 성취기준, 학습한 개념에 대한 지속적 평가 등의 구성요소들을 고려하여 교수방법을 기획하고 준비해야 한다.

7) 학습전략 교수

학습전략은 학습을 위한 기술로서 학습장애아동에게 학습하는 방법을 가르치는 것을 의미한다. 학습장애아동은 스스로 학습전략을 세우고 실행하는데 어려움이 있으므로 읽기, 쓰기, 수학 등의 학습영역 등에서 아동스스로 자신의 학습행동을 조절하고, 다음과 같은 전략을 통해 아동을 효율적인 학습자로 이끌기 위한 교수방법이다.

(1) 자기질문법

자기질문법은 학습장애아동에게 가장 많이 적용되는 학습전략 방법 중 하나이다.

① 문제가 무엇인가?
② 나는 무엇을 해야 하는가?
③ 나는 어떻게 할 수 있는가?

(2) 구성전략

학습할 내용을 미리 알려주고 학생 스스로 정리하거나, 학습내용을 전체적으로 그려보게 함으로써 학습할 내용을 이해하고 주요내용과 하위내용 간의 관계를 관련시킬 수 있도록 도와준다.

(3) 암기전략

노래를 이용한 역사적 사건의 순서를 기억하거나, 시각적인 연상을 통해 쉽게 암기할 수 있도록 단어의 첫 글자를 외우는 등의 전략을 의미한다. 이것은 주의집중결함과 기억결함을 지닌 학습장애아를 지도할 때 쉬운 단어암기를 통해 주의집중과 기억력을 향상시킬 수 있는 방법으로 적용할 수 있다.

6. 요약

① 학습장애는 학습환경이나 낮은 지적 능력의 결함으로 인한 학습부진이나 학습지진과는 관계없이 학업성취도가 지체되거나 학습과 관련된 읽기, 쓰기, 말하기 등의 특정영역 기능의 결함 또는 장애를 의미한다.
② 학습장애의 영역은 발달상의 학습장애, 학업상의 학습장애로 나누어 볼 수 있으며, 하위 장애영역으로는 주의집중장애, 기억장애, 지각장애, 사고장애, 구어장애, 읽기장애, 쓰기장애 그리고 수학학습장애가 있나.
③ 학습장애의 원인은 유전적, 의학적, 환경적 요인에 의해 나타나며, 학습장애의 특성은 사회·정서적 특성, 학업성취적 특성, 인지 및 기억능력의 특성 그리고 신체 지각적 특성이 있다.
④ 학습장애아의 상담 및 지도방법은 처리과정 훈련, 중다 감각접근훈련, 구조

화 및 자극 감소법, 인지훈련, 행동수정, 직접교수, 학습전략교수방법으로 실행할 수 있다.

⑤ 학습장애아 교육과 지도는 장애의 조기발견과 조기치료가 중요하다. 학습장애의 조기발견은 아동이 학습영역을 효율적으로 수행할 수 있도록 지원해 주고, 장애로 인한 심리적·정서적인 이차적 문제를 치료할 수 있어야 한다.

제 7 장

ADHD

1. ADHD의 정의

ADHD(Attention Deficit Hyperactivity Disorder)는 주의력결핍 및 과잉행동장애로 번역되며, 예전에는 미세 뇌손상 증후군(minimal brain damage syndrome), 미소 뇌기능장애(minimal brain dysfunction), 미소 대뇌기능장애(minimal cerebral dysfunction) 또는 발달성 과잉운동증(developmental hyperactivity) 등으로 부르기도 하였다. ADHD의 원인은 정확하게 규명되지는 않고 있지만 미세한 뇌 또는 대뇌의 손상이 원인이 되어 발생되는 증상이라고 할 수 있다.

일반적으로 ADHD는 아동기에 많이 나타나는 복합적인 장애로 지속적인 주의집중결핍(Inattention)이나 과잉활동(Hyperactivity)과 충동성(Impulsivity)의 특징으로 정의된다.

1) 주의집중력결핍(Attention Deficit)

주의집중력결핍은 과잉행동과 함께 어떤 자극이나 과제에 대한 반응의 질적 차원으로서 ADHD의 주요 특성으로 나타난다. ADHD아동은 복잡하지 않은 과제나 자극에 대해서는 일반아동과 성취도나 수행도의 차이가 크지 않지만, 수준이 높은 과제나 자극 또는 기억이 요구되는 과제에서는 일반아동이나 다른 장애 영역의 아동보다도 수행에 많은 어려움을 나타내는 특징을 지닌다.

그러므로 ADHD아동의 주의집중력 향상을 위해서는 새로운 자극들을 계속적으로 제시하여 줌으로써 자극과 과제에 대한 관심이나 흥미를 높여주어 학습효과를 향상시킬 수 있다.그러므로 주의집중력 결함을 지닌 아동에게는 다양한 주의집중기술을 습득시키는 것이 특수아동상담에서 지원해야 할 중요한 부분이다.

2) 과잉행동장애(Hyperactivity Disorder)

과잉행동은 ADHD를 정의하는 한 부분으로 아동의 행동양상은 일반적으로 자기자리에서 허락 없이 이탈하거나 교실을 뛰어다니고, 틱 장애를 동반하기도 하며 일반아동에 비해 과잉적인 행동범위가 높게 나타난다. 선생님에게 집중해야 하는 학습시간에도 신체적인 통제가 되지 않아 계속 움직이거나 심지어는 자리에서 일어나 뛰어다니는 행동을 나타내기도 하며, 이러한 과도한 행동들은 학교환경에서뿐만이 아니라 놀이 활동시간, 과제수행시간 그리고 가정환경에서도 나타나게 된다. 또한 정서적인 반응의 슬픔, 분노, 기쁨, 화 등도 일반아동에 비해 더 강하고 자주 드러낸다.

3) 충동성(Impulsivity)

충동성은 자극에 대한 반응통제나 억제가 되지 않아 생각 없이 행동으로 드러내거나 또는 생각하기 전에 행동으로 먼저 나타내는 경향을 의미한다. 충동성을 지닌 아동은 대부분 문제해결을 할 수 있는 인지능력의 결함 그리고 원하지 않는 말이나 신체적인 행동을 억제하는 통제능력에 문제가 있다. 일반적으로 충동성의 특징을 지닌 아동은 같은 지능을 지닌 또래아동보다도 자극에 대해 첫 반응하는데 걸리는 소요시간이 짧고 생각보다 행동을 먼저 나타내는 경향이 높다. 아동의 이러한 충동적인 행동이나 태도는 학습현장에서도 나타나게 된다. 예를 들면 문제를 풀어야 할 때 제시된 문제나 선택해야 할 제시된 답 예시들을 정독

하지 않고 답을 충동적으로 정하게 되는 행동을 하게 된다. 그러므로 이로 인한 충동성을 지닌 아동은 실제 자신이 지닌 지적 능력의 성취보다도 더 낮은 학업성취도가 나타나게 된다. 이러한 충동적인 행동들은 길을 갈 때 습관적으로 장애물을 보지 않고 뛰어가다 넘어지는 등의 일상생활영역에서도 관찰할 수 있으며, 아동의 이러한 행동들은 안전사고의 위험으로 이어지기도 한다.

ADHD 아동의 충동성은 실제 자신이 해야 하는 규칙이나 규정을 이해는 하지만 생각하기 전에 먼저 행동하려는 욕구로 인한 자기통제능력의 결함으로 충동적인 행동이나 태도가 나타난다. 무엇보다도 일반아동이 충동적인 행동 후에 부모나 교사의 제지나 벌에 의한 경험을 통해 바람직한 행동을 학습하는 반면, ADHD아동은 계속적으로 규칙이나 질서를 어기는 충동적인 행동을 반복하는 경향이 있으므로 양육자인 부모나 교사에게 좌절감을 주기도 한다.

ADHD를 지닌 아동들은 위에서 언급한 주의집중결핍, 과잉행동 그리고 충동적인 행동으로 인해 개인 당사자뿐만 아니라 가족구성원은 물론 아동이 생활하고 있는 학교영역과 관련된 교사나 동료들과의 관계에서도 많은 상호작용의 어려움으로 나타나기도 한다. 또한 ADHD를 지닌 아동은 성장 후 성인기까지도 지속되는 경우가 많으므로 사회생활과 직업활동을 하는 과정에서 개인뿐만 아니라 가족구성원들 또한 적응하는데 많은 어려움을 겪게 된다.

2. ADHD의 발달단계별 특징

ADHD는 아동의 발달연령이나 발달시기에 따라 다른 장애영역(정신지체, 학습장애, 정서장애 등)보다도 더욱 복잡한 특징을 나타내기도 한다. ADHD의 발달단계별 특징은 유유아기, 학령전기, 학령기 그리고 청소년기로 나누어 살펴볼 수 있다.

1) 유유아기(0～4세)

이 시기의 ADHD를 지닌 유아는 뚜렷한 장애나 증상을 보인다기보다는 일반적으로 특정한 문제행동이나 태도를 자주 반복해서 나타낸다. 그러므로 이 시기에는 유아의 행동양식이나 태도 하나만을 가지고 ADHD를 판단하는 것은 매우 위험하다고 할 수 있다. 일반적으로 이 시기의 ADHD 유아는 음식을 일반유아에 비해 지나치게 자주 섭취하려 하거나 투정을 심하게 부리고, 지나칠 정도로 손가락을 빨거나, 심하게 몸을 흔드는 과잉행동적 형태로 나타난다. 이 시기의 ADHD 유아는 다음과 같은 기질적인 특징이 주로 나타난다.

- 지속적인 과제를 실행하는데 어려움을 지닌다.
- 일정한 계획에 맞추어 실행하는 데 어려움을 지닌다(잠자는 시간 또는 식사 시간 등).
- 계획이 변경되거나 환경변화에 대한 적응이 어렵다.
- 지나치게 활동적이며 과잉행동적인 태도를 나타낸다.
- 울면서 보채는 과민적인 행동이 나타난다.
- 요구나 지시에 대한 순종하지 못하여 떼를 쓰거나 지나친 고집을 보인다.
- 대소변훈련이 같은 연령또래에 비해 매우 어렵다.
- 매우 신경질적이며 그 횟수가 점점 증가한다.

2) 학령전기(5～7세)

학령전기의 아동은 유유아기의 비사회적 또는 반사회적인 반항적인 행동을 그대로 가지고 이 시기에 접어든다. 일반적으로 이 시기의 유아는 대부분이 주의집중력이 부족하기 때문에 충동적인 행동이 자주 관찰된다. 그러므로 초등학교 입학 전에 ADHD의 유무를 결정하는 것은 쉬운 일이 아니다. 그러나 ADHD유아의 경우 5세～7세의 학령전기에 이르면 일반아동들과 구별이 될 정도의 심한 문제행동이 드러난다. 예를 들어 이 시기에 나타날 수 있는 문제행동들은 일반적으로 다음과 같다.

- 행동의 과잉활동이 심하다.
- 불복종 또는 반항적 행동이나 태도가 나타난다.

- 주의집중시간이 줄어들거나 결함을 나타낸다.
- 작은 자극에도 쉽게 산만한 태도나 행동이 나타난다.
- 위험하거나 또는 다칠 수 있는 무모한 행동이 심각하게 증가한다.

그러므로 유치원이나 어린이집의 교사는 이러한 문제행동을 지닌 이 시기의 유아를 가르치기 힘들거나 다루기 힘들다는 말을 자주 하게 된다. 유아기의 바람직한 행동습관과 학습영역에서의 주의집중하는 연습은 학령기 준비를 위해 중요한 선험학습이 된다. 그러므로 부모와 교사는 유아의 흥미와 관심을 잘 관찰하여 유아가 학습영역뿐만 아니라 또래와의 관계 그리고 교사와의 바람직한 관계를 형성할 수 있도록 유아에 맞는 교육방법을 적용할 수 있어야 한다. 특히 ADHD에 따른 문제행동이 심할 경우에는 부모나 교사는 유아 전문상담가와 함께 유아에게 적절한 교육과 방향에 대한 지원방법을 찾는 것이 필요하다.

6세의 진아는 아기였을 때부터 여자아이치고는 매우 활동적이고 산만하다는 말을 자주 들었다. 생후 24개월부터 문화센터를 다녔는데 수업내용에 집중하지 못하고, 외부의 작은 자극에도 그쪽으로 따라가서 수업을 방해하는 경우가 자주 일어났다. 32개월부터 교육기관에 다녔는데 그곳 선생님은 진아가 말도 일찍 트이고 표현력도 뛰어나고 영리한 반면 고집이 매우 세고, 집중력이 다른 아이들에 비해 떨어지고 규칙을 따르지 않는 경향이 있다는 말을 자주 했다.

가정생활에서도 진아의 감정기복은 수시로 변화하여 잘 웃고 놀다가도 조금이라도 맘에 걸리는 일이 발생하면 고집을 부리고 울고 떼를 쓰는 경우가 자주 일어났다. 혼자서 방문수업을 받을 때는 잘한다는 칭찬을 듣지만 소그룹수업에서는 진아의 집중력이 한없이 무너진다. '크면 괜찮아지겠지' 하던 것이 유치원에 다니고 있는 현재 문제는 점점 더 심각해지고 있다. 귀에 대고 이야기를 해도 전혀 다른 사람의 말을 듣지 않고 엉뚱한 행동을 하고, 자기가 좋아하는 것에는 집착력이 심하지만, 흥미가 없는 것에는 주의집중력이 매우 떨어지고, 고집이 세어 수업 중 선생님의 지적에 오히려 자신이 더 짜증을 내거나 화를 내는 경우가 발생한다. 유일하게 그림그리기를 좋아하여 2~3시간도 하지만, 주제를 정하여 제시해 주면 바로 흥미를 잃게 된다. 또한 울컥하여 화를 내는 횟수가 늘어나고 점점 더 산만해지고, 밖에 나가면 증세가 더욱 심각해진다. 단체활동 시간에도 혼자 왔다 갔다하여 다른 친구들의 활동에 방해를 주고 있을 뿐 아니라 선생님에게도 지도의 어려움은 가중되고 있다.

3) 학령기

유아가 학교에 입학하게 되면 이전의 유치원이나 어린이집에서 허용되었던 비사회적이거나 자기중심적인 행동이나 태도가 더 이상 용납되지 않으므로 아동의 주의집중결함이나 과잉행동은 더욱 심각하게 드러날 수 있다. 특히 이 시기에는 친구들을 사귀고 학습에 관심을 가지기 시작하는 시기이므로 이러한 문제행동들은 학교에의 적응생활과 친구와의 사회적인 관계에 영향을 미치게 된다. 일반적으로 초등학교시기에 나타날 수 있는 ADHD아동의 행동특징은 다음과 같다.

- 학습하는 데 주의 집중시간이 매우 짧다.
- 학습에 대한 집중력이 떨어지고 과제를 마무리하는데 어려움이 있다.
- 충동적인 행동이나 자기통제력이 결여되어 있다.
- 과제이탈행동이 매우 자주 나타난다.
- 폭력적, 파괴적 행동 또는 자해행동의 품행문제가 증가하여 친구들과의 사회관계형성이 어렵다.
- 정리나 정돈을 잘 하지 못하고 아동의 주위가 매우 산만하다.

승준이는 초등학교 1학년에 다니고 있는 남자아이이다. 6살 때 병원에서 상담을 한 적이 있고, 병원에서는 승준이 부모에게 과잉행동과 주의집중결함이 약간 심한 편이라고 치료하기를 권유했다. 그러나 부모는 좀 더 이런저런 이유로 지켜본다는 것이 8살이 된 지금까지 오게 되었고, 그 결과 승준이의 증세는 여전하다. 무엇보다도 학습영역에서 승준이의 증세는 드러나게 되는데 아직 책을 잘 읽지 못한다. 부모가 보기에도 머리도 상당히 좋고 이해력도 빠른 편이고 다 좋은데 유독 책읽기를 못한다. 승준이는 이미 5살 때부터 한글공부를 시작했는데 6살이 되면서 집안사정으로 유치원도 못 다니게 되어 승준이 어머니는 불안한 마음에 가정에서 국어공부를 강행했는데 그 부작용으로 책읽기를 거부하고 아직도 더듬거린다고 한다. 또한 혼자는 절대 읽으려고 하지 않는다. 어머니는 가정에서의 승준이는 ADHD가 매우 심하다고 한다. 또한 부모와의 대화에서도 감당할 수 없을 정도로 말이 많고, 무엇인가를 물어와 설명해 주려고 하면 중간에 말을 치고 올라와서 제대로 설명을 해 줄 수가 없을 정도라고 한다.

아동기는 발달에 있어 학습에 즐거움을 가지고 아동의 심신발달과 정서발달이 가장 왕성하게 일어나는 시기이다. 그러나 ADHD아동의 경우에는 주의집중 결핍과 과잉행동의 특징으로 인해 학습에 집중하는 능력이 결여되고 과잉행동 또는 품행장애로 인해 바람직한 행동형성과 정서발달에 어려움이 있다. 그러므로 ADHD아동의 장애와 건강을 진단하여 이에 따른 치료방법을 적용하는 것이 요구된다.

4) 청소년기

ADHD를 지닌 자녀를 둔 부모는 많은 어려움과 좌절을 경험하게 된다. 특히 청소년기의 자녀가 ADHD인 경우에는 자기주장과 독립성을 강하게 주장하기 때문에 부모에게 있어서 자녀양육은 더욱 어려움이 따를 수 있다. 또한 ADHD의 특성으로 인해 청소년 자신도 교사와의 관계나 친구와의 우정관계의 사회적인 관계형성에도 어려움을 지니게 된다.

ADHD를 지닌 청소년은 일반적으로 다음과 같은 행동특징을 보이게 된다.

- 자존감이 낮다.
- 사회적 기술이 매우 결핍되어 있다.
- 학습영역에서 심각한 주의집중결함으로 문제가 나타난다.
- 문제해결기술의 결함이 더 많이 발생한다.
- 품행문제가 더 많이 발생한다.

- 주의집중결함이 심각하게 나타나서 학습성취도가 매우 떨어진다.
- 정리정돈에 어려움을 나타내고 주의산만함이 나타난다.

무엇보다도 이 시기에는 학습영역의 일방적인 수업방식으로 인해 ADHD 학생은 자신의 능력을 충분히 발휘하지 못하고 학습에 대한 관심과 흥미를 잃어버리는 경우가 일어날 수 있다. 또한 이 시기의 ADHD를 지닌 청소년에게는 신체적인 이차성징과 더불어 심리적 그리고 정서적 갈등을 겪게 된다. 그러므로 이에 따른 교사의 적절한 지도뿐만이 아니라 심리적·정서적 안정과 더불어 자신의 신체적 변화를 받아들일 수 있도록 주위환경의 지원이 요구되며, 심한 경우에는 전문가와의 상담을 통해 치료적인 방법을 강구하는 것이 바람직하다.

진호의 부모는 고1의 아들이 ADHD라는 것을 안지가 불과 1~2년이 되었다. 아이가 산만하기는 하나 폭력적이거나 많이 소란스러운 편은 아니라서 그저 아이가 '산만하구나', '늦되구나'하는 생각만 했지 심각하게 생각하지 못했다. 그런데 부모는 아들을 병원에 데리고 가려니 아이가 너무 커버려서 사춘기라 결정을 내리지 못하고 있다. 그동안 멀쩡한 아들이 속을 썩인다고 미워도하고 상처되는 말을 많이 하였는데 ADHD라는 것을 알고부터는 방법을 바꾸어 잘해주고 칭찬해주기 시작하니 아이가 달라지기는 했지만, 중학교 졸업식날 학교에서 아들의 한시도 조용하지 못하고 앞뒤옆의 아이들과 산만한 모습을 보고 사실을 알게 되었다. 담임선생님은 반에도 3~4명의 산만한 아이들이 있지만, 그 중 유독히 진호가 제일 심하고 과제물 챙기기나 약속 지키기 등의 생활태도나 성실도에도 문제가 많다고 하였다. 그러나 착하고 인간미가 있어서 친구관계는 좋은 편이다. 머리는 좋은 편이지만 학습에 집중하지 못하니 성적이 부족해 결국 실업고등학교에 진학하는 결과를 가져왔다. 사춘기라 그런지 반항심도 심하고 자기잘못은 뒤로하고 주로 엄마만 원망한다. 또한 자신이 좋아하는 일에는 물불을 가리지 않지만 부모의 가장 큰 걱정은 아들이 나쁜 길로 접어들까 고민이다.

ADHD를 지닌 아동 중 치료를 적용하지 않고도 발달과정에서 일부는 정상적인 발달상태로 되돌아가기도 하지만 70% 이상이 청소년기나 성인기에 이르기까지 ADHD의 특징적인 성향을 지속적으로 나타내며, 가정, 학교, 사회생활에 있어서 부적응적인 현상을 나타낸다.

그러므로 ADHD를 지닌 아동들은 어린 시절부터 성인기까지 우울감, 불안감, 공포감 등의 심리적·정서적인 문제뿐만 아니라 사회적인 관계에서도 어려움을 지니게 된다. ADHD를 지닌 아동은 가정에서는 일상생활이나 부모의 기대에 미치지 못하고, 학교에서는 주의집중결함과 주의산만 또는 과잉행동으로 인해 학업과 과제수행에 어려움이 따르며 이들의 장애행동으로 인해 다른 동료들과의 사회적인 관계형성 및 원만한 친구관계의 형성이나 유지 그리고 교사와의 관계도 어렵다.

그러므로 전문가를 통한 ADHD의 구체적인 장애정도를 진단하여 장애특성에 적절한 치료방법을 마련하는 것이 중요하다.

3. ADHD의 원인

ADHD가 발생하는 원인에 대해서는 많은 요인들이 거론되고 있지만, ADHD 발생의 가장 근본적인 원인은 신경·화학적 요인, 유전적 원인 그리고 환경적 요인들이 서로 상호관련된 복잡한 특성으로 인해 나타난다(이상복, 이상훈, 2002).

1) 신경·화학적 원인

신경·화학적 요인은 뇌 화학 물질의 불균형으로 인해 중추신경계 각성 기능의 이상, 즉 뇌기능 이상이라고 할 수 있다.

인간의 뇌는 부적합한 행동을 제어하는 역할을 하는 선두엽 및 기지핵인 그 연결부분의 기능장애로 인해 그곳에서 두뇌의 메시지를 전달하는 화학물질, 즉 신경전달물질의 불균형에 의해 ADHD가 발생한다고 보는 견해이다. 인간의 뇌에는 학습영역, 자기통제영역, 동기부여 영역 등의 기능을 담당하고 있는 부분을 망상체 활성화계(Reticular Activating System; RAS)라고 하는데, RAS 내에 주의집중을 관할하고 있는 도파민(dopamine)이나 노르에피네프린(norepinephrine) 등의 신경전달물질이 있으며, 이들 물질의 결함 및 이상이 있을 경우 ADHD가 유발될 수 있다. 그러므로 ADHD는 환경보다는 하나의 질병으로 인식하는 것이 필요하고, 따라서 이에 맞는 체계적인 진단, 상담 그리고 치료가 실행되어야 한다.

2) 유전적 원인

ADHD를 지닌 아동의 가족구조를 살펴볼 때 일반적으로 비슷한 문제를 지닌 대상이 가족이나 친척 중에 있다고 한다. 실제로 ADHD가 유전적인 원인에 의해서 발병되는지에 대한 연구는 오랫동안 진행되었고, ADHD로 진단되어 치료받고 있는 아동의 가족구성원 중에는 주의집중결핍이나 과잉행동적 양상을 지닌 경우가 약 30% 정도이며(Faraone Biederman, 1998), 이것은 사회경제적 가정상태나 가족요인 등의 가족연관성으로 나타난다고 한다.

3) 환경적 요인

임산부의 임신기간 동안 영양상태, 알코올중독, 흡연, 스트레스, 약물중독, 스트레스 등의 환경적 요인이 태아에게 부정적인 영향을 미치게 되어 주의력 결핍이나 과잉행동장애의 문제를 유발할 수 있다. 그러나 이러한 환경적인 요인 하나로만 ADHD를 유발시킨다는 의미는 아니다. 아동의 성격과 행동은 생활환경에 따른 부모의 양육태도나 양육방식에 의해 다양한 양상으로 나타날 수 있으며, 즉 부모의 자녀에 대한 부적절한 양육태도에 의해 아동의 행동에 영향을 미치게 된다.

일반적으로 아동의 발달과정에서도 지나친 비디오 시청이나 컴퓨터 게임, 약물중독, 인스턴트 식품의 과잉섭취 등이 주의집중을 직접적으로 약화시키거나 과잉행동을 조장한다는 주장도 있지만 실질적으로 과학적인 근거는 없다. 그러나 부모의 알코올중독이나 약물중독으로 인해 아동이 어린시기부터 약물에 쉽게 노출될 경우에는 아동에게 직접적으로 신경학적인 손상이나 상해를 주게 되어 주의집중결함이나 과잉행동장애 또는 다른 영역의 장애형태를 유발시킬 수 있다.

4. ADHD의 특성 및 관련장애

ADHD를 지닌 아동은 일반적으로 주의집중 영역, 행동적 영역, 충동성 영역에서 다양한 증상이나 특성을 나타낸다(김동일, 2006; 이소현, 2005).

- 한 곳에 대한 주의집중에 어려움을 지니게 되고 쉽게 싫증을 내며 지루해 한다.
- 충동적인 행동이나 감정을 억제하거나 통제하는 데 어려움을 지닌다.
- 과잉행동 또는 산만한 행동을 보이고 가만히 있지 못한다.
- 행동이나 기분 및 감정의 변화가 심해서 부모나 교사가 아동의 행동을 예측 또는 통제할 수 없다.

이외에도 ADHD아동은 품행장애나 반항장애 또는 우울증, 불안증세, 학습장애, 틱장애(Tics) 및 뚜렛증후군(Tourette syndrome) 그리고 공격적인 행동 등의 특성이 나타나기도 한다.

1) 품행장애와 반항장애

ADHD아동의 경우 품행장애나 반항장애가 40% 이상 나타난다고 한다. 특히 과잉행동장애를 지닌 아동은 일반적으로 장난이 일반아동에 비해 심하고, 선생님이나 부모의 지시에 잘 따르지 않으므로 가까이 있는 사람들과의 관계에 부정적인 영향을 미치게 된다. 가족이나 주위사람으로부터 혼나거나 지적을 받는 경우가 자주 발생하기 때문에 ADHD아동은 반항심이 커지게 되어 너 야단을 맞게 되어 자신 또는 다른 사람들에 대한 부정적인 시각을 가지게 된다. 이에 따라 다음과 같은 품행장애나 반항장애를 나타내기도 한다.

- 자신의 잘못을 다른 사람의 잘못으로 돌린다.

- 작은 일에도 쉽게 화를 낸다.
- 규칙이나 질서를 지키지 않고 마음대로 한다.
- 거짓말을 자주 하여 사람들로부터 믿음과 신뢰성을 잃게 된다.
- 학교에 가지 않으려고 하거나 학교와 관련된 것들을 거부한다.
- 자기 주위에 있는 물건을 파괴하거나 다른 사람의 물건을 훔치는 행동을 한다.
- 다른 사람을 먼저 괴롭혀서 싸움을 걸게 된다.

2) 학습장애

ADHD아동은 일반적으로 학습영역인 읽기영역, 쓰기영역, 산수영역에서 학업성취도가 낮게 나타난다. 이것은 ADHD의 특성인 주의집중결핍, 충동적인 태도나 과잉행동의 산만함으로 인해 학습에 대한 집중하기가 어려워서 실제 아동 자신이 지니고 있는 학습능력을 충분히 발휘하지 못하므로 나타나는 결과라고 할 수 있다.

3) 우울증

ADHD아동은 장애특성상 감정의 기복이 심하고, 주위로부터 혼이 나게 되면 위축되는 상태에 빠질 수 있다. 그러므로 아동은 일상생활 속에서도 짜증이나 화를 통해 스트레스를 해소하려고 하기도 한다. 어린아이들의 우울증은 진단학적으로 정확하게 판단하기는 어렵지만 아동의 일상적인 활동이나 행동의 중단, 대화기피 또는 이유 없는 슬픔의 증가 그리고 학교성적이 떨어지게 되면 부모나 교사는 아이에게 관심을 가지고 원인을 찾으려는 노력이 필요하다.

4) 틱장애(Tics) 및 뚜렛증후군(Tourette Syndrome)

틱장애는 작은 경련의 무의식적인 반복적인 움직임을 말하며, ADHD아동에게서 흔히 발견되는 특성이다. 틱장애는 일반적으로 무의식적으로 반복하여 나타나는 경련으로 얼굴의 눈 주위나 목구멍, 목, 어깨가 움직이는 형태로 나타난다. 이마를 찌푸리거나 입술을 깨물거나 얼굴을 씰룩 거리거나 머리를 끄떡이거나 흔들기, 팔과 손을 급히 흔들기, 손가락을 비틀기, 어깨를 들썩거리거나 무릎, 발을 흔들거나 걸음걸이가 특이하다. 음성적 틱장애의 유형은 '음, 음'하며 혀를 차거나, 말하면서 '끙끙'거리거나, 개 짖는 소리, 코를 킁킁거리는 소리, 입맛 다시는 소리 등으로 나타난다.

틱장애의 가장 심한 형태를 뚜렛장애라고 하는데, 이것은 목구멍에서 소리가 나거나, 다른 무의식적인 움직임이 반복하여 심하게 나타나고 심지어는 상황에 적절하지 않은 말을 혼자서 계속해서 중얼거리는 형태로 나타나게 된다. 뚜렛장애는 충동성조절의 어려움으로 인해 나타나므로 틱장애보다 더 심각하게 드러난다. 일부 부모들은 이것을 질병으로 인식하여 그냥 방치하는 경우가 있다. 그러나 뚜렛장애는 아동자신뿐만 아니라 주위 사람들에게도 심각한 방해를 줄 수 있으므로 순간적인 감정 참기, 아이의 충동성 행동이 일어날 수 있는 환경에 대해 인식하기, 스스로 자기감정 등에 대한 대처법과 치료를 위한 주위의 적극적인 노력이 필요하다. 뚜렛장애는 치료받지 않으면 만성적이며 평생 동안 나타나기도 한다.

5) 공격적인 행동

ADHD아동의 충동성으로 인해 사회적인 관계에서 공격성이 나타날 수 있다. 충동적인 아동은 질서를 지키기나, 순서를 정하는 것에 대해 기다리거나 자기행동통제가 어려우므로 충동적인 표현을 통해 부적절한 공격성의 행동형태도 나타나기도 한다. 일반적으로 볼 때 ADHD아동은 또래들과의 놀이나 공동학습 장면에서도 일반아동보다도 공격적이고 부정적인 행동이나 언어표현으로 인해 또래동료로부터 따돌림을 받거나 거부당한다고 한다(Carison, 1987).

이것은 ADHD특성상 다른 사람의 입장에서 사고하는 것이 학습되지 않아서 자신의 행동이 다른 사람에게 상처를 주거나 방해할 수 있다는 것을 의식하지 못하기 때문이다.

5. ADHD의 진단

현대에 와서 ADHD아동의 수가 증가하고 있다. 적어도 한 학급당 주의력결핍이나 과잉행동장애로 인해 학습성취뿐만 아니라 대인관계에서도 문제를 지니고 있는 아동이 늘어나고 있으므로 이에 대한 치료와 지원이 필요하다. 그러나 ADHD에 대한 인식이 부족하여 실제적으로 ADHD자녀를 둔 부모나 가족구성원들은 적시의 치료를 놓치거나, 좌절감 또는 스트레스로 인해 어려움을 겪게 된다. 그러므로 ADHD에 대한 조기발견, 조기진단 그리고 조기치료가 중요하다고 할 수 있다.

가족과 교사는 누구보다도 가장 가까이서 아동을 관찰하게 되는 대상이므로 ADHD의 진단이나 치료의 필요성을 가장 먼저 느끼게 된다. 특히 부모는 자녀의 성장과정을 잘 알기 때문에 아동에 대한 정확한 정보를 제공할 수 있으므로 실제 진단이나 치료에 있어서 가장 큰 정보지원자가 될 수 있다.

ADHD를 진단하는 데는 가장 먼저 부모나 교사가 전문가와의 상담으로부터 시작되며, 진단절차는 양육자에 의한 ADHD의 발견, 전문가와의 면담, 부모나 교사의 설문조사, 인지검사, 의학적 검사 및 치료방법, 심리검사 등으로 실행될 수 있다.

1) 양육자에 의한 ADHD의 발견

일반적으로 부모는 아동의 성장과정에서 문제행동이나 다른 행동양식을 가장 먼저 경험하게 된다. ADHD는 특히 소아정신과에서 다루어지는 중요한 질병 중의 하나로 현대에 와서 ADHD를 지닌 아동이 증가하고 있다. ADHD아동은 유치원연령 이전에도 문제행동이나 이와 비슷한 증세를 나타내는 경우도 있지만, 초등학교 입학연령이 되어야 진단학적인 절차를 밟는 것이 일반적이다. 그러므로 학령기 전의 부모나 가족구성원들의 관심은 ADHD아동의 발견에 일차적인 관찰자가 된다.

2) 전문가와의 면담

ADHD를 진단하기 위해서는 의사와 같은 전문가와의 상담에서 아동에 대한 일반적인 사항, 가정에서의 생활과 환경관련내용, 부모-자녀 또는 자녀-자녀와의 관계, 학교생활, 친구관계, 교사-아동관계 등에 대한 내용들이 다루어진다. 의사는 아동의 가정생활 속에서의 행동이나 태도, 학습시간의 태도, 집 밖에서의 행동이나 태도 등에 대한 질문을 하게 되고, 아동의 문제행동과 이에 대한 대처방식 그리고 아동의 반응 등을 잘 관찰하고 알아보아야 한다. 또한 아동의 문제행동의 결과나 발생빈도, 정서적·심리적 상태를 평가한다.

3) 행동평가를 위한 부모 및 교사에 대한 설문조사

의사나 전문가의 상담과 면담만으로는 정확한 정보를 얻기는 어려우므로 부모나 가족구성원 또는 교사를 대상으로 신뢰도가 있는 아동행동평가를 통해 설문조사를 한다. 일반적으로 행동평가시에는 아동의 위축행동, 신체적 증상, 우울감, 불안감, 주의집중문제, 공격성, 충동성 등을 부모가 평정할 수 있도록 구성되어 있는 한국아동충동성검사(Matching Familiar Figures Test for Korean Children)와 아동행동조사표(Child Behavior Checklist; CBCL)를 주로 사용한다. 이렇게 정량화된 행동평가표나 설문지 외에도 아동의 학교성적표, 생활기록부, 적성검사 소견, 알림장이나 공책, 일기장 등을 참고자료로 하여 아동에 대한 최대한의 정보를 수집한다.

4) 인지검사

ADHD의 정확한 평가를 위한 객관적 측정방법 중의 하나가 인지검사이다. 인지검사방법은 아동의 전반적인 인지능력정도, 주의집중능력, 문제해결능력, 충동성, 현재의 정서 상태, 대인관계, 자긍심 등의 다양한 측면을 평가할 수 있다.

인지검사방법으로는 지능검사(K-ABC/KEDI-WISC), 지속수행검사(Matching Familiar Figure Test), 활동수준측정법, 자기조절능력검사(신호 정지검사:

Stop Signal Test) 등이 있다.

5) 의학적 검사 및 평가

ADHD의 원인과 증상은 복잡하여 아동의 의심되는 행동이나 증상이 ADHD인지 아니면 다른 원인으로 인한 것인지, 복합적인 원인에 의한 것인지를 파악하는 것은 쉬운 일이 아니다. 그러므로 정확한 진단을 위해서는 의학적인 검사나 평가가 필수적이다.

무엇보다도 매년 정기적인 신체검사(정상적인 성장의 여부확인), 시력, 청력 등의 감각능력의 이상여부 검사, 혈중 약물농도 검사, 혈중 납농도 측정, 갑상선 기능검사, 유전성 질환, 기타질환, 혈액검사, 소변검사, 뇌파검사, 염색체 및 유전자 검사 등의 의학적인 검사를 통해 평가하는 것이 필요하다.

6) 심리검사

심리검사는 한 개인의 성격, 기질, 정신적 및 정서적 특성, 정신병리 등을 점감하고 지적영역, 인지적 영역, 좌우뇌의 기능적 특성, 계획이나 조직능력 등을 평가하여 ADHD를 치료하는데 기초자료를 마련한다. 이 외에도 적성검사, 학습능력, 집중력검사, 학습유형 선호도 검사 등은 아동 개인의 재능을 측정하여 가족구성원들이 ADHD자녀를 전체적으로 이해하는데 도움이 된다.

7) 진단기준(DSM-IV: 미국정신의학회)

ADHD의 진단에서 가장 많이 쓰이는 진단방법은 미국정신의학회에서 정한 DSM-IV (Diagnostic and Statistical Manual of Mental Disorder, Fourth Edition)이다. DSM-IV에 의한 ADHD는 주의력 결핍과 과잉행동 그리고 충동성의 두 가지 증상형태로 나누고 있으며, 이 두 가지 유형은 동시에 나타나기도 하고, 어떤 유형은 더 많이 나타나기도 한다. ADHD아동 중 청소년기가 되면서 과잉행동이나 충동적인 행동은 감소하지만 주의집중결함만 남아 있는 경우도 있는데 이러한 증상을 ADD(Attention Deficit Disorder, 주의집중력 장애)라고 한다.

ADD는 어떤 경우에는 아동의 기질이나 환경에 따라 ADHD와 비슷한 증상을 보이는 경우도 있다. 이런 경우에는 반드시 지능검사, 학습장애검사, 다른 정신적 질환검사, 의학적인 검사 등을 통해 정확한 진단과 평가가 실행되어야 한다(〈표 7.1〉 참조).

〈표 7.1〉 DSM-IV에 의한 ADHD의 진단기준

A. 다음의 (1) 또는 (2) 중 한 가지에 해당한다.

(1) 부주의에 관한 다음 증상 가운데 여섯 가지 또는 그 이상의 증상이 6개월 동안 부적응적이고 발달수준에 맞지 않는 정도로 지속된다.

- **부주의**
  - (a) 흔히 세부적인 면에 대해 면밀한 주의를 기울이지 못하거나 학업, 작업 또는 다른 활동에서 부주의한 실수를 저지른다.
  - (b) 흔히 일을 하거나 놀이를 할 때 지속적으로 놀이를 집중할 수 없다.
  - (c) 흔히 다른 사람이 직접 말을 할 때 경청하지 않는 것으로 보인다.
  - (d) 흔히 지시를 완수하지 못하고 학업, 잡일, 작업장에서의 임무를 수행하지 못한다(반항적 행동이나 지시를 이해하지 못해서가 아님).
  - (e) 흔히 과업과 활동을 체계화하지 못한다.
  - (f) 흔히 지속적인 정신적 노력을 요구하는 학업 또는 숙제 같은 과업에 참여하기를 피하고 싫어하며 저항한다.
  - (g) 흔히 활동하거나 숙제하는 데 필요한 물건들(예: 장난감, 학습과제, 연필, 책, 또는 도구)을 잃어버린다.
  - (h) 흔히 외부의 자극에 의해 쉽게 산만해진다.
  - (i) 흔히 일상적인 활동을 잊어버린다.

(2) 과잉행동: 충동에 관한 다음 증상 가운데 여섯 가지 또는 그 이상의 증상이 6개월 동안 부적응적이고 발달수준에 맞지 않는 정도로 지속된다.

- **과잉행동**
  - (a) 흔히 손발을 가만히 두지 못하거나 의자에 앉아서도 몸을 꼼지락거린다.
  - (b) 흔히 앉아 있도록 요구되는 교실이나 다른 상황에서 자리를 떠난다.
  - (c) 흔히 부적절한 상황에서 지나치게 뛰어다니거나 기어오른다(청소년 또는 성인에게서는 주관적인 들뜬 기분으로 제한될 수 있다).
  - (d) 흔히 조용히 여가활동에 참여하거나 놀지 못한다.
  - (e) 흔히 '끊임없이 활동하거나' 마치 '자동차가 질주하듯이' 행동한다.

〈표 7.1〉 DSM-IV에 의한 ADHD의 진단기준 (계속)

(f) 흔히 지나치게 수다스럽게 말을 한다.

- **충동성**

(g) 흔히 질문이 채 끝나기 전에 성급하게 대답한다.
(h) 흔히 차례를 기다리지 못한다.
(i) 흔히 다른 사람의 활동을 방해하고 간섭한다(예: 대화나 게임에 참견한다).

B. 장해를 일으키는 과잉행동-충동 또는 부주의 증상이 7세 이전에 있었다.

C. 증상으로 인한 장해가 두 가지 또는 그 이상의 장면에서 존재한다(예: 학교와 집에서).
D. 사회적·학업적·직업적 기능에 임상적으로 심각한 장해가 초래된다.

E. 증상이 전반적 발달장애, 정신분열증 또는 기타 정신증적 장애의 경과 중에만 발생하지 않으며, 다른 정신장애(예: 무드장애, 불안장애, 해리성장애 또는 인격장애)의 의해 잘 설명되지 않는다.

■ 유형

- 주의력결핍 및 과잉행동장애, 복합형: 지난 6개월 동안 진단기준 A(1)과 A(2) 둘 다 충족시킨다.
- 주의력결핍 및 과잉행동장애, 주의력결핍 우세형: 지난 6개월 동안 진단기준 A(1)은 충족시키지만 A(2)는 충족시키지 못한다.
- 주의력결핍 및 과잉행동장애, 과잉행동-충동 우세형: 지난 6개월 동안 진단기준 A(2)는 충족시키지만 A(1)은 충족시키지 못한다.

출처: *DSM-IV*, American Psychological Association(APA), 1994.

6. ADHD의 치료 및 지도방법

1) 약물치료

ADHD의 치료를 위해서는 일반적으로 가장 많이 적용되는 방법이 약물치료이다. 전문가들에 의하면 정확한 진단에 의거한 적절한 약물치료방법을 꾸준히 실행한다면 대부분의 ADHD증상의 많은 부분이 향상된다고 한다. ADHD아동은 대부분이 학습장애, 사회성문제, 정서장애가 복합되어 나타나는 경우가 일반적이므로 적절한 비약물치료방법(예: 놀이치료, 행동치료 등)을 병행하는 것이 효과를 향상시킬 수 있다. 그러나 ADHD의 경우는 비약물 방법 하나만으로는 효과를 기대할 수 없으므로 전문가에 의한 정확한 진단과 평가에 따라 약물치료를 적절하게 적용하였을 경우 70%이상의 긍정적인 효과를 볼 수 있다고 한다(김동일, 2006).

그러나 약물치료의 적용에도 불구하고 증세가 나아지지 않는 경우도 있는데, 이것은 진단이 잘못된 경우가 대부분이므로 ADHD의 진단과 평가는 반드시 전문가에 의해 정확하게 이루어지는 것이 필요하다. 약물치료에는 일반적으로 많이 쓰이는 약물이 집중력 강화제(중추신경자극제), 삼환계 항우울제, 항정신병 약물, 기타 약물 등이 있으며 이들은 각각 작용이나 투여방법이 다르므로 사용시 전문의와 상담을 통해 적용되어야 한다.

(1) 집중력 강화제

이것은 중추신경자극제(CNS Stimulant)라고도 부른다. 이 약물치료는 어린 유아의 ADHD에 긍정적인 효과가 있으며 안전하다는 것이 전문가들에 의해 증명되었고, 성인에게 적용할 경우 반응정도는 70% 이상의 효과가 있다고 한다.

또한 중추신경자극제는 작용의 효과가 빨리 나타나고 증상개선이 효과적으로 나타나기 때문에 ADHD의 일차적 치료제로 쓰이고, 주의집중을 관장하는 뇌 신경전달물질인 도파민과 노르에피네프린을 활성화하는 방식으로 작용하고 대뇌 각성효과도 지닌다. 이러한 작용을 하는 약물로는 리탈린(Ritalin)과 디-암페타민(dextroamphetamine), 페몰린(Pemoline) 등이 사용된다.

① 리탈린(Ritalin): 리탈린의 복용시 아동이 식욕부진과 정상적인 성장을 방해하므로 장기간 복용하는 경우에는 키와 몸무게를 정기적으로 점검하고 정상적인 성장을 위해 필요한 영양공급에 주의해야 한다. 또한 수면과 숙면에도 부작용이 나타날 수 있으므로 의사와 충분히 의논 후 사용해야 한다.

② 디-암페타민(dextroamphetamine): 이것은 중독성이 있으므로 한국에서는 허용되지 않고 있지만 미국이나 유럽에서는 ADHD의 약물처방에 자주 사용되고 있다. 암페타민은 ADHD(만 3~4세)유아에게 투여할 수 있고, 간

질동반환자, 기면증(ADHD가 아니더라도 지속적인 심한 졸림이 있는 수면질환), 비만증에도 사용되기도 한다. 효과는 4~5시간 정도 효과가 지속되고 하루에 2~3회 정도 투여하는 방법으로 실행된다.

③ 페몰린(Pemoline): 우리나라에서는 약 10%정도 치료제로 사용되고 있다. 그러나 페몰린 약물은 투여 후 적어도 3주 이상 지나야 효과를 볼 수 있으므로 전체적인 증세호전율이 떨어지고, 간독증의 부작용이 유발될 수 있으므로 2차 약물제로 사용된다. 그러므로 이 약물을 적용할 때에는 사전에 간 기능을 점검하고, 또한 6개월에 한번씩 정기적인 간 기능 검사를 실시해야 한다. 한번 투여하게 되면 7~8시간의 효과가 있으며 하루에 1~2회 투여한다.

④ 메칠페니데이트(Methylphenidate): 이 약물은 수십 년 간 가장 많은 연구가 실행되었고, 쉽게 구할 수 있어서 효과와 안전성이 입증된 ADHD의 1차 치료제이다. 그러나 페몰린보다 효과가 높고 부작용이 적으며 과잉활동이 현저하게 감소하게 된다. 약물이 신체에 빨리 흡수되고 복용 후 30분 이내에 효과가 나타나지만, 체내에서의 유지시간이 짧으므로 하루에 2~4회 정도 복용해야 하고 3~4시간의 지속적인 효과가 있다.

위에서 제시된 약물자극제들은 사용횟수나 지속시간, 장기적 복용이나 투여에 따라 효과가 다양하게 나타나지만 약물치료로 인해 두통, 식욕부진, 불면증, 과민성, 틱장애 등의 부작용이 나타날 수 있다. 그러므로 약물처방 적용시에는 사전부터 반드시 전문가와의 상담을 통해 실행되는 것이 필수적이다.

(2) 항우울제

집중력강화제가 1차 치료제라고 한다면 다른 약물들은 ADHD의 2차 치료제로서 처방된다. 항우울제는 우울증, 공황발작 등의 불안장애, 식이장애, 각박장애, 인격장애 그리고 ADHD 치료에 사용된다. 항우울제는 삼환계 항우울제, 세로토닌 재흡수 차단제, 단기아민 산화효소 억제제 그리고 비전형적 항우울제가 있다.

① 삼환계항우울제(Tricyclic Antidepressants; TCA's): 아미트릴립틴(Amitriptyline), 클로미프라민(Clomipramine), 이미프라민(Imipramine)는 약물남용의 경우, 집중강화제로 효과가 없는 경우, ADHD에 정서장애 동반의 경우, 틱장애, 뚜렛장애의 가족력이 있는 경우 등에는 투여여부를 고려해야 한다. 행동변화에는 효과를 볼 수 있지만 인지적인 효과는 덜하며, 전반적으로 부작용이 적은 편이다.

② 세로토닌 재흡수차단제(Selective Serotonin Reutake Inhibitors; SSRI's): 플루옥세틴, 파록세틴, 플루복사민, 서트랄린 등은 ADHD 증상이나 우울증상을 동반한 경우의 치료제로 효과를 볼 수 있다. 그러나 ADHD의 치료에는 그리 효과적이지 않다고 한다.

③ 단기아민 산화효소 억제제(Monoamine Oxidase Inhibitors; MAOI's): 임프라민(Imipramine)은 뚜렛증후를 동반하는 ADHD, 다른 치료제에 적응하지 못하는 성인 환자를 대상으로 사용되며 졸음이나 피로 식욕저하 등의 부작용이 따른다.

④ 비전형적인 항우울제(Atypical Antidepressants): 부프로피온(bupropion)는 일부의 ADHD 환자에게 효과가 있으며, 2차적인 틱장애의 부작용이 일어날 수 있다.

(3) 항정신병 약물

이 약물은 정신병적 증상들(환상, 망상)과 와해된 생각 등을 통제하거나 조절에 효과적이다. 자폐장애, ADHD의 경우 항정신병 약물을 적용하게 되면, 뚜렛증후군에서 나타나는 근육경련이나 발성틱, 심한 불안이나 공포, 매우 공격적인 행동에도 효과가 있다.

(4) 기타약물

기분안정제와 항경련제가 포함되며, 기분안정제는 감정이나 정서의 지나친 기복, 공격적 행동, 충동행동장애, ADHD 등의 치료에 도움이 된다. 항경련제는 항불안제와 같은 심한 불안에 효과적이다.

2) 비약물치료

ADHD는 앞에서 언급된 것처럼 약물치료 하나만으로는 치료되기가 어려운 질병이다. 그러므로 비약물 치료방법과 병행하였을 경우 그 효과가 더욱 크게 나타난다. 비약물 치료방법은 다음과 같은 치료프로그램으로 적용할 수 있다.

- 놀이치료
- 인지행동치료
- 보호자 상담 및 행동치료
- 집중력 향상 프로그램
- 분노조절 프로그램
- 사회성기술프로그램

ADHD는 장기적으로 지속되는 질환이므로 약물치료의 정기적인 적용, 정신적·행동적 지원, 비약물적 치료의 병행이 이루어져야 한다. 대부분의 부모들은 자신의 ADHD자녀가 약물치료를 통해 효과가 나타나면 다 나았다고 생각하여 바로 치료를 중단하는 경우가 있다. 이러한 경우에는 얼마가지 못해 ADHD 증상이 재발되어 부모는 좌절감을 경험하게 되고 다시 병원을 찾게 된다. 그러므로 ADHD자녀를 둔 부모는 장기적인 효과를 위해서는 인내심을 가지고 약물복용을 준수하고 반드시 전문의와의 상담을 통해 도움을 받는 것이 바람직하다.

3) ADHD의 지도방법

ADHD아동을 지도하는데 있어서 부모나 교사 그리고 아동과 관련된 사람은 ADHD아동에 대한 사전 정보를 정확하게 알고 있는 것이 필요하다. 나아가서 ADHD아동의 행동특성과, 문제행동에 대한 대처 그리고 치료방법 등에 도움을 줄 수 있고, 아동개인의 정상적이고 건강한 성장발달에 도움을 줄 수 있어야 한다.

(1) ADHD 자녀를 위한 부모의 역할

보편적으로 알려져 있는 ADHD의 약물치료는 ADHD로 인해 나타나는 특성적 증상에 영향을 미쳐서 집중력을 도와주고, 충동성행동이나 문제행동을 개선해 주기도 하지만 대인관계나 자아개념, 사회성 발달 등의 새로운 2차적 문제점들을 근본적으로는 해결하지 못한다. 이러한 문제점들과 관련하여 ADHD아동의 전체적인 치료의 효과를 위해서는 무엇보다도 가정에서의 부모의 역할은 매우 중요하다고 할 수 있다.

① ADHD자녀의 행동에 대해 가능하면 즉각적인 피드백으로 칭찬을 준다.
ADHD 아동의 문제행동을 약화시키기 위한 방법 중의 하나가 바람직한 일을 할 경우 칭찬을 주는 것이 긍정적인 효과가 있다. 부모의 자녀교육은 벌보다는 바람직한 행동을 격려함으로써 행동의 변화를 목적으로 하여 좋은 행동을 할 때 아낌없는 칭찬의 즉각적인 피드백을 주어야 한다.

② 올바른 행동을 유도하거나 그릇된 행동을 줄이기 위해 정상 아동에 비해 강력한 강화를 준다.
아동이 문제행동을 나타낼 경우에는 즉시 강화방법을 적용하는 교육방법을 사용해야 한다. 시간이 지난 후 아동의 문제행동을 거론하거나 체벌을 주는 것은 효과가 없다.

③ 자녀의 행동을 통제하는데 있어서 항상 일관성을 가진다.
ADHD아동은 장애로 인해 판단능력에 있어서 어려움이 있으므로 분명한 원칙을 세워 혼란함을 예방한다. 잘못된 행동에 대해서는 정해놓은 원칙을 지켜서 적용하는 일관성이 필요하다.

④ 언어적인 지시, 비난을 피하고 행동의 결과를 사용한다.
아동의 잘못된 행동에 대해 아동이 충분히 이해할 수 있도록 냉정하게 설명해 주는 것은 부모의 중요한 역할이다. 문제행동을 하고 난 후 금지시키는 것보다는 행동을 하기 전에 미리 경고를 줌으로써 아동이 생각할 수 있는 시간을 주고, 비난이나 감정을 배제시켜서 아동이 존중받고 있다는 느낌을 주는 것이 필요하다. 또한 자녀의 잘못에 대해서는 감정적으로 하

지 말고 실제 상황과 행동자체에 맞추어 인식시킨다.

⑤ 일반아동에 비해 선천적인 문제를 가지고 있다고 대해야 하며, 자녀의 문제행동이나 장애를 부모의 잘못으로 탓하지 않는다.
아동이 문제행동을 할 때 일부러 하는 것이 아니라 아동이 지닌 장애에 대한 이해를 하는 것이 필요하며, 장애에 대한 원인을 부모의 잘못으로 미루는 죄책감을 나타내지 않도록 한다. 이러한 부모의 자책감은 아동으로 하여금 자신의 장애를 자책하게 이끌 수 있다.

⑥ 잘못한 행동에 대해 자녀가 느낄 수 있도록 결과를 경험하게 한다.
아동이 잘못된 행동을 할 때에는 부모가 대신해서 행동의 책임을 지지 말아야 하며, 아이가 행동을 선택할 수 있는 기회를 줌으로써 자신의 행동이 가져오는 결과를 스스로 경험하고 책임지도록 한다.

⑦ 자녀의 문제행동에 따라 강화물이나 사용횟수를 변화시킨다.
아동이 문제행동을 할 때마다 사용하는 강화물이나 강화의 사용횟수는 변화시키는 것은 행동수정에 효과를 가져온다.

⑧ 자녀에게 부정적인 결과를 피할 수 있는 방법을 설명하여 이해시킨다.
아동이 문제행동으로 인해 부정적인 결과를 가져올 수 있는 문제상황에 대해 미리 설명하여 이해시키는 것이 필요하다. 이에 따라 강화방법도 제시해 주는 것이 문제상황에 대비하거나 문제행동을 감소시킬 수 있다.

(2) ADHD아동지도를 위한 교사의 역할

교사는 아동에게 있어서 부모 다음으로 사회관계를 맺게 되는 중요한 대상이다. 그러므로 교사가 ADHD아동에 대한 특성을 사전에 이해하고 인식하는 것은 아동의 학습지도 및 사회성지도 등에 도움을 줄 수 있다.

① ADHD아동은 또래보다 정서적으로 미성숙하며, 이러한 정서적 미성숙은 줄 신경학적인 원인에 기인한다.

② ADHD아동은 정확한 과제수행이나 집중을 위해서는 또래보다 더 많은 시간이 요구된다.

③ 인과관계를 이해하는 데 같은 또래에 비해 시간이 많이 필요하다.

④ ADHD아동이 다양한 영역에서의 수행정도의 차이는 의도적인 것이 아니라 ADHD증상의 특성으로 인한 것이다.
⑤ ADHD아동을 지도할 때에는 또래 아이들과 똑같은 방식의 수업방식이나 지도방식은 바람직하지 않다.
⑥ ADHD아동에게 완벽함을 기대해서는 안 된다.
⑦ 아동에 대한 이해와 배려를 바탕으로 진지한 대화가 중요하다.

무엇보다도 ADHD아동을 지도할 때에는 부모나 교사에게 있어서 아동이 지닌 장애의 특성을 잘 이해하는 충분한 사전지식이 필요하다. ADHD아동은 부정적인 상호작용의 경험이 반복이 되면 정서적 불안감이나 우울감을 나타내게 되어 충동적인 행동이나 부정적인 자기인식과 낮은 자존심이 일어날 수 있다. 그러므로 가정에서의 부모와 학교에서 교사는 이러한 정서적 어려움을 극복하는데 도움을 주고 적절한 대인관계경험과 적응기술을 지원해 주는 것이 필요하다. 또한 놀이치료, 음악치료, 분노조절 프로그램, 사회성 기술 프로그램 등 다양한 영역에서의 치료지원은 약물치료와 동반되어 실행될 때 효과를 볼 수 있으므로 아동에게 적절한 프로그램을 선정하여 실행하는 것은 ADHD치료를 위해 중요하다.

7. 요약

① ADHD(Attention Deficit Hyperactivity Disorder)는 주의력결핍 및 과잉행동장애를 의미하며, 아동기에 많이 나타나는 복합적인 장애로서 지속적인 주의집중결핍 (Inattention), 과잉행동(Hyperactivity) 그리고 충동성(Impulsivity)의 특징으로 정의된다.
② ADHD는 아동의 발달연령이나 발달시기에 따라 다른 장애영역(정신지체, 학습장애, 정서장애 등)보다도 더욱 복잡한 특징을 나타낸다.
③ ADHD를 지닌 아동은 성장 후 성인기까지도 지속되는 경우가 많으므로 사회생활과 직업활동을 하는 과정에서 개인뿐만 아니라 가족구성원들 또

한 적응하는데 많은 어려움을 겪게 된다.

④ ADHD 발생의 근본적인 원인은 일반적으로 신경·화학적 요인, 유전적 원인 그리고 환경적 요인들이 서로 상호관련된 복잡한 특성으로 인해서 나타난다.

⑤ ADHD의 관련장애로는 품행장애아와 반항장애, 학습장애, 우울증, 틱장애 및 뚜렛증후군 그리고 공격적인 행동으로 나타난다.

⑥ ADHD는 아동의 학습성취뿐만 아니라 대인관계에도 영향을 미치므로 조기발견, 조기진단 그리고 적기의 치료가 중요하다.

⑦ ADHD의 진단은 가정에서의 ADHD 조기발견, 의사와의 면담, 부모 및 교사에 대한 설문조사, 인지검사, 의학적 검사, 심리검사 등을 통해 이루어진다.

⑧ ADHD의 치료방법은 집중력 강화제, 항우울제, 항정신병 약물, 기타 약물적용과 같은 약물치료방법과 다양한 치료교육프로그램 적용의 비약물 치료방법을 통해 실행할 수 있다.

⑨ ADHD의 지도방법은 ADHD 자녀를 둔 부모의 역할, 교사의 역할 측면에서 살펴볼 수 있다.

제 8 장

청각장애

청각장애란 청각적 구조의 이상으로 인하여 소리를 듣고 의사소통하는데 어려운 사람들을 말한다. 본 장에서는 청각장애의 정의, 원인, 특성 등을 살펴보고 이들의 상담에 대한 내용을 살펴보도록 하겠다.

1. 청각장애의 정의

청각장애를 이해하기 위해서는 난청과 농의 개념을 정확하게 이해할 필요가 있다. 특수교육진흥법에 따르면 청각장애는 ① 두 귀의 청력손실이 각각 90데시벨 이상인 자, ② 청력손실이 심하여 보청기를 착용하여도 음성언어에 의한 의사소통이 불가능하거나 곤란한 자, ③ 일상적인 언어생활로 가정에서 청각의 기능적 활용이 불가능하여 일반인과 함께 교육받기가 곤란한 자로 정의하고 있다. 이 특수교육 진흥법에는 난청과 농의 개념을 모두 포함하고 있다. 난청과 농은 청력손실 정도를 기준으로 정의한 것이다. 예전에는 농이라는 용어를 보편적으로 사용하였고, 미국의 농문화는 청각장애인들의 문화로서 하나의 체제를 잘 구축하고 있다고 해도 과언이 아니다. 그러나 최근 들어서는 농(deaf)보다는 심도(profound)라는 용어를 더 많이 사용하고 있다. 그래서 난청이 90dB HL 이상이 되면 심도난청이라는 용어를 사용한다. 따라서 최근에는 청각장애라는 큰 개념을 가

〈표 8.1〉 청력장애의 정도에 따른 분류

ISO(1964) 기준	표현법
10~25 dB	정상역(normal limits)
26~40 dB	경도난청(mild hearing loss)
41~55 dB	중등도난청(moderate hearing loss)
56~70 dB	중등고도난청(moderately severe hearing loss)
71~90 dB	고도난청(severe hearing loss)
91 dB 이상	심도난청(profound hearing loss)

지고 바라보는 것이 바람직하다고 본다. 보다 세분화하여 청각장애의 정의를 청력손실 정도를 기준으로 해서 보면, 〈표 8.1〉과 같다.

이렇게 평균청력손실 정도를 가지고 청각장애를 분류해서 볼 경우 이들의 발화특징이나 이러한 부분에 대한 예측이 가능하다. 일반적으로 회화음역이 500, 1,000, 2,000 Hz 범위에 있으며 일반적인 회화강도가 약 65dB 정도이다. 일반적인 소리의 크기 및 주파수에 관해서는 〈그림 8.1〉에 제시하였다.

일반적인 소리의 주파수마다 말소리 특징이 있고 이것에 대한 요약은 〈표 8.2〉에 제시되어 있다.

따라서 청력도와 평균 청력손실치와 연결하여 청각장애를 살펴볼 수 있고, 정의내릴 수 있겠다.

2. 청각장애의 원인

청각의 손상은 소리 파장을 신경적 충동으로 바꾸어 두뇌에 정보로 전달해 주는 일련의 과정 중 어느 부분에 방해를 받을 때 일어난다. 이러한 손상은 여러 가지 요인에 의해 일어날 수 있으며, 청각 체계의 어느 부분에 결함이 있는가에 따라 청력 손상의 유형이 달라진다.

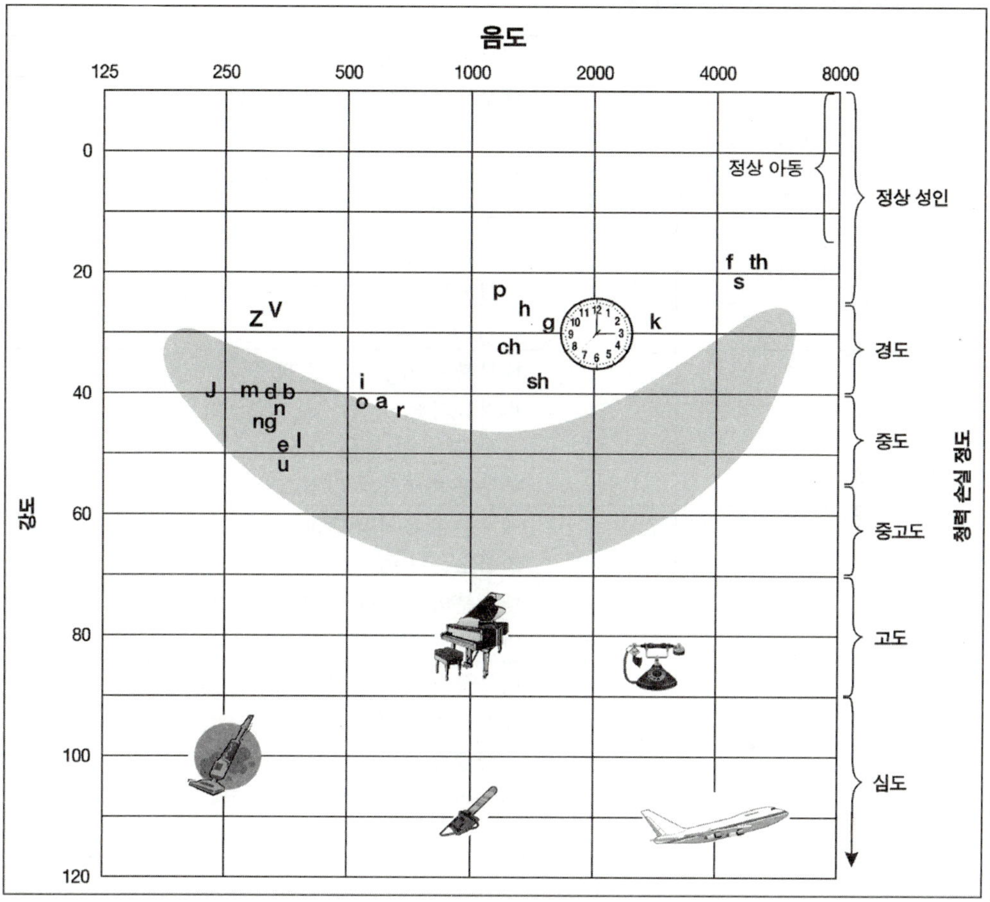

일상생활에서의 소리의 크기

10 dB	숨소리	80 dB	교통혼잡시간의 소음	120 dB	비행기 소리
30 dB	속삭이는 소리	90 dB	믹서기 소리	140 dB	총 소리
40–60 dB	일상 대화	100 dB	기차 소리		
70 dB	타자 치는 소리	110 dB	톱질하는 소리		

[그림 8.1] 일상생활과 자모음의 주파수와 강도.

출처: Introduction to Audiologic Rehabilitation(Schow & Nerbonne, 2006)

〈표 8.2〉 음성언어의 주파수 대별 요소

125 Hz	대부분이 남성 음성의 F_0
250 Hz	대부분의 여성과 아동 음성의 F_0 성인 남성 음성의 낮은 배음 작은 콧소리(/m/, /n/, /ŋ/)의 F_1
500 Hz	대부분 유성음의 낮은 배음 대부분 모음의 F_1 후설모음과 결합된 파열음의 터짐소리 /l/과 /r/음의 F_1
1,000 Hz	대부분 유성음의 높은 배음 비자음의 F_2 후설 및 중설 모음의 F_2 대부분 파열음의 터짐소리
2,000 Hz	대부분 모음의 낮은 배음 전설모음의 F_2 대부분의 파열음 및 파찰음의 터짐소리 마찰음의 시끄러운 터짐소리
4,000 Hz	대부분 모음의 높은 배음 대부분 모음의 F_3 파열음과 파찰음의 터짐소리 시끄러운 유성 및 무성 마찰음
8,000 Hz	마찰음과 파찰음의 시끄러운 터짐소리

1) 귀의 구조

귀는 매우 복잡한 신체 기관이며 크게 외이, 중이, 내이로 나누어진다([그림 8.2] 참조). 외이, 즉 바깥귀는 외부에 돌출된 귓바퀴, 즉 이개와 귀 내부의 고막, 고막까지의 통로인 외이도로 구성되어 있다. 귓바퀴는 소리를 모으는 역할을 하며, 고막은 소리가 닿으면 진동하는 얇은 막으로 소리의 진동을 중이로 전달한다. 중이는 세 개의 작은 뼈가 연결된 이소골(ossicles)과 난원창(oval window)으로 되어 있으며, 고막의 진동을 이소골에서 증폭시켜 난원창에 전달함으로써 내이로 연결시키는 기능을 한다. 내이는 완두콩만한 작은 기관이지만 매우 정밀

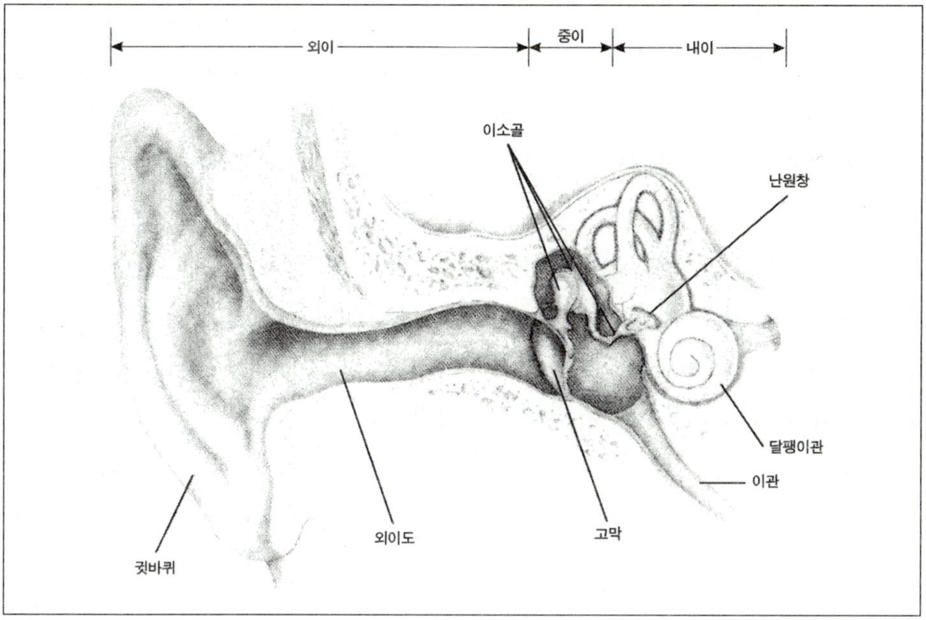

[그림 8.2] 귀의 구조

출처: 청각학개론(석동일 외, 2007)

한 여러 조직들이 모여 있는 곳이다. 그리고 균형감각을 주로 담당하는 전정기관과 청각에 중요한 역할을 하는 와우각(달팽이관)이 있다. 와우각에서는 중이의 기계적 자극을 청신경의 전기적 자극으로 바꾸는 역할을 한다. 중이의 이소골의 영향으로 난원창이 흔들리게 되면 와우각 내의 액체가 흔들리게 되며, 코르티 기관의 유모세포와 섬모세포의 움직임을 일으켜 와우신경, 즉 청신경의 신호를 발생시키게 된다. 이러한 청신경의 자극이 두뇌 측두엽에 위치한 청각중추에 도달하게 되면 이곳에서 청각정보를 지각, 기억, 분석한다(석동일 외, 2007).

2) 청각구조 이상

외이는 소리를 중이와 내이로 전달하는 기관으로 질환이나 장애가 있을 경우 기도 청력만 손상을 받게 되며, 그 정도는 최대 60 dB 초과하지 않는다. 만약 60 dB 이상의 강한 소리가 자극될 경우에는 골전도를 유발시켜 외이를 거치지 않고, 중이와 내이를 통해 중추 신경으로 전달된다. 따라서 외이에만 문제가 있을 경우 난청은 전도성 난청이 생기며, 골도에도 손실이 있다면 내이와 신경의 장애가 혼합된 것으로 보아야 한다(허승덕, 유영상, 2002). 외이도 장애의 대표적인 예가 소이증, 무이증이며, 외이도 감염, 외이도 폐쇄증 등과 같은 원인으로 청각장애가 된다.

중이의 이상은 대개 외이의 경우보다 심각한 청력손실을 가져온다. 중이 질환도 외이 질환과 마찬가지로 대부분 기도 청력을 발생시켜며, 대표적인 중이질환은 중이염, 이관기능부전증, 이경화증 등이 있다. 어떠한 경우는 의학적인 치료나 수술 등으로 교정이 가능한 경우도 많다.

내이의 손상은 치명적이며 다시 회복되기 어려운 경우가 많다. 내이의 이상으로 인한 청각장애는 그 정도도 심하고 의학적, 교육적으로도 큰 문제가 된다. 최근 들어 많이 발생되는 소음성 난청은 내이의 손상으로 발생되는 것이다. 내이의 형성 이상은 고도 난청의 원인이 된다. 유전성으로 증후군이 있을 경우에도 내이의 이상이 발생되고 이로 인하여 청각장애가 된다.

이상과 같은 말초 청각기관의 장애가 없어도 청각중추의 손상에 의하여 청각적 지각과 기억에 결함을 보일 수 있으며, 그 원인은 뇌막염이나 뇌염, 그 밖의 세균에 의해서 뇌세포가 파괴당하는 경우이며 뇌의 발육이 제대로 되지 않은 데서 문제가 발생할 수도 있다(송준만, 유효순, 1990).

3) 약물에 의한 난청

약물에 의해서 난청을 일으키는 것은 그 발현 기전에 따라 두 가지 유형으로 나눌 수 있다. 하나는 중추신경계 전반에 걸친 신경독으로서 청각에 작용하며 일반적으로 의식 장애를 비롯하여 광범위한 신경증상 중에서 난청이나 이명을 호소하게 된다. 또 하나는 난청, 이명, 현기증 등의 청신경 영역의 장애만을 단독으로 일으키든지 또는 이것이 주 증상의 하나로 나타나는 경우이다. 전자의 대표적인 예로서는 일산화탄소, 수은 등이 있고 후자는 아미노글리코사이드계 항생제, 아스피린, 이뇨제 등이다(석동일 외, 2007).

4) 소음성 난청

소음이 난청을 발생시키는 경우는 귀의 역동 범위(dynamic range)를 벗어나 강대한 소리에 의해서 청기가 손상되어 발생하는 급성 음향 외상과 오랫동안 소음이 있는 작업장에 종사하면서 전혀 귀의 이상 소견을 호소하지 않던 사람이 같은 소음하의 작업장에서 갑자기 한쪽 귀에 고도의 난청이 발생하는 소음성 돌발성 난청이 있다. 급성 음향 외상은 일측성 혹은 양측성에 영구적인 청각기관의 손상을 발생하는 경우가 있고, 난청의 예후 역시 좋지 않다. 소음성 돌발성 난청은 보통 편측성으로 50~60dB 정도의 난청이고 청력도는 수평형, 고음점경형, 또는 곡형 등을 나타내며, 장애 부위는 내이이다.

반면, 단시간이나 단기간의 노출로 청각장애를 일으키는 경우는 없으나 이것을 매일 몇 년 동안 계속해서 듣고 있는 동안 난청이 발생한 경우는 대부분 직업에 의한 경우이므로 직업성 난청이라고도 한다. 최근에는 MP3 플레이어와 같은 기기로 인한 소음성 난청이 급증하고 있다.

5) 외상에 의한 난청

청각기관에 가해지는 외부 압력에 의해서 청각기관이 손상되는 경우이다. 외부 압력으로는 직접 외상과 청각기관을 내포하고 있는 두개골에 가해진 외상에 의한 경우, 그리고 기압의 변화가 청각 기관을 손상시키는 경우 등이다.

7) 노인성 난청

고령화가 원인이라고 생각되는 상황하에서 생기는 난청을 노인성 난청이라고 한다. 노인성 난청은 뚜렷한 특징이 없기 때문에 임상적으로 나이가 먹는 것 외에 원인이 될 요인을 찾아볼 수 없는 감각신경성 난청으로 되어 있다. 다시 말하면, 노인성 난청이란 고령자에게 보이는 원인 불명의 감각신경성 난청이라고 할 수 있다. 그러나 이와 같은 원인 불명의 감각신경성 난청은 젊은 사람의 경우도 그리 다르지 않게 나타난다. 그래서 노인성 난청과 전 연령층에 걸쳐서 나타나는 원인 불명의 감각신경성 난청과는 깊은 관련을 갖고 있는 것이다(석동일 외, 2007).

3. 청각장애 분류

청각장애 아동은 청력손실치에 따라서, 손실부위에 따라서, 청력형에 따라서, 손실시기에 따라서 분류할 수 있다.

1) 청력손실치에 의한 분류

앞의 〈표 8.1〉에서 설명한 바와 같이 청각장애아동의 순음청력검사결과에 따라 평균청력손실치를 산출하게 되고 이에 따라서 청각장애 아동을 분류하게 된다.

2) 청력형에 의한 분류

순음청력검사에 의해 얻어진 청력도(audiogram)에 의해 분류하면 다음과 같다([그림 8.3] 참조).

① 수평형(flat): 각 주파수의 최소가청역치가 ±20dB 범위내의 청력도이다.

② 고음점경형(sloping): 주파수가 증가함에 따라 청력손실이 증가하는 청력도이다.

③ 저음장애형(rising): 주파수가 증가함에 따라 청력손실이 감소하는 청력도이다.

④ 곡형(scoop or trough shape): 중주파수대역의 청력손실이 가장 크고, 저주파수대역과 고주파수대역의 청력손실은 작다.

⑤ 산형(inversed scoop or trough shape): 저주파수대역과 고주파수대역의 청력손실이 가장 크고, 중주파수대역의 청력손실은 작다.

⑥ 고주파수형(high frequency): 청력손실이 어음역(2,000~3,000Hz)에서

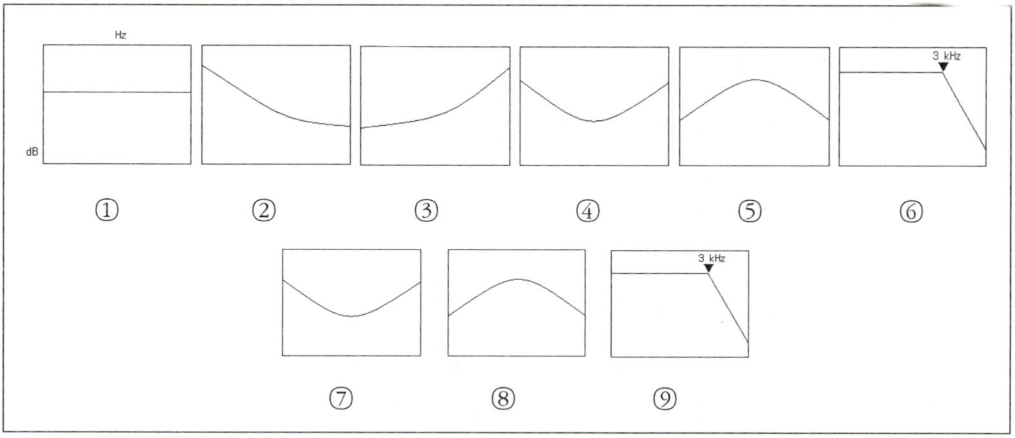

[그림 8.3] 청력도에 의한 청각장애의 분류

출처: 청각학 개론(석동일 외, 2007)

크게 나타난다.

⑦ 4,000~6,000 Hz notch(dip): 극히 국한된 주파수대, 특히 4,000~6,000 Hz 범위에서 급격한 청력손실(sharp drop)이 나타나고, 저주파수대역에서 3,000 Hz까지의 청력손실은 나타나지 않거나 작게 나타난다.

⑧ 고음급추형(precipitous): 저주파수대역의 청력손실은 수평형으로 나타나지만, 2,000 Hz 이상에서는 급격히 청력손실 정도가 높아진다.

⑨ 전농(fragmentary): 저음역의 일부 주파수만 청력이 측정되나 다른 주파수대는 거의 청력이 나타나지 않는다.

이와 같이 청력형에 의하여 분류하는 방법은 여러 가지 편리한 점이 많다. 즉, 청력도를 보면 청력손실의 대체적인 원인을 추정할 수 있다.

3) 청력손실 시기에 따른 분류

청각장애 아동의 교육 및 재활에서 청력손실 정도와 청력형도 중요하지만, 청력손실의 시기는 청각장애인의 의사소통 양식을 결정하는 데 중요할 뿐만 아니라, 교육 및 청각재활의 방법, 기간 및 예후를 결정하는데도 중요한 역할을 한다. 의학적 측면에서는 유전적 원인, 임신과 출산시의 원인으로 발생한 선천성 난청(congenital hearing loss)과 출생 이후에 발생하는 뇌수막염, 메니에르병, 돌발성 난청 등으로 발생하는 후천성 난청(acquired hearing loss)으로 분류하지만, 교육적 측면에서는 언어습득시기를 기점으로 언어습득 전 청력손실(prelingually hearing loss)과 언어습득 후 청력손실(postlingually hearing loss)로 분류하는 것이 더 일반적이다. 청각장애인 중 95%가 언어전 농이고, 언어전 청각장애아 10명 중 1명은 청각장애부모를 가지고 있는 것으로 나타났다(Commission on the Education of the Deaf, 1988). 언어후 청각장애인 중 많은 사람들은 말을 사용하고 구두로 의사소통 하는 능력을 가지고 있으며(Smith & Luckasson, 1995), 정상 청력이었던 기간이 길수록 이미 발달된 언어지식을 계속 유지하고 듣기를 통한 의사소통을 할 가능성이 더 높다(석동일 외, 2007).

4) 청각기관 손상 부위에 따른 분류

청각기간의 손상 부위의 손상에 따라 전도성 청각장애, 감각신경성 청각장애, 혼합성 청각장애, 중추성 청각 정보처리 장애, 기능성 청각장애 등의 유형으로 분류할 수 있다.

(1) 전도성 청각장애(conductive hearing loss)

음을 전달하는 기관, 즉 외이나 중이에 병변으로 발생하는 장애로 청력손실 정도가 크지 않다. 전음성 청력손실은 일반적으로 경도 내지 중등도의 손실을 보이며, 그 중 일부는 일시적인 청력손실을 나타내기도 한다. 경도 청력손실의 경우 거의 모든 말소리를 들을 수 있으며, 대부분의 대화를 알아들을 수 있다(Boone, 1987). 많은 전도성 청력손실은 수술이나 기타 의학적 기법으로 교정할 수 있다. 순음청력검사에서 골도청력은 정상이나 기도청력이 떨어지는 골도와 기도 청력의 차이가 나타난다.

(2) 감각신경성 청각장애(sensorineural hearing loss)

음의 생물학적 전도 기관인 내이나 청신경의 손상으로 생기는 청각장애로 청력형에서 수평을 이루지 않으며, 내이나 청신경계에 질환이나 장애가 생긴 것으로서 약물이나 수술적 치료로 치유될 수 있는 경우가 극히 적다. 대부분의 경우에 있어서 그 정도도 심하여 청각을 통한 의사소통이 불가능하므로 특수교육과 청각재활이 필요한 경우가 많다. 순음청력검사에서 기도와 골도청력이 다 같이 떨어진다.

(3) 혼합성 청각장애(mixed hearing loss)

전도성 청력손실과 감각신경성 청력손실이 모두 발생한 청각장애로 기도와 골도청력이 모두 떨어지나 기도청력의 손실이 더 심하게 나타나는 경향이 있다.

(4) 중추성 청각 정보처리 장애(central auditory processing disorder)

청각신경이 연수에 들어가서부터 대뇌피질 사이의 중추신경 계통에 장애가 있어 초래되는 청각장애로 말초계 손상의 청각장애나 지적 장애에 의하지 않은 청각신호의 정보처리과정(information processing)에 결함이 있는 경우를 말한다. 특히 중추성 청각 정보처리 장애는 청각신호에 담긴 정보를 지속적으로 전송하고, 분석하고, 조직하며, 변형하고, 정교화하고, 저장하고, 회상하고, 사용하는 데 결함을 나타내는 청각장애를 말한다. 또한 청력검사에서 청력은 정상으로 나타난다.

(5) 기능성 청각장애(functional hearing loss)

기질적인 청각장애 없이 심인성으로 발생하는 청각장애이다.

4. 청각장애의 특성

1) 청각장애 아동의 말 특성

말소리의 특성을 설명하고 평가하는 데에는 크게 두 가지의 흐름이 있다. 하나는 개별 음소들이 어떻게 산출되는가를 보는 분절적인 측면(segmental aspect)

에서의 분석이고, 다른 하나는 개별음소의 산출보다 말의 억양, 빠르기, 쉼, 강세 등과 같이 전반적인 특성을 보는 초분절적인 측면(suprasegmental aspect)의 분석이다. 의사소통 측면에서 이 두 가지는 모두 중요하므로 청각장애인의 말 특성과 평가 및 중재 시에는 이 두 영역을 모두 보아야 한다. 말명료도는 분절적인 면과 초분절적인 면이 모두 영향을 주는 변인이다(석동일 외, 2006).

(1) 말명료도

말명료도는 화자의 의사가 청자에게 전달되는 정도를 보여주는 구어의사소통 능력 평가의 효율적인 지표로, 청각장애 아동의 말산출 능력을 나타내는 대표적인 방법이다(Osberger, 1992). McGarr(1983)는 청각장애 아동의 말명료도가 낱말자료의 경우 17~31%, 문장자료의 경우 30~50% 정도로 매우 낮은 수준의 의사만이 상대방에게 전달된다고 보고하였다. Carney(1986)에 의하면 청력손실의 수준 등에 따라 대상자가 보여준 말명료도의 범위는 0%에서 100%까지 다양했으나, 90dB 이상의 청력손실이 있는 고도 이상 청각장애 아동의 말명료도의 평균은 약 20% 정도에 그쳤다(석동일 외, 2006 재인용).

(2) 조음

청각장애 아동은 말에서 분절적인 오류가 심한 특징을 보이며 이러한 오류는 모음과 자음에서 모두 나타난다. 일반적인 조음/음운 장애 아동의 대부분은 모음의 오류는 보이지 않으나 청각장애 아동의 경우에는 모음에도 오류가 나타난다. 윤미선(1994)의 연구에 의하면 청각장애 아동의 모음에서 나타나는 특징은 첫째, 중립모음화와 둘째, 길이 연장에 있다. 또한 자음의 특성은 첫째, 입 앞쪽에서 만들어지는 자음이 뒤쪽에서 만들어지는 자음보다 더 정확히 산출되며, 둘째, 첫소리보다 끝소리에 오류가 많고, 셋째, 자음에 과도한 비성이 나거나 비강으로 공기가 유출된다. 오류 형태를 분석하여 보면 모음의 경우 조음위치에 대한 오류가 주를 이루고 중립모음으로 대치되는 경향이 두드러지며 탈락은 거의 나타나지 않는다. 또한 McGarr & Whitehead(1992)의 연구에 의하면, 청각장애인은 조음의 시각적인 면에 민감하여 시각적인 단서가 많은 말소리에서 오류를 적게 보이는 경향을 보인다는 결론을 얻었다.

한국어의 모음과 자음에 대한 연구결과에 따르면 음향학적 분석에서 6세 6개월에서 10세 사이의 심도 청각장애 아동이 산출한 모음 /이, 아, 우/가 이루는 모음공간은 같은 나이의 건청 아동이 산출한 모음 /이, 아, 우/가 이루는 모음공간보다 좁았다. 이러한 음향학적 특징은 청지각적으로는 모음의 발음이 정확하지 않고 중립모음과 유사하게 들리는 것으로 나타났으며(오영자, 1999). 또한 심도난청 아동의 자음 산출의 특성은 조음위치에서는 후두음과 양순음이, 조음방법에서는 설측음과 비음, 폐쇄음의 자음정확도가 높았고, 부정확한 자음은 조음위치에서는 경구개음이었고 조음방법에서는 마찰음과 파찰음이었다(이지영, 2000). 김선미(1996)는 낱말내의 위치에 따른 자음 정확도를 분석하였는데 어두초성과 어중초성에서 높은 수행력을 보인 소리는 양순파열음, 치조파열음, 후두마찰음이었고 어말종성에서는 설측음과 양순비음이었다.

(3) 음성

청각장애인의 음성은 높은 음도, 쉰 목소리, 과대비성, 쥐어짜는 듯한 소리 등으로 특징지어진다. Wirz(1991)는 청각장애인의 음성과 건청인의 음성을 녹음하여 평가자들에게 들려주었는데, 평가자들은 청각장애인의 음성과 건청인의 음성은 뚜렷하게 구분할 수 있었다. 청각장애인은 음성의 높낮이가 불규칙적이고 변화 폭이 적으며 음성의 크기도 조절이 안 되었다. 또한 쥐어짜는 듯한 소리(strained voice)가 나타나고 청각장애인의 20 %는 가성(falsetto voice)을 사용하는 것으로 평가되었다. 청각장애인의 음성 특징 중 또 하나는 공명에서 나타나는 과대비성(hypernasality)이다(Colton & Cooker, 1968). 과대비성을 보이는 청각장애인의 X선 촬영 결과를 보면, 이들의 연인두폐쇄(velopharyngeal closure)는 과대비성이 없는 건청인의 것과 매우 유사하였다(Seaver et al., 1980). 즉 청각장애 아동의 과대비성의 기전은 구개파열 아동의 과대비성의 기전과는 차이가 있고, 해부학적인 원인보다 근육움직임의 협응을 이루는 시간의 부적합에 기인하는 프로그래밍의 문제로 생각된다.

음도에 있어서는 비정상적으로 높은 음도나 음도의 불안정성 등이 특징적으로 나타난다(윤미선, 2004; 허명진, 정옥란, 1997). 건청인 화자는 청각적인 피드백을 받고 음도를 조절하나 청각장애인의 경우 이러한 조절 기능을 하지 못해 음도의 왜곡이 오는 것으로 보인다. 따라서 음도 이상은 어린 청각장애 아동에게서는 나타나지 않다가도 성장과 함께 청각적 피드백의 부족이나 결핍이 지속되면서 더욱 심해진다.

2) 청각장애 아동의 언어 특성

청각장애 아동이 보이는 언어의 특징은 몇 가지로 요약된다: 첫째, 낱말의 분류에 대한 지식의 부족으로 명사와 동사를 과다 사용하고 기능어를 생략한다. 둘째, 구문구조에 대한 지식의 부족으로 '주어-목적어-동사'의 문장 구조를 과다하게 사용한다. 셋째, 구문발달의 지체와 발달의 한계를 보인다. 넷째, 구문 형태에 있어 발달의 지체가 아닌 일탈의 양상을 보인다(Osberger et al., 1986). 이상과 같은 전반적인 언어 특성을 하위영역별로 살펴보면 다음과 같다(석동일 외, 2006).

(1) 구문론적 특성

정상발달의 초기 단계에 있는 아동의 경우 두 낱말 발화의 단계를 넘어서서 문장을 만들기 시작할 때, 이들의 문장은 기능어가 생략되고 낱말을 나열하는 '전보식' 문장의 형태로 나타난다. 정상 발달의 아동에서 이러한 '전보식' 문장은 언어발달의 다음 단계로 가면서 자연스럽게 사라지나 청각장애 아동의 구문발달 과정을 보면 이러한 '전보식' 문장의 사용이 지속된다(Davis & Hardick, 1981). 이외에도 청각장애 아동의 구문 발달은 여러 면에서 건청 아동의 발달과 차이를 보인다. 이러한 차이는 자신의 나이보다 어린 건청 아동의 언어발달 패턴과 유사한 지체를 보이는 경우도 있지만, 건청 아동의 발달 패턴에서 벗어나 독특한 양상을 보이는 경우도 있다(Seyfried & Kricos, 1996).

일반적으로 청각장애인은 기본적인 주어-목적어-동사의 문장은 알고 있으나 보다 복잡한 문장 구조로 가면 이해를 하지 못한다. Moeller 외(1986)는 4.5~20세의 145명의 아동과 성인을 대상으로 구문에 대한 이해를 조사하였다. 이들의 연구에서는 구문의 이해 정도를 언어연령으로 산출하였는데 145명의 아동과 성인 중 구문을 이해하는 언어연령이 5~7세보다 큰 사람은 거의 없었다.

청각장애인이 보이는 구문발달의 또 다른 특징은 발달 상 한계를 보이는 점이다. Clarke & Rogers(1981)는 8~19세의 382명의 학생을 대상으로 구문능력검사를 실시하였는데, 11세 이상에서는 나이에 따른 구문능력의 증가가 관찰되지 않았으며, 발달의 한계는 청력손실의 정도에 관계없이 나타난다.

(2) 의미론적 특성

어휘 사용에 관한 연구로, Griswold & Commings(1974)는 19명의 학령전기 청각장애 아동을 대상으로 그들의 표현어휘를 조사하였다. 청각장애 아동이 산출한 품사들은 명사, 대명사, 동사, 전치사, 의문사 등이었다. 이 중에서 명사는 전체 어휘의 55 % 를 차지하였고, 의문사는 '언제'와 '무엇'이 가장 흔하게 사용되었다. 정상아동의 어휘 사용과 비교하여 지시대명사, 동사의 활용, 연결어, 동사의 시제 등을 나타내는 기능어의 사용이 부족하였다. Brannon(1968)은 청력손실의 정도에 따라 어휘 사용의 차이가 있는 가를 보기 위해 정상청력 아동, 70dB 이하의 난청 아동, 70dB 이상의 농 아동의 세 집단 간 비교를 하였다. 청력손실의 정도가 클수록 전체 산출한 낱말 수, 다른 낱말 형태의 수, 다른 낱말의 수가 줄어들었다. 난청 아동과 농 아동을 비교하면, 난청 아동의 경우 부사, 대명사, 접사를 제외하고는 정상 아동의 낱말 사용 분포와 유사하였으나 농 아동은 모든 부류에서 정상 아동의 분포와 유의한 차이가 있었고 명사의 과다 사용이 두드러졌다.

(3) 형태론적 특성

형태론적인 분석에서 청각장애 아동은 형태소를 자주 생략한다. 그것은 말지각력의 부족으로 인해 음향적 에너지가 적은 형태소를 인지하기가 어려운 점과 형태소에 대한 문법 지식의 부족에서 기인한다. Cooper(1967)는 7~19 세 사이의 140명의 청각장애 아동과 76명의 정상청력 아동을 대상으로 형태소의 사용에 대한 평가를 하였다. 청각장애 아동의 경우 성별에 따른 차이가 나타나 여성이 남성보다 높은 점수를 받았다. 그러나 청각장애인 중 가장 높은 점수를 받은 19세 여성 집단의 점수는 정상청력 9~10세 집단의 점수보다 낮았고, 남성의 경우 17~18세 청각장애 집단의 점수는 7~8세의 정상청력 집단의 점수보다 낮았다. 전체 평균을 보면 총 48점의 만점점수에서 청각장애 여성 집단의 평균은 25.3, 남성집단은 18.3이었고 정상청력 남성은 32.9, 여성은 37.2로 나타났다. 또한 정상청력의 아동은 나이의 증가에 따라 형태소이해와 산출 능력이 증가하였으나 청각장애 남자 아동은 9~10세 이후에는 능력의 증가가 없었다. 반면 청각장애 여자 아동은 15~16세까지 형태소 점수의 증가를 보였다.

(4) 화용론적 특성

선천성 청각장애 아동은 언어를 배우기 전에 청각장애가 된 경우로, 정상 청력의 아동처럼 자신이 속한 환경 안에서 자연스럽게 말을 듣고 배우는 일이 어려운 아동들이다. 그러나 이들은 기본적으로 의사소통을 위해 필요하다고 생각되는 다른 기능, 인지 기능, 청각을 제외한 감각 기능, 운동 기능, 정서적 발달에는 장애가 없다. 그러므로 청각장애 아동의 화용 능력은 언어의 다른 하부 영역에 비해 가장 손상을 적게 받는다고 할 수 있다.

의사소통 기능에 따른 평가에서 Day(1986)의 결과에 따르면 전반적인 청각장애 아동의 기본적인 의사소통과 화용체계는 크게 왜곡되어 있지 않은 것으로 보인다. 그러나 청각장애 아동은 정보적이거나 발견적 의사소통의도의 표현 기능이 제한적인 경향을 보였다. 의사소통 기능의 분류에서 청각장애 아동은 자신의 나이보다 어린 건청 아동의 결과와 일치하였고, 3세에 정보적이거나 발견적인 기능, 정보를 주고받기 위하여 자신이 질문을 하거나 질문에 대답을 하는 기능은 적게 나타났다. Nicholas & Geers(1997)는 36개월을 난청 아동의 의사소통 산출에서 기능과 방법의 상호작용을 볼 수 있는 중요한 시기로 평가하고 이 시기 아동을 대상으로 의사소통 기능의 발달과 60개월 때의 구어발달과의 관계를 연구하였다. 청각장애 아동은 같은 나이의 건청 아동보다 빈도가 적게, 그리고 보다 불확실하게 의사소통을 하였지만 전반적으로는 같은 언어 연령대의 건청 아동과 동일한 양상으로 의사소통 기능이 발달하였다. 그러나 기능의 분포에서 정보적이고 발견적인 기능이 적게 나타나고 지시적 기능은 보다 자주 나타났다. 이러한 기능은 청각장애 아동이 부모의 관심을 끌고, 자신의 의사소통 목표를 전달하고자하는 의도 때문에 가장 자주 쓰는 것으로 보인다.

화용 기술이 필요한 또 다른 언어 형태는 대화로, 청각장애 아동은 대화 시 어려움을 보인다. Tye-Murray(2004)는 청각장애 아동이 대화 기술을 포함한 화용 기술의 어려움을 보이는 원인으로 첫째, 청각장애 아동이 여러 사람들과 만나서 이야기를 나눈 경험이 부족하고, 다양한 언어 구조에 익숙하지 못한 것, 둘째, 청각장애 아동은 부모나 다른 사람들이 일상생활에서 말하는 것을 듣지 못하므로 언어의 이용 방법을 익힐 기회가 적다는 것, 셋째, 경어의 사용이나 적절한 말 사용 방법에 대해 건청 아동은 부모로부터 직접적인 지시를 받으나, 청각장애 아동의 경우는 제한된 언어능력 등으로 인해 그런 기회를 갖지 못했기 때문으로 보았다.

3) 사회-정서적 발달

청각장애아동들의 사회-정서적 발달은 일반 학생들과 유사하다. 유아기에는 청각장애아동과 일반 아동 간에 차이가 별로 없이 잘 어울리지만, 연령이 높아갈수록 서로간의 상호작용과 친밀한 친구관계의 유지가 어려워진다. 이는 점차로 언어를 이용한 의사소통이 친구관계의 형성과 사회-정서적 발달에 큰 역할을 하게 되기 때문이다. 청각장애아동들에게는 사소한 사회적 관습이나 태도도 구체적으로 가르쳐야 하는 경우가 많다. 일반아동들은 주변에서 일어나는 일을 관찰하고 들음으로써 꼭 교사로부터 배우지 않아도 알게 되지만, 청각장애아동들은 그러한 기회가 없거나 적기 때문이다. 이 때문에 청각장애아동들이 같은 또래의 일반아동들보다 순진하거나 덜 사회적인 것처럼 보이기도 한다. 수화를 이용하여 의사소통을 주로 하는 청각장애아동들은 수화를 이용하는 아동의 수가 많지 않은 프로그램에 있을 때 사회적 고립을 흔히 경험한다(Meyen, 1996). 따라서 일반아동들이 청각장애아동과 좀 더 쉽게 의사소통을 할 수 있고, 서로에 대한 이해를 넓힐 수 있도록 다양한 노력을 교사가 기울일 필요가 있다. 예를 들면 학기 초의 오리엔테이션을 준비한다던가, 특활시간에 수화반을 만드는 것 등을 들 수 있다(이소현, 박은혜, 1998).

4) 지적능력

청각장애인들의 언어 발달의 지체를 가지고 있으므로 많은 사람들이 인지 및 지적 발달에도 청각장애의 영향이 클 것이라고 여긴다. 인간이 언어를 발달시키기 위한 조건 중의 하나가 정상적인 청각발달이다. 이러한 측면에서 본다면 청각장애 때문에 언어발달 지체가 될 수 있고, 인간의 내어(inner speech)가 인지적인 사고를 하게 하여 인간의 지적 성숙을 하게 한다는 Vygotsky(1962)의 이론에 근거해 보면 청각장애는 분명 지적장애를 동반한다고 볼 수 있다. 하지만 Furth (1964)는 언어 없이도 사고가 가능하다고 하였고 노아동의 지적 발달도 일반 아동에 비해 지체되지 않는다고 하였다. 실제 청각장애아동에 대한 연구를 할 때 지능검사에서 동작성 검사만을 하여 아동의 지능을 알아본다. 이러한 측면에서도 언어적인 측면은 근본적인 조건 즉, 청각의 미성숙으로 언어발달이 지체된 것이므로 언어성 검사영역을 제외하는 것이 바람직하기 때문이다.

5) 학업 성취

학업 성취능력을 알아보기 위해서 1970년대에 많은 연구들이 이루어졌다(Conrad, 1977; Fiedler, 1969; Trybus & Karchmer, 1977). 이러한 연구의 결과에서 보면 Conrad(1977)는 85dB 이상인 농학생의 50%가 전혀 읽지 못했다는 결론을 얻었으며, Fiedler(1969)는 10년 동안 농학교에 다닌 학생들을 대상으로 연구한 결과 약 5년 정도 지체되었다고 하였다. 전반적으로 청각장애아동들은 학력지체를 보이고 있고 거의 4~5학년의 수준을 넘지 못한다는 것이 예전의 결론이었으나 최근 들어서는 인공와우를 시술받고, 신생아 선별검사를 통하여 조기 발견되면서 농와 난청에 대한 새로운 측면으로 바라봐야 한다고 본다.

6) 청각장애인의 사회와 문화

청각장애인들은 농 문화라는 용어가 생길 정도로 그들만의 독특한 사회문화를 형성하고 있다. 이들은 수화를 사용하며, 수화를 통한 사회적응도 별 무리 없이하고 있다. 수화에 대한 자부심이 발달하여 오히려 구화에 대한 필요성에 대해서 비판하기도 한다. 즉 수화를 통한 공동체 형상이 잘 되어 있는 것이다. 우리나라의 경우에도 농아인협회가 체계를 잘 갖추고 있다. 그러나 최근 들어서 청각장애인 학교의 학급수가 줄고 있으며 청각장애인들의 언어가 구화로의 전환이 많이 이루어지면서 일반학교로의 통합이 자연스럽게 이루어지고 있다. 이것은 과학의 발달로 인한 보장구의 발달이 한 몫을 한 것이다. 대표적인 예가 인공와우이다. 그러나 일반학교에서도 언어적인 면에서의 소수민족으로 인식하고 이중언어적인 교육을 실시해야 한다는 주장도 있다. 농아인들끼리 모이는 것을 부정적으로 보고, 무조건 일반인들에게 동화됨에 따라야 한다는 사고방식에서 탈피하고자 하는 움직임이다(이소현, 박은혜, 1998).

5. 평가

청각장애를 평가하는 방법은 두 가지 측면으로 살펴볼 수 있다. 청각적인 평가와 언어적인 평가이다. 청각적인 평가는 소리를 얼마만큼 알아들을 수 있느냐 하는 부분이며 언어적인 평가는 언어능력을 알아보는 것이다. 청각적인 평가에는 객관적인 평가와 주관적인 평가가 있으며 객관적인 평가에 뇌간유발반응검사, 청성지속유발반응검사, 임피던스 검사 등이 있으며 주관적인 평가에 순음청력검사, 어음청력검사가 있다. 이중에서 특히 어음청력검사는 말소리의 지각능력을 평가하는 것이므로 청각재활에 중요한 단서를 제공해 준다. 어음청력검사에 사용되는 대표적인 검사가 EARS(이상흔 외, 2000)이며, 윤미선(2002), 안리정(2002) 등의 검사지가 있다. 언어능력 평가는 취학 전 아동의 수용언어 및 표현언어 발달척도(PRES; 김영태 외, 2003), 언어이해·인지력검사(장혜성 외, 1994), 그림어휘력검사(김영태 외, 1995), 구문이해력 검사(배소영 외, 2004), 언어문제해결력 검사(배소영 외, 2002), MB CDI-K(배소영 외, 2006)를 이용하여 실시할 수 있다.

이외에 듣기 능력 평가 중 손쉽게 이용하여 아동의 듣기 능력을 알아 볼 수 있는 것이 부록 V에서 부록 VIII에 제시되어 있다. 부록 V의 청각통합능력검사

(Meaningfual Auditory Integration Scale; MAIS)(석동일 외, 2003)는 아동의 듣기 능력 발달을 객관적으로 제시해 줄 수 있다. 나이가 어린 영유아에게는 부록 VI의 영유아 청각통합능력검사(윤미선 역, 2002)를 실시할 수 있다. 부록 VII의 청각-구어 연령과 부록 VIII의 발달단계(석동일 외, 2003)는 청각장애 아동뿐만 아니라 의사소통장애 아동들의 언어발달을 체크하는 데에도 사용할 수 있다.

6. 보청기 및 인공와우

청각장애가 발견되고 나면 제일 처음 보청기에 대한 상담을 받게 되고, 보청기 재활의 정동에 따라서 인공와우에 대한 상담도 받게 된다. 보청기([그림 8.4] 참조)는 소리를 증폭해 주는 기능을 하지만 인공와우([그림 8.5] 참조)는 소리를 전기적인 에너지로 전화하여 직접적으로 청신경을 자극하는 장치이다.

이러한 외부적인 기기를 착용시켜주지 않으면 청각장애인들은 이미 손상된 청력에 대한 어떠한 보상도 받을 수 없다. 최근에는 BAHA와 같은 골도 보청기도 개발되어 국내에서도 시술이 되고 있다. 일반 보청기의 가장 문제점이 하우링과 소음의 증폭이다. 그러나 골도보청기의 경우에는 하우링과 소음의 증폭을 개선하여 전도성난청자들에게는 긍정적인 효과를 보고 있다. 그러나 감각신경성 난청과 같이 청력손실치가 많은 청각장애인들은 보청기로 재활을 약 3개월~6개월 정도 실시한 후 효과가 없을 때에는 인공와우를 시술받게 된다. 2005년부터 인공

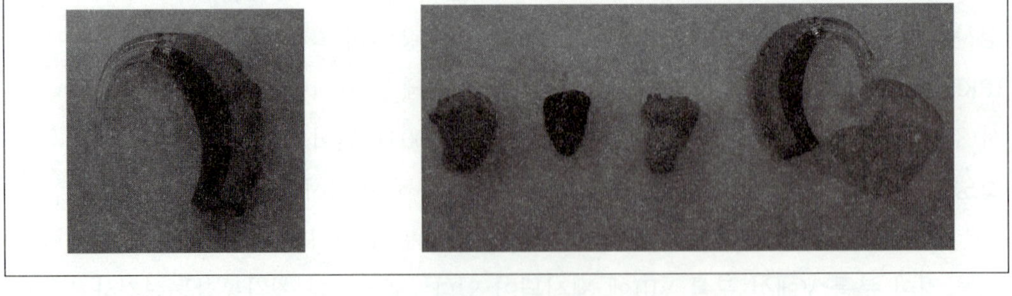

[그림 8.4] 보청기

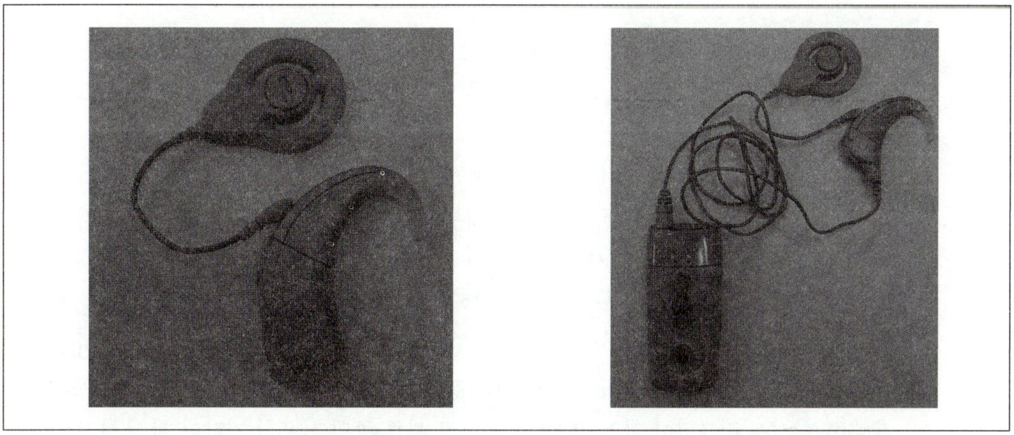

[그림 8.5] 인공와우

와우 시술이 의료보험법에 적용받아 2005년 이전 보다 약 1/4가격으로 수술 받을 수 있게 되었다.

7. 지도 방법

청각장애아동 지도의 가장 기초는 청능훈련이라고 할 수 있다. 그러나 교육적인 측면의 교육방법을 구화로 할 것인가 수화로 할 것인가에 대한 선택이 청능훈련이 기초가 되지 않을 수도 있다. 청각장애아동의 지도방법의 논쟁은 많이 있어 왔고 현재에도 있다. 이러한 측면을 여기에서 이야기하기보다는 기본적인 틀을 중심으로 하여 청각장애아동의 다양한 접근 사례를 살펴보도록 하겠다.

모든 장애 교육이 마찬가지이지만 특히 청각장애아동은 조기교육이 아주 중요하다. 따라서 조기발견이 이루어져야 하며, 이렇게 조기 발견된 아동들은 첫째 소리를 들을 수 있는 기본 조치를 해줘야 한다. 그것이 보청기와 인공와우와 같은 것이다. 이러한 조치 후, 청능훈련이 이루어지고 발성 훈련들이 함께 이루어진다. 다음의 사례는 성인의 사례이다.

경미 씨는 현재 37세이다. 처음 상담은 전화로 이루어졌고, 전화상에서는 대화가 큰 무리가 없이 이루어졌다. 본인이 청각장애인데 개별교육을 받고 싶다고 하였다. 실제 청각장애 상담은 전화로만은 불가능함으로 직접 상담을 하기로 했다.

약속한 날짜에 경미 씨가 왔고 간단한 면담이 우선 이루어졌다. 왜 청각장애가 되었는가, 언제 청각장애를 발견하였는가, 언제부터 보청기를 착용하였는가 등 설문지를 통해서 설문하였다. 설문결과, 자신도 모르게 점점 전화하는데 사람들의 이름을 알아듣지 못하게 되었고, 이상하다고 느껴 대학병원에서 진단을 받았다고 하였다. 청력도를 보니 고음점경형이었으며, 평균청력손실정도는 왼쪽이 78 dB HL, 오른쪽이 75 dB HL이었다. 그러나 어음명료도치가 80 dB에서 약 30% 정도로 굉장히 낮게 측정되어 있었다. 보청기를 착용한지는 만 3년이 되었지만 실제적으로 하루 종일 착용한 기간이 첫 보청기 착용 후 약 6개월 정도이고 이후에는 보청기를 간헐적으로 착용하였으며, 보청기 조정을 받은 것도 약 1년 전이라고 하였다. 언어교육이나 보청기 적응훈련, 개별교육의 경험이 전혀 없는 청각장애성인이었다.

따라서 우선 Lip 프로파일을 실시하고, 말인지력 평가를 실시하였다. Lip 프로파일에서 환경음에 대한 변별이나 음의 장단, 강약에 대한 확인은 가능하였다. 말인지력 평가는 EARS(이상흔 등, 2000)와 PB list를 가지고 실시하였으며 보기가 제시되는 상황과 제시되지 않는 상황에서 음절수변별, 일음절, 이음절 평가, 문장평가를 실시하였다. 검사결과 음절수의 변별이 40%, 보기가 제시되지 않는 상황에서 일음절의 말인지력은 낱말수준에서는 5%였고, 음소수준에서는 14%였다. 문장의 말인지력은 문장 수준에서는 0%였고, 단어수준에서는 20%였다. 보기가 되지 되는 상황에서는 일음절 수준이 50%, 문장수준이 3×4 수준에서 60% 정도 나타났다. 그리고 Ling 6개음 검사에서 /s, ʃ/는 탐지조차 불가능하였다. 따라서 경미 씨에게 우선 소리에 탐지와 음소에 대한 변별, 단어에 대해서는 보기가 제시되는 상황부터 실시하여 청능훈련이 필요하다고 권고하였고, 후천성 난청이므로 일정기간 재활 후 인공와우에 대한 측면도 고려해 볼 필요가 있다고 권고하였다.

위의 사례에서 보듯이 경미 씨는 성인이고 재활을 받은 경험이 전혀 없었다. 이러한 경우 소리가 어떻게 들리는가에 대한 소리의 전달 경로, 청력도를 본 후 청력형과 청각장애 분류에 대한 구체적인 개념을 설명해 주어야 한다. 경미 씨는 나에게 "나는 신경이 좁아서 소리를 잘 못 듣는데요."라고 하였는데 실제적으로 구조에 대한 검사를 하지 않고는 narrow IC가 있는가에 대한 평가는 할 수 없다. 아마 감각신경성 난청이라는 것을 이렇게 이해하고 있는 것 같았다. 따라서 구체적인 설명을 다시 해주었다. 이렇게 보다 정확한 예를 들어서 설명하지 않으면 환자도 자신의 장애에 대해서 구체적으로 모르고 있을 수 있다. 다음의 예는 아동의 예이다.

영미는 8세 2개월 된 아동으로 보청기 착용 후 재활을 받았으나 큰 진전이 없어 와우 수술을 받았다. 우선 부모 상담을 실시하였다. 상담 결과, 임신 중이나 전, 후에 어떠한 이상이 없었으며, 대뇌 상해도 없었다고 한다. 아동은 생후 5개월경에 고막파손으로 인한 중이염을 앓았고 그 이후 4세까지 중이염을 자주 앓았다고 하였다. 아동은 옹알이를 전혀 보이지 않았고, 부모는 돌 무렵 아동의 청력에 문제가 있음을 자각하였으나, 20개월에 대학병원에서 ABR검사를 받은 결과 양측이 모두 90 dB HL이라는 진단을 받았다. 1년 뒤 재검사를 하였지만 소리에 대한 반응이 없어서, 23개월부터 양이에 보청기를 착용하기 시작했으며 보청 청력은 오른쪽 귀 45 dB HL, 왼쪽 귀 50 dB HL이라고 하였다. 아동은 7세 때 사시 수술을 하였으며, 8세 때 와우 수술을 받았다. 진단하면서 살펴 본 결과 아동은 매우 활발하여 처음 보는 사람에게도 낯을 가리지 않고 치료실에서 아는 선생님에게는 먼저 인사를 건네기도 하였다. 치료시간에는 매 활동 적극적으로 참여하고 새로운 활동에는 많은 호기심을 보이며 관찰을 하고 집중하여 과제를 수행하려고 하였다. 반면에 조금 어렵고 한 번 해 본 활동에 대해서는 싫증을 내고 조금 지겨워하였다. 하지만 그런 감정들이 오래 가지 않고 곧바로 다른 활동에 흥미를 가지고 집중하였다. 아동은 말하는 것을 좋아하며 천천히 말할 때는 알아들을 수 있지만 말이 빨라지고 문장이 길어지면 조음이 부정확하여 아동의 말을 이해할 수 없을 때가 많았다. 그럴 때면 아동은 손바닥에 자신의 말을 적어주거나 종이에 연필로 자신의 말을 적어 의사를 표현하였다. 아동은 주로 독화에 의존하여 의사소통을 하고 있으며, 지화도 사용하였다. 치료사가 입을 가리고 말을 할 때는 아동이 거의 알아듣지 못하며 독화를 하기 위해 입을 보여 달라고 요구하기도 하였다. 아동은 치료사의 행동을 보고 모방을 하거나 지시를 이해하기 위해 치료사를 관찰하고 집중하여 활동에 참여하였다. 아동은 운동 협응이나 다른 신체적 발달과 기능에는 문제를 보이지 않았다. 아동은 스티커 붙이기, 인형놀이, 고리 끼우기를 좋아하며 치료사와 경쟁하기를 좋아하였다.

아동의 듣기능력과 언어능력에 대한 평가를 실시하였고, 검사결과 수용언어 측면에서, 언어 문제 해결력 검사 결과 27~28%tile로 8세 또래의 아동들과 비교 시 평균에서 많이 지체 된 것으로 나타났다. 그러나 구문 의미 이해력 검사에서 아동의 전반적인 구문

의미 이해력은 51점(원점수)으로 8세 전반 평균보다 7점 높게 나타났다. 또한 학년규준의 백분위수를 비교하였을 경우 71%tile로 표준편차는 평균~+1SD 사이로 정상 범주에 속하였다. 표현언어측면에 아동은 주로 2어문, 3어문의 문장으로 발화하였다. 아동은 복문을 거의 발화하지 않으며 주로 단문으로 발화하였다. 아동은 문법형태소(피동/사동 포함), 구와 절, 문장의 특성에 대한 내용을 이해하고 표현할 수 있으나 일상생활에서는 극히 제한하여 사용하였다. 아동은 두 단어 이상의 문장으로 발화시 조음이 매우 불명확하다. 특히 어말에서 연구개음(ㄱ, ㅇ)과 치조음(ㄷ, ㄹ)의 생략이 두드러지게 나타났다. 어두와 어중에서 경음과 기음이 평음(ㅂ, ㅁ, ㄷ, ㄱ, ㅅ)으로 대치되는 현상이 나타났다. 또한 조음위치에서 치조음〉경구개음〉연구개음〉양순음 순으로 오류가 나타났으며, 조음방법에서는 마찰음과 파찰음 그리고 파열음(경음, 기음)〉마찰음, 파찰음〉 유음 순으로 오류가 나타났다. 아동은 음도에서 단음도로 발화하였다. 듣기능력은 고주파수 자음/s/와 /ʃ/의 음을 구분하지 못한다. 또한 주파수의 차이가 큰음, 저주파수대 음과 단어의 변별은 쉽게 구별하였으나, 주파수의 차이가 크지 않은 음과 단어, 문장의 변별을 어려워하였다. 특히 아동은 마찰음과 파찰음의 변별과 인식을 어려워하였다.

위의 아동은 본인의 의사를 정확하게 제스처를 통해서는 표현할 수 있는 아동이다. 그러나 와우 수술한 직후이고, 따라서 보다 청능훈련을 중심으로 교육이 권고되어야 한다. 그러나 만약의 위의 아동이 와우 수술한 이후 5년이 지났지만 위와 같은 현상이 나타난다면 독화에 대한 지도가 권고되어야 한다. 또한 이러한 아동은 부모에 대한 상담이 구체적으로 이루어져야 한다. 청각장애는 특히 부모에 대한 교육이 굉장히 중요하며 부모교육이 중심이 되는 청능훈련 방법이 바로 청각구화법이다. 듣기를 통해 가장 자연스럽고 명료한 구어를 습득할 수 있다는 데에 초점을 둔 청각구화법은 Pollack(1984)의 청각교육프로그램(acoupedic program)에서 발전된 재활방법이다. 청각구화법에 의한 치료는 청각장애 아동들이 말로 대화할 수 있도록 구어를 듣고 이해하는 것을 배우는 데 필요한 기술, 방법, 절차 등을 제공하고 관리하는 것이다. 청각구화법에서는 아동이 구어를 이해하고 발달시킬 수 있도록 자기 목소리뿐만 아니라 다른 사람의 말소리 및 주의의 환경음을 들을 수 있는 보청기나 인공와우의 사용법을 익히게 하고 또한 아동의 진전을 치료 세션마다 진단하고 평가한다(김수진, 2000). 이것은 이전의 구화주의에서 보다 발전적인 구화주의에 가까운 청능훈련 방법이다. 청능훈련을 하면서 유의해야 하는 점은 다음과 같다.

① 청각장애가 발견되는 즉시 청능훈련을 실시한다. 청능훈련이 자연스럽게 이루어지도록 하기 위하여 귀 가까이서 부르고, 말을 걸고 노래를 불러 주며 소리나는 완구와 악기를 가지고 놀도록 한다.

② 청능훈련은 특정 시간에만 행하는 것이 아니고 생활 전반을 통하여 행한다. 물론 특별 지도를 위하여 특정 시간을 설정하여 지도할 필요도 있다. 만약 특별 지도를 할 경우에는 시간을 너무 길게 끌어서 싫증을 느끼지 않도록 해야 하며, 가급적 흥미롭게 이끌어가야 한다.

③ 훈련의 성과를 너무 성급하게 기대해서는 안 된다. 따라서 처음부터 소리에 대한 반응을 강요하지 않는 것이 좋다.

④ 아동이 예기치 못한 큰 소리를 갑작스레 들려주지 않도록 주의한다.

⑤ 아동의 청력의 질과 정도 및 장애의 상태에 맞추어 훈련한다.

⑥ 귀걸이형 보청기의 경우 귀에 맞는 이형을 갖추어서 보청기를 착용하고 처음에는 볼륨을 작게 하여 시작한다.

⑦ 아동에게 가장 쾌적하고 아동이 가장 잘 들을 수 있는 음량을 확인하여 들려주는 것은 부모와 교사의 중요한 역할이다.

⑧ 청각장애아동의 듣기 능력 발달에는 개인차가 있다. 앞에서 지도내용을 단계별로 제시하였으나, 이것은 어디까지나 하나의 기준에 불과하다. 따라서 중요한 것은 아동의 듣기 능력 발달 수준에 맞도록 지도내용을 재구성하여 지도해야 한다. 그러므로 어떤 아동에게는 앞에서 제시한 내용을 1년 동안 모두 지도할 수 있고, 또 다른 경우에는 1년차의 지도 분량을 3년에 걸쳐 지도할 수도 있다. 어느 쪽이든 조기의 청능훈련을 통한 청각적 경험은 매우 귀중하다.

⑨ 청능훈련은 지각한 소리를 해석하고 판단하는 능력을 발달시키는 것이다. 그러므로 잔존 청력이 아무리 적더라도 조기에 정상적인 훈련을 받으면 아동에 따라 다르기는 하지만 듣고 변별할 수 있는 능력이 얼마든지 발달할 수 있다.

청능훈련을 하면서 유의해야 하는 점에서 세 번째에 해당하는 기대치에 관하여 부모교육때 꼭 자세히 이야기 해주어야 한다. 부모들은 자기가 듣고 싶은 이야기만 들을 때가 많다. 따라서 문서화하여 제시해 주는 것이 바람직하다.

8. 요약

이상에서 살펴본 청각장애 아동은 여러 가지 변인들을 가지고 있는 실체이다. 따라서 이들을 평가 및 상담할 때에는 이러한 변인을 고려하여, 청각장애 분류에서부터 원인, 특징까지 때로는 청각구조에 대한 구체적인 예를 가지고 접근해 주어야 아동 또는 부모와 공감각적인 이해가 가능하다. 다음에는 청각장애인의 상담을 위한 몇 가지 사항을 요약하였다.

① 청각장애인들은 전도성난청인지 감각신경성 난청인지에 따라서 듣기 능력에 차이가 있다. 청각장애인의 분류 중 손실 부위에 따른 분류를 보면 전도성 난청, 감각신경성 난청, 혼합성 난청으로 나눌 수 있다. 이중 특히 명심해야 할 것은 감각신경성 난청의 경우에는 듣기 능력이 현저히 낮을 수 있으며 그 이유가 신경의 손상이 동반되었기 때문이라는 것을 명심해야 한다.

② 언어능력과 듣기능력에 대한 고려를 같이 해야 한다. 청각장애인들은 언어능력에 대해서 듣기능력을 통한 언어능력을 평가하는 것이 아니라 의사소통능력에 초점을 두고 봐야 한다. 듣기능력은 들을 수 있는 어음, 단어, 문장 수준에 대해서 평가할 수 있지만 언어능력의 경우는 화용론적인 측면에서도 고려된 평가를 하여야 한다.

③ 인공와우와 보청기와 같은 외부기기 사용에 대한 정확한 정보를 제공해야 한다. 보청기와 인공와우는 분명히 다르면 인공와우를 수술 받는 다고 하여 누구나 건청인처럼 들을 수 있는 것은 아니다. 따라서 보청기와 인공와우에 관한 정확한 정보를 제공해 주는 것이 청각장애인들의 상담에서는 매우 중요하다.

제 9 장

의사소통장애

의사소통이라고 하면 인간이 다른 사람과 의사를 교환하는 모든 것을 일컫는다고 볼 수 있다. 흔히들 사용하는 말과 언어는 이 의사소통 안에 포함되는 요소이다. 의사소통을 할 수 있는 방법에는 제스처도 포함이 되며 쓰기, 읽기도 포함된다. 어떠한 것을 활용하든가에 따라 타인과의 의사소통에서 화자의 의도를 파악할 수 있으면 된다. 그러나 여기에서는 이러한 측면을 모두 포함하는 의사소통이라기보다는 말과 언어측면에서 볼 때의 의사소통장애를 다루고자 한다.

1. 의사소통장애의 정의

의사소통장애는 말과 언어의 사용에 있어서 장애를 보이는 것을 의미하는 것으로 크게 말장애와 언어장애로 나눌 수 있다. 일반적으로 언어장애 즉 의사소통장애에 포함되는 장애 영역에는 음성장애, 조음음운장애, 유창성장애, 언어장애가 있다. 이러한 영역을 말과 언어장애 영역으로 나누어 보면, 말장애에는 조음음운장애, 유창성장애, 음성장애가 포함이 되며, 언어장애는 질적으로 다른 언어, 지연된 언어, 중단된 언어발달 구사하는 언어장애가 포함된다.

용어적인 측면에서 언어장애와 의사소통장애를 정리할 필요가 있다. 의사소통에 대한 언급을 하면서 타인과의 의사교환에 포함되는 요소 즉 제스처도 포함된다고 하였다. 이러한 측면에서 언어보다 더 포괄적인 개념이 의사소통이다. 언어의 정의를 살펴보면 인간이 사용하는 것으로써 기호체계를 가지고 있어야 한다. 따라서 의사소통 안에 말과 언어가 있는 것이고 이로 인해 하위 장애 영역이고 말장애와 언어장애로 나눌 수 있다. 예전에는 의사소통장애보다는 조음음운장애, 유창성장애, 음성장애, 언어장애와 같은 하위 각각의 영역에 좀 더 관심이 있었다면 최근에는 의사소통인 측면에 관심을 가지면서 언어에 국한하기 보다는 의사소통과 같은 광의적인 측면을 가지고 장애를 바라보게 되었다.

사람들은 상대방과 의사소통하기 위해서 말이나 언어를 사용한다. 의사소통이 이루어지기 위해서는 메시지를 전달하는 사람과 전달받는 사람이 필요하다. 그러나 모든 사람들이 의사소통을 위해서 항상 언어를 사용하는 것은 아니다. 예를 들어서, 동물들도 소리나 몸짓을 통해서 서로의 의사를 교환하기도 한다. 그러나 동물들이 사용하는 의사소통은 진정한 의미에서의 언어가 아니며, 사람의 언어는 사람을 동물로부터 구분시켜 주는 가장 중요한 행동특성 중의 하나이다. 개인의 의사소통 능력은 다른 인간 행동에서와 마찬가지로 사람에 따라서 매우 다양하게 나타난다.

언어란 의미를 부여해 주는 특정 규칙에 따라 사용되는 추상적인 상징체계를 통해서 서로의 생각을 교환하는 것을 의미한다. 일반적으로 사람들은 생각할 때 언어를 사용하며, 이때 사용되는 언어는 음성 언어인 말의 형태를 취하게 된다. 말이란 인간 사회에서 의사소통을 위해서 사용되는 가장 보편적인 상징체계로서 음성을 구성하고 나열하는 행위이다. 그러나 모든 언어가 말로 구성되는 것은 아닌데, 예를 들어서 수화는 음성을 전혀 사용하지 않으면서도 소리를 듣지 못하는 사람들의 의사소통의 도구로 사용되고 있다. 언어연쇄를 생각해보면 우린 언어장애를 보다 더 쉽게 이해할 수 있다. 언어연쇄란 화자가 언어를 산출하고 청자가 언어를 인식하는 과정을 말하는데 이 과정에서 화자는 언어학적인 차원에서 발화하고자 하는 것을 기획하게 되고, 이렇게 기획한 것을 생리학적인 차원에서 발화에 필요한 근육을 움직이게 되며, 이것이 공기를 통하여 음파로 산출되게 되면, 청자는 생리학적인 차원에서 소리를 듣게 되고, 이러한 소리를 언어학적인 차원에서 해석하게 된다. 이러한 언어연쇄 과정에서 언어학적인 차원에서 발생되는 장애가 언어장애이며, 음성적인 측면에서의 이상이 음성장애, 근육의 이상이나 발음과정의 이상은 조음음운장애, 말의 속도조절에 발생되는 장애가 유창성장애가 된다.

교사들이 학급에서 만나게 되는 아동들은 말/언어에 있어서 일반적으로 네 가지 유형으로 나누어서 볼 수 있다. ① 앞으로의 교육적, 사회적, 직업적 필요를 충족시키기 위한 적절한 말/언어를 지닌 아동 ② 잘못된 말이나 언어기술을 보이지만 성장함에 따라 점차 교정되는 아동 ③ 언어적 자극이 필요한 아동 ④ 언어병리학적인 치료를 필요로 하는 좀 더 심각한 결함을 지닌 아동. 이 중에서 ③과 ④의 아동들은 교사와 언어치료 전문가의 협력적인 접근을 통한 효율적인 언어교육을 필요로 하는 아동들이다(이소현, 박은혜, 1998).

의사소통장애를 지닌 모든 아동들이 임상적인 치료를 필요로 하는 말장애나 언어장애를 보이는 것은 아니다. 흔히들 방언이라고 하는 사투리는 의사소통을 방해하는 요소 중의 하나이다. 일예로 경상도 지역에서는 '커피를 태운다'고 말하는 사람이 많다. 그러나 표준어는 '커피를 탄다'라고 해야 한다. 또한 '증인'을 '정인'으로 표현하는 것처럼 '으'와 '어'의 구별을 못하는 것도 경상도 지역의 언어특징이라고 본다. 그러나 이러한 사투리 발음이나 언어사용은 장애라고 보지는 않는다. 많은 문헌에서 사투리는 장애가 아니라고 규정하고 있지만 때로는 이러한 사투리에 대한 교정이 필요하기도 하다. 이러한 교정은 장애의 관점이라기보다는 표준어 구사가 필요한 일반인들의 교정훈련이라고 볼 수 있다.

다시 한 번 정리하면 의사소통장애는 이와 같이 말과 언어의 사용에 있어서 장애를 보이는 것을 의미한다. 이 장에서는 말장애와 언어장애에 있어서 각각의 장애 유형과 그에 따른 정의를 살펴보고자 한다.

2. 의사소통장애 분류

1) 말장애

말장애(speech disorder)는 말소리를 산출하거나, 말의 흐름을 유지하거나,

목소리를 조절하는 데 있어서 어려움을 보이는 장애를 의미한다. 이들은 한 가지 이상이 중복되어 나타나기도 하며, 언어장애의 유형들과 함께 나타나기도 하는데, 각각의 장애의 정의는 다음과 같다.

(1) 조음음운장애

조음음운장애는 의사소통장애 중에서 가장 흔한 장애이다. 의사소통이 언어적 규칙에 따라 구어라는 수단으로 실현되는 과정으로 볼 때 음운론은 언어의 규칙이라고 말할 수 있으며, 조음은 언어적 규칙이 실현되는 구어의 일부분으로 볼 수 있다. 따라서 정확한 발음을 하기 위해서는 음운체계에 관한 지식과 이러한 지식을 바탕으로 조음기관의 정확한 조음능력이 있어야 한다. 조음장애와 음운장애를 동의어로 생각하지만 사실상 다른 개념이다. 조음장애라고 하면 음운규칙의 차원에서 오류를 범하는 장애를 말하며 조음장애라고 하면 행위적 차원에서의 오류를 말한다.

조음음운장애를 원인적인 측면에서 보면, 조음장애는 입술, 혀, 연구개 등과 같은 조음기관의 적절한 위치잡기, 시간 맞추기, 힘 및 속도의 조절 또는 이러한 동작들의 동시 협응 등의 문제에 기인한 부정확한 소리의 산출 때문에 발생되며, 설소대 단축증, 구개파열, 마비말장애, 뇌성마비등과 같은 해부학적 또는 신경생리적인 문제로 인하여 발생된다. 음운장애는 언어의 구성요소인 음운체계에 대한 지식의 부재로 인하여 발생되며 언어장애와 동반하여 발생되는 경우가 많다. 그러나 이러한 장애 원인을 밝힐 수 있는 것도 있지만 밝힐 수 없는 것도 있다.

조음음운장애 형태는 오류형태와 음운분석에 따라서 나눌 수 있으며 조음분석에 따라서는 대치, 생략, 왜곡, 첨가가 있다. 대치는 표준음을 다른 표준음으로 바꾸는 경우이며, 생략은 음이나 음절을 빠뜨리고 표현하는 것, 왜곡은 표준음이 비표준음으로 바꾸어 산출하는 경우이며 첨가는 음이나 음절을 첨가하여 발음하는 형태이다. 예를 들어서, 아버지를 발음할 때 '아바버지' 또는 '안버지'라고 발음하거나(첨가), '아지'라고 발음하거나(생략), '아뷰지'라고 발음하거나(왜곡), '아러지'라고 발음하는(대치) 등의 음운 산출상의 오류를 말한다. 음운론적인 형태로서는 아동의 조음 오류를 패턴별로 분석하는 것이다. 즉 음운체계 분석이나 변별자질분석, 음운변동분석을 통하여 알아볼 수 있다.

조음음운장애 진단은 실수의 빈도, 유형, 일관성, 연령, 발달 특성, 말의 이해 가능성 등을 고려하여 진단하여야 한다. 조음음운장애 진단은 정확도와 명료도로 나누어 실시할 수 있으며 조음정확도 측면은 화자의 말을 가지고 화자가 얼마나 정확하게 하였는가를 양화하는 것이다. 따라서 자음정확도, 모음정확도에 관하여 단어수준, 문장수준, 대화수준에서 실시할 수 있으면 한국표준그림조음음운검사(석동일 외, 2007), 우리말 조음음운검사(김영태, 신문자, 2004) 등을 이용하여 실시할 수 있다. 말명료도 측면에서는 화자의 말을 청자가 얼마나 알아들었는가에 대한 입장에서 측정하는 것으로써 척도분석으로 실시한다.

조음음운장애를 치료할 때는 운동학적인 측면과 인지언어학적인 측면으로 나누어 실시할 수 있다. 운동학적인 측면의 대표적인 접근법들이 전통적 기법, 행동수정접근법, 조음조절 프로그램 등이 있으며 인지언어학적인 측면의 대표적인 접근법 등이 상위언어접근법, 음운변동분석접근법, 대조법, 변별자질 접근법 등이 있다. 두 가지 측면이 복합적으로 있는 접근법으로는 짝자극기법, 의사소통중심법, 주기법 등이 있다.

(2) 음성장애

음성장애는 목소리의 질, 높낮이, 크기에 있어서의 결함을 특성으로 하는 비정상적인 목소리 산출을 의미한다. 음성이라고 하면 성대가 진동하여 산출되는 소리로써 호흡기관, 발성기관, 공명조음기관이 작용하여 만들어지는 것이다. 어린 나이에 이와 같은 비정상적인 목소리 사용을 보이는 아동들의 경우 단순하게 생각하고 지나칠 수도 있는데, 이들이 성장한 후에 이와 같은 비정상성이 심각한 의사소통상의 문제로 나타날 수도 있음을 반드시 인식해야 한다. 일반적으로 정상적인 목소리라고 하면 음도, 강도, 음질, 유동성이 성별, 나이, 문화, 체구에 적절한 소리를 말한다. 역으로 음성장애란 이러한 음도, 강도, 음질, 유동성이 성별, 나이, 문화, 체구에 적절하지 못할 경우를 일컫는다. 음도는 남자는 저음이고 여성은 남성에 비하여 고음으로 나야하고, 강도는 목소리의 크고 작음을 의미한다. 음질은 소리가 맑고 투명하여 소음이 나지 않는 소리를 말하며 유동성은 음도나 강도가 상황에 따라서 자유자재로 변할 수 있는 것을 말한다.

음성장애는 기능적 장애와 기질적 장애로 나눌 수 있다. 기능적 음성장애란 성대의 남용과 오용에 기인하여 발생되는 장애로서 성대 남용은 지나치게 헛기침을 한다거나 소리 지르거나 하는 행동을 하여 성대에 무리를 주는 행위를 말한다. 성대 오용은 너무 높거나 낮은 소리를 산출하고 지나친 성대 접촉을 하는 행위를 말한다. 기질적인 장애는 성대 결절, 폴립, 후두암, 접촉성궤양, 경련성 부전실성증, 성대마비와 같은 기질적인 문제로 인하여 발생되는 것을 말한다.

음도장애에는 높은 음도를 산출하는 근골격진장, 변환반응(conversion reaction), 무변성 등이 있고 낮은 음도를 산출하는 갑상선 기능 감퇴증, 남성화, 선단비대증, 접촉성궤양 등이 있다. 음도일탈은 음도가 한 옥타브 가량 위쪽으로 일탈되었다가 다시 되돌아오는 현상으로써 가수들이 노래를 부를 때 한 번씩 고음에서 나타나는 현상을 연상하면 된다. 이중음성은 성대가 서로 다른 긴장도를 가짐으로써 나타나는 현상인데 편측에 폴립이 있거나 하면 나타날 수 있다. 강도장애는 큰 음성이나 작은 음성으로 장애형태가 나타날 수 있다. 큰 음성은 청각장애, 뇌성마비의 운동 실조형 또는 정신적인 문제로 나타날 수 있고 작은 음성은 폐렴, 암, 결핵, 척추 후만이나 측만 증으로 인해서도 발생될 수 있다. 구개열이 있는 아동들도 작은 목소리로 산출하는 경우가 흔하다. 음질장애는 목쉰소리를 연상하면 가장 잘 이해가 될 것이다. 이러한 목쉰소리도 다양하게 분류할 수 있다. 목쉰소리 즉 허스키 소리, 기식화된 소리, 거친 소리이다. 목쉰소리는 성대결절이나 성대에 무리를 주었을 때 나타나는 증상이다. 거친소리는 목쉰소리의 더 심각한 형태로써 불쾌함이 더 강하게 드는 소리로써 후두암이 라인케씨 부종 환자에게서 들을 수 있다. 이외에도 억압된 음성, 성대 프라이, 과대비성, 과소비성과 같은 형태로 나타날 수 있다. 유동성 측면에서의 장애는 파킨슨씨병이나 자폐증상이 있는 경우 나타날 수 있는 장애 형태이다.

음성장애진단은 직접검사와 간접검사가 있다. 직접검사는 성대를 직접적으로 육안으로 검사하는 것이고 간접검사는 음성총괄평가와 같은 설문지나 체크리스트를 이용하는 것이다.

음성장애를 지도하기 위해서는 첫 번째 가장 중요한 것이 음성휴식이다. 그러나 특수아동들이 나타내는 음성문제는 성대의 오용이나 남용의 측면에서 음성장애 형태가 아니라 뇌성마비로 인한 기질적인 문제, 구개열로 인한 공명의 문제, 자폐아동의 비정상적인 음도패턴들이 대표적이다. 이러한 측면은 휴식보다는 어떻게 음성을 산출하여야 하는가에 대한 보다 직접적인 치료가 필요하다. 예를 들면, 혀 위치 변경법, 강도변화, 노래조로 말하기, 손가락 조작법, 청능훈련법, 피드백, 음도억양, 음성배치, 이완, 밀기접근법, 하품-한숨 접근법 등을 통하여 보다 직접적으로 접근하여야 한다.

(3) 유창성장애

유창성장애는 구어의 정상적인 흐름이 방해를 입어 구어의 시간 맞추기와 리듬이 부적당한 패턴으로 되는 현상을 말한다. 즉 부적절한 속도나 부적절한 리듬으로 말하는 것을 의미한다. 유창성장애는 말의 흐름에 있어서 나타나는 문제로 말이 너무 빠르거나, 문장의 잘못된 곳에서 쉬거나, 부적절한 형태의 강세를 사용하거나, 흐름이 부드럽지 못하여 음절이나 단어를 반복하는 등의 특성을 보이며, 가장 보편적으로는 말더듬의 형태로 나타난다.

유창성장애는 다른 유형의 말장애나 언어장애와 비교할 때 특별한 훈련없이도 교사들이 초기에 발견하기가 쉽다. 그러나 초기에 발견되더라도 정상적인 발달의 한 부분으로 여겨져 의뢰되지 않는 경우가 많은데, 이러한 증세가 1~2년 이상 지속될 때에는 치명적인 장애를 초래할 수도 있으므로 조기 진단을 통해서 정확한 문제를 알고 대처하는 것이 중요하다.

유창성장애의 원인은 심리사회적 원인, 생리학적 원인, 심리언어학적 원인으로 나눌 수 있다. 심리사회적 원인에서는 부모 및 다른 사람들과의 상호관계의 결과로 유창성장애를 보고, 진단기인설, 학습이론 등을 통하여 유창성장애를 분석하게 된다. 생리학적인 원인은 중추신경계 및 말초신경계의 기능적인 문제의 결과로서 설명하는 것이며 심리언어학적 원인에서는 음운론, 의미론, 구문론, 화용론적인 측면에서 말더듬의 원인을 보는 것이다.

유창성장애의 특성을 볼 때는 정상적인 비유창성과 비정상적인 비유창성을 구별할 수 있어야 한다. 일반적은 비유창성은 삽입, 수정, 미완성구, 구의 반복,

쉼이 포함되고 비정상적인 비유창성은 단어전체 반복(아버지 아버지 아버지가 왔어요), 단어의 반복(아아아아 아버지가 왔어요), 연장(아~~버지가 왔어요), 투쟁(아-숨을 멈추고 눈을 깜빡거리는 등의 수반행동이 있음-버지가 왔어요) 등이 포함된다. 이들은 자동적인 구어나 노래를 부를 때는 어려움을 나타내지 않지만 혼자 말을 할 때보다 다른 사람과 말할 때 더 어려워한다. 또한 정서적인 스트레스에 따라 불안을 느끼는 상황에서는 더 많은 오류를 나타낸다.

유창성의 장애에는 말더듬 외에 속화도 포함된다. 속화는 말 빠름증이라고 표현하기도 하는데 말을 빨리 말하는 경우이며 이들은 본인이 인식하지 못할 때가 많고, 조음오류가 동반되며 말의 흐름이 깨어진다.

유창성장애는 빈도, 형태분석, 시간재기, 말 더음의 비율, 말한 비율을 측정하여 진단한다. 빈도는 말더듬 행동이 일어나는 것을 말하며 말더듬이 발생되었는가 발생되지 않았는가를 중심적으로 보는 것이다. 형태분석은 심한정도를 결정하는데 도움을 주는 것으로써 단어전체반복, 부분반복, 연장, 쉼, 투쟁과 같은 형태 중 어떠한 형태로 산출하였는가를 분석하는 것이다. 투쟁은 반복보다 심각한 형태이며 반복은 연장보다 심각한 형태이다. 시간재기도 심각한 정도를 측정할 수 있는 척도로써 폐쇄를 포함하여 말하는 모든 시간을 측정하여 말을 더듬을 때 폐쇄구간이 나타났다면 그 시간이 말한 시간에 얼마나 포함되었는가를 보는 것이다. 폐쇄구간이 길면 길수록 더 심각한 장애를 가지고 있는 것이다. 말더듬의 비율은 분당 더듬은 단어의 비율로 계산한다. 말한 비율은 전체 말한 단어를 시간으로 나누어 계산한다.

이렇게 유창성장애 중 말더듬으로 진단이 되면 말더듬 수정접근법, 폐쇄교정기법, 이완치료접근법, 기류치료법, 발성치료법, 연장기법, 벌, 스토커 프로브 테크닉 등을 통하여 지도한다.

2) 언어장애

언어장애란 언어의 구성요소에 장애가 나타나는 것을 말한다. 말을 정상적으로 잘하는 사람들 중에도 다른 사람들과의 의사소통이 전혀 안되는 아동이 있는 반면에, 말을 정확하게 할 수 없음에도 불구하고 의사소통에 있어서는 아무런 문제를 보이지 않는 사람들이 있다. 말이란 내용의 알아들을 수 있는 음성적 입력을 의미하는 반면에, 언어는 내용의 형성과 해석 모두와 관련된다. 그러므로 언어는 듣기와 말하기, 읽기와 쓰기, 기술적인 대화, 사회적 상호작용을 모두 포함한다.

(1) 언어의 구성 요소

언어는 형식, 내용, 그리고 사용의 세 요소로 구성되어 있다. 언어는 이 세 가지 구성요소가 조화를 이룰 때 비로소 언어로서의 가치를 발휘한다. 언어의 형식이 아무리 제대로 갖추어져 있다하더라도 내용이 없거나 내용이 불량하면 언어로서의 생명이 없다. 특히, 의사소통이라는 측면에서 의사를 서로 소통한다는 것은 화자와 청자의 생각을 서로 주고받음으로써 상대방의 생각을 이해하거나 의견의 일치를 가져오는 등의 행위라고 할 수 있다. 언어는 이와 함께 사용이 될 때 의사소통의 도구로서의 기능을 하게 된다. 형식을 잘 갖추고 내용을 정확하게 담고 있다하더라도 시간과 장소에 적절하게 전제와 함의된 언어의 사용 없이는 의사소통이 원만히 이루어질 수 없다. 따라서 적절한 시간과 장소에 따라 바르고 명확한 내용을 정확한 언어의 형식에 담아낼 때 언어 습득이 제대로 되었다고 할 수 있다. 형태란 소리와 의미가 있는 기호를 연결시키는 언어적 요소를 말하는데, 소리 및 소리들의 조합을 규정하는 규칙인 음운론, 단어의 구성을 규정하는 규칙인 형태론, 다양한 유형의 문장을 만들기 위해서 단어를 어떻게 배열해야 하는지에 대한 규칙인 구문론의 세 가지를 포함한다. 내용은 언어의 의미를 뜻하며, 의미론이 이에 포함된다. 의미는 말의 의미관계를 의미하는 것으로써 말의 단위를 의미단위로 보는 것이다. 따라서 사물, 사건, 사람의 관계를 알게 해줄 뿐만 아니라, 이것이 어떠한 관계로 이루어졌는가를 설명해 준다. 언어의 의미적 특성은 단어수준과 문장수준 모두에서 존재한다. 단어수준에서의 의미론적 특성은 앞에서 언급한 형태소나 형태소의 결합으로 표시된다. 본질적으로 단어의 의미는 사전에서 정의된 것으로 볼 수 있다. 문장 수준에서의 의미론적 측면은 문장에 사용되는 개개 단어가 의미 있는 방식으로 다른 모든 단어들과 관계되어 표시되는 것이다. 사람과 사물 그리고 사건 사이에 어떤 관계가 존재하는지에 따라서 문장은 의미론적 내용으로 분류될 수 있다(석동일 외, 2006). 언어의 사용(use)은 사회적 상황에서의 언어의 사용을 규정하는 규칙이다. 이러한 규칙은 화용론(Pragmatics)이라고 한다. 의사소통시 사용할 기호의 선택과 관련된 규칙뿐만 아니라, 의사소통을 하고자 하는 이유 즉, 의사소통적 기능 또는 의사소통의 의도를 규정하는 규칙도 포함된다. 언어의 기능은 말하는 사람의 의도나 목적과 관계되는데, 예를 들어서 인사하기, 질문하기, 대답하기, 정보 요구하기, 정보 제공하기 등이 언어의 기능에 속한다. 또한 화용론은 대화와 관련된 규칙도 포함한다. 예를 들어서, 대화자는 대화를 시작하거나 끼어들거나 유지하기, 차례를 주고받기, 상대방에게 적절하게 반응하기, 주제와 관련된 내용의 대화를 이끌어 가기 등의 여러 가지 기술들을 갖추어야 한다. 이러한 기술들을 습득함으로써 효과적인 의사소통을 할 수 있게 된다(이소현, 박은혜, 1998).

(2) 언어장애의 분류

언어장애 언어의 요소에 따라서 분류할 수 있다. 미국의 American Speech-Language-Hearing Association(ASHA)에서는 앞에서 설명한 언어의 구성 요소에 따라서 음운론, 형태론, 구문론, 의미론, 화용론의 다섯 가지 요소들에 있어서의 장애로 분류한다. 또한 정상적인 언어 발달과 비교함으로써 언어장애를 분류하기도 하는데(Leonard, 1986), 이때 언어장애아동이 보이는 언어 발달은 대부분의 다른 아동들이 보이는 것과 동일한 순서로 나타나지만 그 습득 속도에 있어서는 느린 것으로 보고되고 있다. 여기서는 ① 구어(말소리)의 결여, ② 질적으로 다른 언어, ③ 지연된 언어, ④ 중단된 언어 발달의 네 가지 일반적인 유형의 언어장애로 분류하여 각각의 장애 유형에 대해서 자세히 살펴보기로 하겠다(Naremore, 1980). 언어장애의 첫 번째 유형은 3세 이후까지도 언어를 이해하는 징조가 나타나지 않고 자발적으로 언어를 사용하지 않는 경우로, 이것은 구어의 결여(absence of verbal language)로 볼 수 있다. 이때 아동에 따라서는 소리를 내거나 몸짓을 통해서 말 습득 이전의 언어이전기 의사소통(prelinguistic communication)의 방법으로 의사소통을 하기도 한다. 아동에 따라서는 음성언어가 결여되었더라도 매우 숙달된 의사소통을 하기도 하지만, 일반적으로 많은 비 구어(nonverbal) 아동들은 언어 결함 외에도 청각장애, 정신지체, 지체장애, 자폐 등의 기타 장애를 함께 보이곤 한다(이소현, 박은혜, 1998).

음성 언어가 결여된 아동들에게 있어서 말과 언어 기술의 교수는 교육의 우선 목표가 되어야 하는데, 이때 언어의 기능적인 측면을 교수해야 하기 때문에 말/언어 치료사의 단독적인 책임으로 돌려서는 안 되며 학급 교사와 부모가 함께 팀을 이루어 기능적인 말을 습득하고 사용할 수 있도록 도와주어야 한다. 언어장애의 두 번째 유형은 질적으로 다른 언어이다. 이것은 말소리를 내거나 광범위한 어휘 발성에 있어서 전혀 문제가 없으면서도 말을 사용하는 방법이 정상적인 말의 사용과는 매우 다른 경우를 의미한다. 다시 말해서, 상대방과 의사소통하기 위한 목적으로 말을 사용하지 못하는 것을 의미한다. 예를 들어서, 자폐아들이 많이 보이는 반향어, 사회적 상황에 맞지 않는 의미 없는 말, 이치에 맞지 않는 단어 사용, 반복을 요구할 때 의미를 전달하지 못하는 것 등이 이에 속한다. 일반적으로 심한 정서 및 행동장애, 정신지체, 자폐증, 학습장애를 가지고 있으면 언어장애가 수반되어 나타난다.

질적으로 다른 언어는 의미를 왜곡시키거나 불분명하게 하여 언어의 화용론적인 가치를 잃게 만들기 때문에 매우 심각한 결과를 초래한다. 지체된 언어(delayed language)는 정상적인 언어 발달 단계를 거치지만 그 발달 속도가 다른 아동들에 비해서 유의하게 느린 경우를 말한다. 이들은 언어 지체와 함께 전반적인 발달상의 지체를 보이며, 자주 정신지체 등의 기타 발달장애와 함께 나타나곤 한다. 또한, 경험 결핍으로 인하여 언어 자극이 부족한 환경에서 성장하는 아동들에게서도 지연된 언어 형태의 언어장애가 나타나곤 한다. 중단된 언어 발달(interrupted language development)은 일정한 시간 동안의 정상적인 언어 발달이 있은 후에 청각이나 두뇌 기능의 손상으로 언어장애를 보이게 되는 경우를 말한다. 청각이나 두뇌 기능의 심각한 손상은 주로 산소 결핍, 감염, 사고 등의 원인에 의해서 나타나며, 이때 손상의 정도나 성격, 손상된 시기의 아동의 연령은 이러한 손상이 언어 발달에 미치는 영향을 좌우하게 된다(이소현, 박은혜, 1998).

이러한 언어장애의 진단은 표준화된 진단도구를 통하여 실시할 수도 있고 자발화 분석을 통하여 실시할 수도 있다. 진단 후에는 보다 체계적인 언어지도가 이루어져야 한다.

3. 의사소통장애의 원인

의사소통장애는 두뇌 및 신경 손상, 구강 기관 이상, 두개 안면 기형과 같이 밝혀진 생물학적 원인에 의해서 나타나기도 하지만 많은 경우에 있어서 그 원인이 정확하게 밝혀지지 않고 있다. 말이나 언어에 있어서의 결함은 서로 관련된 수많은 요소들의 상호작용에 의해서 영향을 받기 때문이며, 하나의 원인으로 규정하기는 힘든 경우가 많다. 이소현과 박은혜(1998)는 이러한 측면을 고려하여 의사소통장애 원인을 세 가지로 설명하고 있다. 바로 ① 신체적인 상태(신체 기관의 기능), ② 상황에 따른 정신적 부담(스트레스), ③ 환경적 요인이다. 이러한 측면을 세부적으로 살펴보겠다.

정신지체도 언어장애의 큰 요인이 된다. 언어발달에서 인지가 선행조건으로 되어야 한다는 것을 명심하여야 한다. 일반적으로 정신지체는 염색체 이상, 감염, 외상 등으로 올 수 있으며 지적 능력이 저하될 수 있다.

청각장애 역시 언어장애의 큰 원인 중의 하나이다. 일반적으로 청각장애를 가지고 있는 대부분의 아동들은 언어장애를 가지고 있다. 전도성 장애보다는 감각신경성 장애 아동들이 언어장애도 더 심각하게 나타나고, 특히 고주파수 장애가 많다. 따라서 조기 발견하여 중재를 해주어야 한다.

대뇌상해는 성인의 언어장애 원인에 있어서 대표적이다. 뇌졸중으로 인하여 실어증이 오게 되고 이전에 할 수 있었던 말과 이해할 수 있었던 말을 잃어버리게 된다. 때로는 운동구어장애를 동반하여 말초신경의 문제를 동반하기도 한다.

최소뇌손상역시 언어장애의 원인이 될 수 있는데 일반적으로 학습장애가 대표적이다. 학습장애 아동들은 주의 집중이 짧고 참을성이 없고, 충동적이다.

정서장애의 형태인 소아정신분열증, 자폐증도 언어장애의 원인이다.

언어장애의 원인 중에서 중요한 것이 환경이다. 예를 들어서, 신생아들의 울음이나 옹알이 등과 같은 의사소통적인 시도에 부모들이 적절히 반응해주지 못할 경우에 좀 더 조직화된 의사소통적인 능력의 발달이 지체될 수 있다. 이러한 아동은 소리내기나 목소리를 이용한 놀이 행동을 강화 받지 못하였기 때문에 나중에 구강 기관을 움직이는 기술이나 다양성에 있어서도 지체되는 경향을 보이곤 한다. 또한 환경 내의 가까운 가족들이 신생아에게 말을 잘 하지 않는 경우에는 말이나 언어 습득의 속도가 지체된다. 아동이 새로운 소리를 습득하여 산출하기 시작할 때 성인의 미소나 모방 등에 의해서 강화되지 않으면 그 새로운 소리는 사라질 수도 있다(Bernstein & Tiegerman, 1985). 아동기 전반에 걸친 환경적인 요소들은 적절한 말과 언어 기술을 통한 의사소통적 능력의 발달을 촉진하기도 하고 저해하기도 한다. 예를 들어서, 아동이 부적절한 말을 사용할 때 신체적으로 벌을 받거나 정신적으로 부정적인 반응을 얻게 되면 말을 통한 모든 의사소통적인 시도를 하지 않게 될 것이다(이소현, 박은혜, 1998).

최근 마음이론에서도 언어의 발달이나 인간의 발달에 미치는 영향으로 인간의 뇌, 환경 등을 설명하고 있고 이들이 복합적으로 작용하여 언어 및 신체발달이 이루어진다고 하였다. 따라서 이러한 측면의 어떠한 문제는 분명 장애를 일으킬 수 있는 원인이 될 수 있다.

이렇게 광범위하게 원인을 살펴보았지만 실제적인 장애 원인에 관하여서는 각 세부 영역에 기술하였듯이 각각의 원인을 따로 보아야 한다.

4. 의사소통장애의 특성

1) 지적 특성

일반적으로 말이나 언어에 문제를 보이는 의사소통장애를 지닌 아동들은 지적 능력이나 성취도 평가에서 평균보다 낮은 점수를 보이곤 한다(Kelly & Rotatori, 1986; Shames & Wiig, 1986). 그러나 의사소통장애를 지닌 많은 아동들이 정신지체, 학습장애, 또는 기타 장애를 복합적으로 지니고 있기 때문에 이러한 결과만을 가지고 순수하게 의사소통의 장애가 지능이나 학업 성취에 영향을 미치기 때문이라고는 말하기가 어렵다. 그러나 분명한 것은 의사소통장애가 단어 인지력이나 독해력, 연산 능력 등과 같이 거의 모든 교과목 학습에 필요한 기술 습득에 방해가 된다는 사실이다. 이러한 사실 때문에 의사소통장애를 지닌 아동들은 학교 교과목 성취에 어려움을 경험하게 된다(이소현과 박은혜, 1998). 그러나 순수 언어장애아동들은 특수교육이나 언어교육을 받게 되면 일반아동과 동일 수준으로 될 수 있기 때문에 조기발견과 조기 중재가 중요하다.

2) 사회-정서적 특성

말이나 언어에 장애를 보이는 아동들은 흔히 상대방으로부터 거절당하거나, 창피를 당하거나, 열등감을 경험하게 되며, 심하게는 말을 제대로 하지 못한다는 이유로 벌을 받는 경험까지도 하게 된다. 이로 인하여 많은 의사소통장애아들이 낮은 자존감을 형성하게 된다. 순수 조음음운장애 아동들은 다른 어떠한 부분의 장애가 없지만 소심하거나 내성적인 경우가 많다. 그런데 순수 조음음운장애 아동들은 교육이나 치료의 효과가 빠르게 나타나고 실제 교육 및 치료기간도 길지 않다. 이러한 아이들의 큰 변화 중의 하나로 성격과 같은 정서적인 측면의 긍정적 발전이다. 의사소통장애 아동들의 겪는 부정적인 경험들은 이들로 하여금 좌절감과 분노를 경험하게 하고 때로는 적대감이나 위축행동까지도 보이게 만든다(Van Riper, 1978). 일반적으로 교사들은 이와 같이 의사소통장애로 인하여 행동문제를 보이는 아동들에게 자신의 행동에 대한 책임을 지게하고 행동을 변화시키도록 노력하게 만들기 위해서 전문가의 도움을 받는 것이 좋다. 이러한 아동들은 교사를 통한 전문가의 도움을 받으면서 상대방과 좀 더 성공적으로 상호작용하는 방법을 학습하게 되며, 불필요한 부정적인 경험들을 더 이상 하지 않을 수 있게 됨으로써 대인관계에 긍정적으로 적응할 수 있게 된다.

5. 평가

언어장애를 평가하기 위해서 여러 가지 평가도구들이 개발되어 있다. 수용

언어능력을 평가하기 위해서는 그림어휘력검사(김영태 외, 1995), 취학전 아동의 수용표현언어능력검사(김영태 외, 2003), 언어이해인지력 검사(장혜성 외, 1994), 구문이해력 검사(배소영 외, 2004), MB CDI-K(배소영 외, 2006) 등이 있으며, 표현언어능력을 평가하기 위해서는 한국판 보스턴 이름대기검사(김향희 외, 2000), 취학전 아동의 수용표현언어능력검사(김영태 외, 2003), MB CDI-K (배소영 외, 2006) 등이 있다. 이외에 조음능력 평가도구로는 한국어 표준그림조음음운 검사(석동일 외, 2007), 우리말 조음음운검사(김영태, 신문자, 2004), 아동용 발음검사(김민정, 2007) 등이 있다.

이러한 평가들은 공식적인 평가 도구들이며 비공식적인 평가 중 아동의 발화능력을 알아볼 수 있는 가장 좋은 방법은 자발화분석이다. 자발화 분석을 통하여 평균발화길이, 문법형태소의 사용, 의미론적 분석, 화용론적 분석을 하여 아동의 현재 표현언어의 자세한 분석을 할 수 있다.

6. 의사소통장애아 지도방법

의사소통장애의 지도방법은 개인과 집단으로 나누어 생각해 볼 수 있다. 일반적인 교육은 개별화 교육이 주를 이루지만 최근에는 집단지도가 보편적이며 일반학교 교육 즉 통합교육측면에서는 집단 교육을 중심으로 살펴보아야 할 것이다.

의사소통의 지도가 중요한 이유는 의사소통 발달이 늦게 되면, 또래아동과 상호작용 능력 발달에 영향을 미치게 되기 때문이다. 말에 문제가 있는 아동은 소리나 단어를 잘못 발음하기도 하고, 더듬거리면서 말하기도 하고, 이상한 목소리로 말하기도 하기 때문에 결과적으로 말을 듣는 상대방이 이해하기가 어렵다. 또한 언어에 문제가 있는 아동은 다른 사람이 말하는 것을 이해하지 못하거나 자신의 생각을 언어로 표현하는 데 문제가 나타난다. 따라서 이들을 지도하기 위해서 사용되는 기법이나 방법에 대해서 구체적으로 설명하겠다.

1) 언어학적 접근법

언어학적 접근법은 언어의 구조나 형식적인 측면을 강조하는 방법이며 확대(expansion)나 확장(extension), 평행적 발화(parallel tali), 혼잣말기법(self-talk), 모방 등을 활용하며 지도한다.

(1) 확대

아동의 발화에서 그 주제는 유지한 채 내용을 보충하여 주는 것이다. 예를 들어 "엄마 차"라고 아동이 말하였다면 "엄마 차가 노란색입니다."라고 확대시켜 주는 것이다.

(2) 확장

확장은 아동의 발화를 문법적으로 보충하여 다시 말해주는 것이다. 예를 들어 "비 와."라고 아동이 말하였다면 "비가 와."라고 정확한 조사를 넣어서 표현해 준다.

(3) 모방

모방은 교사나 치료사가 말한 것을 아동이 모방하도록 하는 것이다. 아동에게 모방하도록 하기도 하지만 교사나 치료사도 아동의 말을 모방할 수 있다. 아동이 말을 많이 하면 할수록 음운론적, 어휘적, 그리고 구문적 형태를 연습할 기회가 더 많아지며 피드백을 받을 기회가 많아지므로 모방은 언어를 발달시키기 위한 좋은 방법이다.

(4) 혼잣말기법

혼잣말기법은 교사나 치료사, 부모가 자신의 입장에서 말하는 것이다. 즉 부모가 물을 마시면서 "물을 마셔요."라고 말하는 것이다.

(5) 평행적 발화

평행적 발화는 아동의 입장에서 말하는 것으로서 아동의 행동을 그대로 언어로 표현하는 것이다. 신발을 신고 있는 아동에게는 "신발 신어요", 밥을 먹는 아동에게는 "숟가락으로 밥을 먹어요."와 같이 아동의 하는 행동을 언어로 표현해 주는 것이다.

(6) 스크립트를 문맥을 이용한 지도

스크립트는 Schank & Abelson(1977)이 "어떤 특정한 문맥속에서 진행되는 단계적인 일련의 사건들을 설명하는 구조"라고 하였다. 아동들은 익숙하고 일상화된 상황적 문맥 속에서 성인의 말을 예견할 수 있게 됨으로 상황적인 언어를 학습하게 된다. 스크립트 문맥을 활용하기 위해서 필요한 절차는 다음과 같다(김영태, 2002).

① 단기적인 목표언어의 구조를 계획한다.
② 아동에게 익숙하며 주제가 있는 일상적인 활동을 선정한다.
③ 선택한 스크립트 속에 포함될 하위행동들을 나열한다.
④ 선택한 하위 행동마다 구체적인 목표언어를 계획한다.
⑤ 불필요한 하위 행동을 삭제한다.
⑥ 목표언어를 유도할 수 있는 상황이나 발화를 계획한다.
⑦ 계획한 활동들을 체계적으로 변화시키면서 여러 회기 동안 반복하여 실시한다.

2) 의사소통 촉진법

말이나 언어에 문제를 지닌 아동들은 일반학급에서 교육받는 것이 가장 바람직하다. 그 이유는 이 아동들이 일반학급에서 또래들이 사용하는 정확한 말을 들을 수 있기 때문이다. 그러므로 교사들은 말/언어장애를 지닌 아동들이 학급에서 새롭게 학습한 의사소통 기술을 충분히 연습할 수 있도록 편안한 분위기를 만들어 주어야 한다. 이를 위해서는 적절한 언어 모델을 제공하고, 수용적인 환경을 만들어 주어야 하며, 더 나아가서는 말을 통한 의사소통 기술을 연습할 기회를 충분히 제공해 주어야 한다. 언어장애의 발생에 대해서 보면 형제관계에서도 연령의 차이가 크면 클수록 동생의 조음음운장애 발생 확률이 낮아진다. 그 이유가 정확한 표현을 더 많이 듣기 때문이다.

(1) 모델 제공

말장애를 지닌 아동들은 말로 의사소통을 잘하는 모델을 필요로 한다. 교사는 이들에게 가장 중요한 모델의 역할을 수행하는 위치에 있기 때문에 항상 적절한 억양과 분명한 발음으로 유창하게 말하도록 주의를 기울여야 한다. 또한 학급의 또래들이 이들에게 모델로 역할할 수 있음을 인식하고 적절한 말의 시범자가 될 수 있도록 교사가 관심을 기울여야 한다.

(2) 수용적인 환경 조성

말이나 언어장애를 지닌 아동들을 위해서 수용적인 학급 분위기를 조성하는 것은 매우 중요하다. 아동이 말을 하는 도중에 실수했을 때 교사나 학급친구들이 그 실수에 대해서 어떻게 반응하는가에 따라서 아동의 말하는 행동은 큰 영향을 받게 된다. 특히 말장애를 지닌 아동이 말로써 의사소통을 하고자 하는 시도를 보일 때 상대방의 말에 대한 존중하는 마음과 인내심을 가지고 대하는 태도는 그 아동으로 하여금 앞으로도 계속해서 말을 시도하게 하는 데 결정적인 영향을 미치게 된다. 만일 교사나 학급의 친구들이 수용적인 청취자가 되어준다면 장애아동은 누군가에게 말을 하는 것에 대해서 편안하게 느끼고 많은 시도를 할 수 있게 될 것이다.

위에서 살펴본 방법들을 상담사례를 통해서 구체적으로 살펴보도록 한다. 다음의 아동은 임상지도에서 만난 아동이다.

아동은 3세 9개월 된 남자아동이다. 언어발달장애를 주 호소로 언어치료센터를 방문하였다. 어머니의 보고에 의하면 출산당시 14시간 이상의 오랜 진통으로 제왕절개로 출산하였고 그 외의 특이사항은 없었다고 하였다. 걷기는 돌 이후로 가능하고 신체발달은 정상발달을 따랐다고 하였다. 첫 옹알이의 정확한 개월은 잘 기억나지 않으나 12개월 이전에 "엄마"라고 산출하였고 "아빠"라고 하기까지가 꽤 오랜 시간이 걸린 것으로 기억한다고 하였다.

아동은 45개월 되기까지 어린이집 생활 경험이 전혀 없었고, 살고 있는 집 근처에 놀이터도 없고, 또래 친구를 접할 기회가 드물어 줄곧 어머님과 종일 생활했으며 놀이시나 행동을 할 때 거의 말없이 지냈다고 하였다. 만 4세경 어린이집 첫 방문 시 아동의 산만한 행동과 지시 따르기가 되지 않고 착석이 거의 실행되지 않아 원장선생님께 병원검사를 권유받았고, 신경정신과에 의사소통 장애로 의뢰하여, 평가 후 ADHD소견도 의심되므로 앞으로 한 달여 정도의 어린이집 생활과 언어치료 병행 후 병원에 재방문해서 약물사용의 결정을 내릴 것임을 권고 받았다고 하였다. 일상생활에서 색칠하기, 가위질하기 등의 소근육 발달이 늦은 것 같고, 약간의 음식을 편식하는 경향이 있다고 한다. 색깔구분이나 숫자세기 1, 2, 3 정도까지 가능해 인지발달에는 이상이 없는 것으로 보인다고 하였다. 진단을 하면서 초기 면접시 엄마와 떨어지지 않으려 하였고, 장난감으로 유도된 뒤 입실 후에는 여러 가지 장난감을 요구하기 기능 없이 일방적으로 가지고 놀며 뒷정리가 되지 않았다. 중간중간 엄마를 찾았고, 치료사가 질문을 3~4번 이어서 하면 "아니요, 아니요"하며 시선을 딴 곳으로 피했다. 소꿉놀이와 야채 장난감을 가지고 놀았는데, 음식을 먹는 시늉을 하고, 야채 장난감도 먹는 시늉을 하는 등 상징놀이 가능했고, 놀이 시에는 별다른 의미 있는 자발화 산출 없었다. 명사 사물카드 위주로 대략의 사물 인지를 테스트했을 때 익숙한 일상 사물 명칭(라디오, 신발, 모자 등)과, 익숙한 음식(햄버거, 과자, 초콜릿 등)과 과일 명명하기가 가능하였다. ADHD소견이 보인다고 했으나 또래보다 치료사의 지시에 응답하는 시간이 지연되고 한번 만에 반응하지 않았을 뿐이고, 정신없이 치료실을 다니는 등의 행동은 없었다.

아동의 언어능력을 측정하기 위해서 (1) 그림어휘력 검사(김영태 등, 1994), (2) 취학 전 아동의 수용언어 및 표현언어발달척도(PRES, 김영태 등, 2001), (3) 그림자음검사(김영태, 1994), (4) OSMSE-R, (5) 언어·이해 인지력 검사, (6) 자유놀이(소꿉놀이, 병원놀이, 기차블럭놀이 등)를 실시하였다. 진단결과 다음과 같은 결과를 얻었다.

① 수용언어: 그림어휘력 검사 결과, 등가연령 2세 0개월~2세 5개월의 수행을 보여 연령에 비해 1년 4개월 정도 지체된 것으로 평가되었다. 원점수 11점으로 동사 문항 가기 이전 명사 문항에서부터 최고한계선이 나타났다. 언어이해 인지력 검사 중 3~3세 11개월에 해당하는 문항을 실시한 결과, 원점수 7점으로 등가연령과 백분위 점수가 산출되지 않았다. 긍정/부정의 개념, 분류개념, '있다/없다', 사물의 기능, 수 개념(5 이하), 위치, '길다/짧다'를 이해하고

있으나 '더 많다/더 적다', 성별 구별, 방향에 대해서는 이해하지 못하고 있는 것으로 나타났다.

PRES를 실시한 결과, 수용언어발달연령 (RLA)은 25개월, 생활연령의 0%ile로 언어장애에 속하는 것으로 나타났다. 항목 별로 보면, 소유자 개념, 크기 개념, 부정적 상태 이해, 사물의 기능 등의 이해가 부족한 것으로 나타났다.

② 표현언어: PRES를 실시한 결과, 표현언어발달연령(ELA)는 23개월, 생활연령의 %ile을 산출할 수 없게 낮은 결과가 산출되었다. 어머니의 보고에 의하면 20개 정도의 어휘밖에 사용하지 못하고, 주격 및 공존격 조사 사용은 발화에서 산출되지 않는다고 하였다.

자유놀이 상황에서는 첫 치료사와 대면했을 때 "아니요" "엄마" "우웅~"하는 소리만 내는 수준으로 놀이하다가, 현재 9월경에는 "누구세요?" "살려주세요, 엄마" "도망가자" "괜찮아요" "주사 맞아라" "이거 주사 맞아 주세요" "엄마한테 가보세요" "이건 뭐야" "친구가 장난감 뺏아갔어요"의 말을 자주 산출하며 역할놀이나, 병원놀이, 자유로운 상황에서 치료사 질문에 대답하기를 하였다.

③ 조음: 그림자음검사를 실시한 결과 /풍선/→/풍서/, /땅콩/→/빵콩/, /눈썹/→/눈섭/, /싸움/→/사움/으로 오조음했고 목표음소 이외에 /단추/→/담추/, /깡충깡충/→/깡추깡추/, /연필/→/염필/로 오조음했다. 자음정확도 86%, 모음정확도 100% 결과가 나타났다.

자발화에서 관찰된 문법형태소는 치료 초기 사용하지 못했던 '~랑', '~한테' 의 격조사 사용과 '~었' 과거형 시제가 관찰됐다. 의사소통 기능으로는 요구하기, 예/아니오 반응, 의문사 질문(뭐야?)하기, 거부하기, 이름대기, 부인/반대, 부르기, 감탄 등의 화용 기술을 나타냈다.

④ 조음기관능력: OSMSE-R을 실시한 결과, 입술을 앞으로 내밀기, 볼 부풀리기, 혀 위로 올리기, 경구개를 따라 뒤쪽으로 끌어당기기, 혀 내밀기가 잘 되지 않았다. 전체적으로 혀가 굳어 있는 것 같았고, 지시하는 방향으로 혀를 잘 움직이지 못하였다.

위의 아동은 순수언어발달지체가 아닌 행동의 문제를 가지고 있는 아동이었다. 따라서 아동의 관심을 끌 수 있는 흥미로운 프로그램진행이 가장 큰 관건이 되는 아동이다. 흥미로운 것에 대한 개념이 사실 막연할 수 있다. 그러나 아동이 무엇을 좋아하는가는 분명히 파악하고 있어야 한다. 일반적으로 교사나 치료사들이 가장 크게 범하는 실수 중의 하나가 요구하기지도에서 나타난다. 요구하기는 의사소통 기능중의 하나로 정말 무엇인가 필요로 할 때 제스처나 언어로 요구하기를 할 수 있으면 요구하기 의사소통기능을 가지고 있다고 볼 수 있다. 요구하기를 목표를 가지고 실행하면서 아동이 흥미를 가지지 않는 것을 가지고 가르치는 경우가 많다. 임상지도하면서 제일 많이 하는 질문의 하나가 이러한 장면에서 "과연 아동이 정말 가지고 싶은 것이 무엇이었어요?."이다. 하고 싶지도 않는 것을 가지고 지도할 경우 목표와는 다른 효과를 가질 수 있다. 따라서 아동이 무엇을 좋아하는지, 무엇을 싫어하는지에 관한 명확한 정보를 가지고 중재를 구안하여야 한다. 위의 아동도 주의집중 기간이 짧음으로 특히 이점에 유의하여 중재를 실시하여야 한다. 다음 실어증의 예이다.

중혁이는 20세 청년이다. 만 6세 때 교통사고로 인하여 대뇌 우반구 아래에 외상을 입었고, 교통사고 이전에는 신체발달 및 운동협응 모두 정상이었다고 하였다. 사고 후 신경외과에서 뇌수술을 받았으며, 수술 후 6개월 동안 의식불명상태로 있다가 의식을 되찾은 후, 2차 수술을 받았다고 하였다. 뇌수술 후 서울의 종합병원에서 3년 동안 재활치료(언어치료, 물리치료, 수치료 등)를 받았고, 그 후 환자는 집안 사정으로 인해 3년 동안 치료를 받지 못하였다고 하였다. 현재 특수학교 고등부를 휴학하고 있으며 경기약을 복용하고 있고, 가정에서 재활훈련을 지속적으로 실시하고 있다고 하였다. 표정이나 손짓으로 타인과 의사소통을 한다고 하며, 가족이 하는 말은 대부분 이해한다고 하였다. 환자는 쌓기 놀이와 노래 듣기를 좋아하며, 하루에 2시간 정도 집중하여 텔레비전을 시청하며, 대부분의 신변처리를 스스로 행하지 못하고 어머니의 도움을 필요로 한다고 하였다.

위의 사례는 아동에서 벌써 청년이 되어버린 상황이다. 어머니께서 부단히 노력하여 현재 지속적인 물리치료를 하고 있지만 의사소통하는 데는 많은 문제가 있다. 언어적인 중재도 10년을 넘게 받았으나 아직 의사소통은 구어로 하는 것은 불가능하다. 중혁이에게는 의사소통판에 대한 권고를 실시하였고 예/아니오에서부터 시작하여 먹는 것, 화장실에 대한 욕구의 표현 등을 의사소통판을 통하여 이루어 질 수 있게 되었다. 그러나 이러한 의사소통판을 활용하기까지 많은 시간이 소요되었다. 왜냐하면 부모의 입장에서는 의사소통판을 활용하기 보다는 구어로 의사소통을 하기를 원하였기 때문이다.

7. 요약

의사소통장애는 모든 장애영역의 아동들이 공동으로 겪는 장애이다. 뇌성마비 아동의 경우는 말도 언어도 아닌 보완대체의사소통을 가지고 의사소통을 한다. 따라서 의사소통장애인들의 현재 수준을 잘 파악하여 그에 적절한 지도계획을 수립하여 접근하여야 한다.

제 10 장

시각장애아

1. 정의

1) 법적 정의

우리나라의 시각장애인에 대한 법적 정의는 장애인 복지법상의 정의와 특수교육법상의 정의로 구별된다. 시각장애란 “시 기능의 현저한 저하 또는 소실에 의해 일상생활 또는 사회생활에 제약이 있는 자”로 『장애인복지법』 장애등급 판정지침에서는 시력감퇴에 의한 시력장애와 시야결손에 의한 시야결손장애로 구분한다. 2003년에 개정된 장애인복지법 시행규칙 별표 1에 시각장애인의 등급을 다음과 같이 정하고 있다.

제1급: 좋은 눈의 시력(만국식 시력표에 의하여 측정한 것을 말하며, 굴절 이상이 있는 사람에 대하여는 교정시력을 기준으로 한다. 이하 같다)이 0.02 이하인 사람

제2급: 좋은 눈의 시력이 0.04 이하인 사람

제3급: 1. 좋은 눈의 시력이 0.08 이하인 사람
2. 두 눈의 시야가 각각 주시점에서 5도 이하로 남은 사람

제4급: 1. 좋은 눈의 시력이 0.1 이하인 사람
2. 두 눈의 시야가 각각 주시점에서 10도 이하로 남은 사람

제5급: 1. 좋은 눈의 시력이 0.2 이하인 사람

2. 두 눈에 의한 시야의 2분의 1 이상을 잃은 사람

제6급: 나쁜 눈의 시력이 0.02 이하인 사람(장애인복지 법 시행규칙. 2003)

2) 교육적 정의

교육적 정의는 학생이 시력을 학습의 주된 수단으로 사용하는 능력에 초점을 두고 내린 것이다. 국립특수교육원(1999)에서는 교육적 정의를 시각장애, 맹, 저 시력으로 나누어 다음과 같이 제시했다.

시각장애란 두 눈 중 좋은 쪽 눈의 교정시력이 0.3 미만이거나 교정한 상태에서 학습활동에 어려움을 겪는 자를 말한다. 맹(盲)은 두 눈 중 좋은 쪽 눈의 교정시력이 0.05 미만이거나 두 눈 중 좋은 쪽 눈의 시야가 20도 이하인 자 또는 학습에 시각을 주된 수단으로 사용하지 못하고 촉각이나 청각을 주된 수단으로 사용하는 자를 말한다. 저 시력은 두 눈의 교정시력이 0.05 이상 0.3 미만인 자 또는 저 시력 기구나 시각적 환경이나 방법의 수정 및 개선을 통하여 시각적 과제를 학습할 수 있는 자를 말한다.

2. 원인

시각장애의 원인은 각막질환, 중막 관련 질환, 수정체 질환, 방수에 의한 질환, 망막질환, 시신경질환, 외안근 이상, 기타 질환으로 구분하여 살펴볼 수 있다([그림 10.1] 참조).

1) 각막 질환

(1) 각막염

각막염에는 세균이나 바이러스 또는 진균 등이 침입하여 발생하는 감염성 염증이 가장 많다. 최근에는 세균성 염증은 감소되었으나, 일상생활이나 산업현

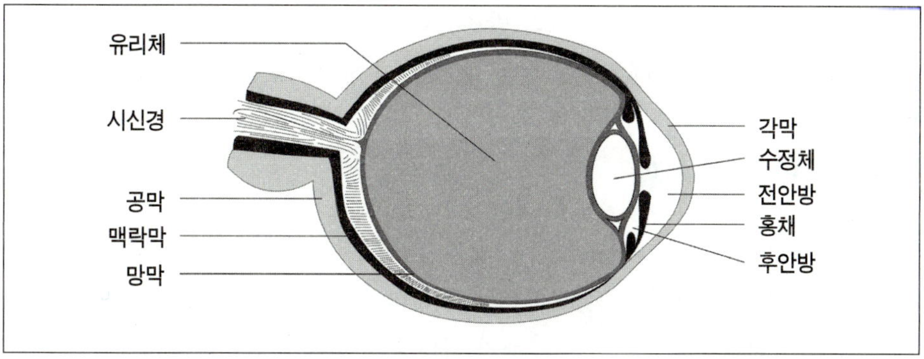

[그림 10.1] 안구의 수평단면 구조

장에서 작은 손상을 입은 후, 병원균으로 인하여 각막이 깊이 패이고, 심한 염증이 생기는 경우가 많다.

(2) 각막외상

각막외상은 학령기 아동의 중요한 시각장애 원인 중 하나로, 가장 흔한 눈의 외상은 상해, 타박상, 이물질, 그리고 화상 등이다.

공장에서 철편, 탄가루 또는 화공 약품이 눈에 들어가 외상을 입을 수 있고, 장난감을 가지고 놀다가 상처를 입을 수도 있으며, 교통사고로 각막이 손상될 수도 있다. 전기용접 하는 것을 오래 구경한 후, 갑자기 눈이 떠지지 않고, 눈물이 많이 나며, 통증이 심할 때가 있는데, 이것은 다량의 자외선으로 인하여 각막과 결막의 표층이 손상을 입었기 때문이다. 겉으로 보기에는 표층의 상처가 나아도 내부의 이상을 지나쳐 버리면 치료시기를 놓쳐 시력을 상실하는 경우도 있다.

(3) 원추각막

원추각막은 각막 중심부가 서서히 얇아져서 앞으로 원뿔 모양으로 돌출되는 질환으로, 주로 열성유전이며, 사춘기 여성에게 많이 발생한다. 주된 증상으로는 각막이 돌출되기 때문에 난시가 심해지고, 원거리 시력이 점차 나빠지며, 증세가 심하거나 치료를 받지 않으면 반흔이 생기거나 각막이 파열되어 시력을 잃게 되는데, 이때 각막을 이식함으로써 나빠진 시력을 회복할 수 있다.

오스트리아에서는 원추각막의 발병률이 증가하고 있고, 아카시아 꽃가루를 만진 손으로 눈을 비빌 때에도 발병할 수 있다고 한다(Kingsley, 1997).

2) 중막 관련 질환

(1) 무홍채증

무홍채증은 선천성 유전 질환으로 홍채의 일부만 있거나 홍채가 자라지 않은 경우를 말한다. 실제로 검은 홍채가 나타나는 것은 동공이 확대된 것이다. 무홍채증은 주로 양안에 나타나고, 보통 안구진탕, 수명, 수정체 탈구, 그리고 백내장과 같은 다른 질환을 수반하기도 한다. 무홍채증 아동에게는 녹내장이 자주 나타나며 녹내장 때문에 불안해하며 눈에 통증을 느끼기도 한다.

(2) 베세트병

베세트병은 전체 포도막염 중 발생빈도가 가장 높다. 실명률이 높은 안질환으로 눈뿐만 아니라 전신의 여러 장기 조직을 침범하는 만성 질환이다.

3) 수정체 질환

(1) 선천성 백내장

선천성 백내장은 대부분 원인불명인데 유전성인 경우, 임신기의 감염(풍진), 중독, 대사 이상, 태아의 산소 결핍 등에 의하여 발생되며, 한쪽 눈이나 양쪽 눈에 생기고, 안구진탕이나 사시를 동반하기도 한다. 대부분은 진행되지 않고 정지성이며, 가능한 한 빨리 수술하는 것이 바람직하다.

(2) 후천성 백내장

후천성 백내장에는 나이가 들면서 발병하는 노년성 백내장이 가장 많으며, 외상에 의한 경우도 있다.

노년성 백내장은 연령이 많아짐에 따라 조직의 노화로 수정체섬유 단백질의 양이 많아지면서 수정체가 혼탁되고, 점차 진행되며, 시력이 나빠지는 현상으로 동통이나 염증은 없다. 외상선 백내장은 외상이나 타박상으로 수정체가 파열되거나 혼탁되는 경우에 발생한다. 사회가 복잡해져 외상성 백내장으로 시각장애인의 수가 증가하고 있다.

4) 방수에 의한 질환

(1) 원발성 녹내장

방수의 유출 장애로 안압이 높아져 생기는 질병이 녹내장이다. 원발성 녹내장은 개방각 녹내장과 폐쇄적 녹내장의 두 가지 종류도 나뉜다.

개방각 녹내장은 전방각의 넓이는 정상이지만 섬유주의 장애로 방수 유출이 잘 안되어 안압이 상승하는 것을 말한다. 대개 만성으로 약간 높은 안압이 지속되어 서서히 시력이 저하되고, 시야가 좁아지며, 시야가 좁아질수록 야맹 증세도 나타나고, 실외 활동이나 낯선 장소에서 보행에 어려움을 느끼고, 실명에 이르게 된다.

폐쇄각 녹내장은 홍채근부가 각막과 접촉되고 전방각이 폐쇄되어 방수의 유출이 잘 되지 않아 발생한다. 안압이 급상승하게 되면 바로 약물치료로 억제하고 수술로 안압이 오르지 않도록 한다. 24~48시간 내에 치료하지 않으면 시신경이 손상되어 실명하게 된다.

(2) 속발성 녹내장

속발성 녹내장은 홍채 염, 모양체 염, 수정체 이상, 안저 출혈, 안종양 등이 원인이 되어 2차적으로 발생한다.

(3) 선천성 녹내장

선천성 녹내장은 전방각 조직의 형성 이상으로 방수가 유출되지 않아 안압이 상승되는 것으로, 각막과 공막이 충분히 발육되지 않을 출생 시 또는 생후 1년 사이에 발생된다.

그러므로 안구가 늘어나고 확장되어 거대 각막으로 진행이 되면 각막이 붓고 혼탁이 생기며, 데스메막이 파열되고, 시신경이 위축되어 시력을 상실하며, 때로는 망막박리와 안구 파열이 되기도 한다.

5) 망막 질환

(1) 당뇨망막병증

당뇨망막병증은 서구의 실명 원인 중 가장 많은 것 중의 하나이며, 인슐린의 보급으로 당뇨병 치료법이 향상되어 환자의 수명이 연장되면서 당뇨망막병증 환자 수가 증가하고 있다. 20년 이상 된 당뇨병 환자는 대부분이 시력을 상실하게 된다.

(2) 미숙아망막병증

미숙아망막병증은 신생아 망막에서 혈관을 형성하게 될 전구조직이 산소를 매개로하는 세포 독성 반응 때문에 손상을 받아 발생하는 것으로 알려져 있으며 저체중, 임신기간, 이산화탄소의 혈액 내 분압 등 여러 요소가 관여한다. 미숙아는 주변부 망막에 정상적으로 혈관이 발생되지 않은 상태로 출생하게 되므로 이때 고농도의 산소를 호흡하게 되면 계속적인 혈관형성이 억제되고 미 성숙된 혈관도 수축되어 폐쇄된다.

미숙아망막병증이 심한 경우 전 맹이 되고, 시력을 매우 약하게 되며, 근시, 녹내장, 망막박리 또는 안구진탕을 수반한다.

6) 시신경 질환

(1) 시신경염

시신경염은 대부분 전신적인 질병의 합병증으로 오는데 급격한 고도의 시력장애와 시야 장애로 중심 암점이 나타난다. 급성이나 만성이나 시신경 위축이 오게 된다.

(2) 시신경 위축

시신경 위축은 시신경 섬유가 파괴되어 시신경 유두가 창백하고 시야 결손 및 시력 장애를 일으키는 것을 말한다. 시신경은 망막에 맺힌 상을 뇌의 시피질로 전달하는데 이러한 시신경이 나빠져 시력, 시야, 대비가 감퇴되어 주변이 어두워지면 적응하기가 어렵게 된다.

(3) 시로 장애

시로 장애로 반맹과 시력장애가 나타난다. 반맹은 한쪽 눈의 시야 전반이나 양쪽 눈의 시야 저반에서 각각 시력이 상실된 상태를 말한다. 반맹의 경우 보통 망막은 손상되지 않고, 시로에 원인이 있으며 중심시력은 같으며, 잘 보기 위하여 머리를 돌린다.

(4) 피질 시각장애

피질 시각장애는 시로 또는 후두부 돌출부의 장애로 일시적 또는 영구적인 시력 상실이 나타난다. 이 장애는 조산아에게 산소를 과다 공급하였을 때, 뇌 기형, 머리 외상, 뇌수종을 포함한 많은 원인 때문에 발생한다.

7) 외안근 이상

(1) 사시

짝을 이룬 외안근이 여섯 개의 주시 방향에서 동일한 안구 운동을 함으로써 명료한 양안 단일시를 얻을 수 있다. 두 눈에 비친 상을 하나로 보는 능력을 융합이라고 한다. 사시는 좌, 우안의 시축이 동일점을 향하지 않는 상태를 말한다. 사시 학생은 돌아간 쪽의 눈을 사용하지 않아서 시력이 나빠진다. 사시는 대부분 선천적이고 시력 사용을 방해하며, 시력과 시야를 감퇴시키고, 백내장과 같은 다른 안질환을 수반하여 나타날 수도 있다.

(2) 안구진탕

안구진탕이란 안구가 규칙적이고, 반복적이며, 불수의적으로 움직이는 것을 말한다. 특히 고시 능력에 문제가 많으며, 어떤 자세를 취해도 안구를 고정시키기 어렵다.

8) 기타 질환

(1) 결손증

눈의 구조 중 일부가 결손 되어 있는 선천적, 병리적, 수술적 비정상적인 상태를 말한다. 이는 안구진탕, 사시, 눈부심을 수반하고 시력이 감퇴된다.

(2) 풍진

풍진은 태아가 바이러스에 감염된 시기에 따라 결과가 다른데, 임신 3개월까지 가장 위험하다. 눈뿐만 아니라 귀, 머리, 심장, 허파의 발달에 영향을 미칠 수도 있으며, 백내장, 각막혼탁, 녹내장, 소안구증을 수반하기도 한다. 풍진에 감염된 아동들은 빛에 매우 민감하다.

(3) 다운증후군

다운 증후군은 백내장, 안구진탕, 굴절이상, 사시를 포함한 시각장애를 수반할 가능성이 높다.

(4) 마르팡증후군

마르팡증후군은 상염색체 우성 유전으로 비정상적으로 길고 가는 골격과 선천성 심장 질환을 가지고 있고, 수정체탈구가 잘 오며 굴절이상, 거대각막, 백내장, 포도막 결손, 속발성 녹내장 등이 나타난다. 특히 원거리 시력 과제와 근거리 시력 과제에서 초점을 맞추기가 어렵다.

3. 특성 및 진단

1) 시각장애아의 발견

(1) 의뢰와 발견

의사나 부모는 출생 시 또는 생후 5개월 이내에 아동의 시력에 이상이 있는가를 관찰하고 아동에게 시각장애가 있는 것으로 의심되면 안과의사에게 의뢰해야 한다. 안과의사가 검진을 한 후, 시각장애가 있을 경우나 아동의 눈의 외모, 행동 및 학업성취도를 관찰하고 시력에 장애가 있는 것으로 의심되면 교육청에 의뢰해야 한다. 교육청은 30일 이내에 평가 팀을 구성하여 시각장애아를 발견하고 시각장애 교육대상아를 결정한다.

(2) 눈의 외모 관찰

① 정상적인 눈: 깨끗하고, 앞을 똑바로 쳐다 보며, 양안이 안정적으로 함께 움직이고 물체를 바로 바라볼 수 있다.

② 시력에 장애가 있는 눈: 사물을 볼 때 눈을 자주 깜빡거리며, 눈을 자주 비빈다. 그리고 눈와 손의 협응이 잘 되지 않으며 사시가 있어 언제나 한쪽(외측 또는 내측)으로 본다. 특히 피로할 때 물건을 똑바로 보지 못하는데 눈이나 눈꺼풀(안검)이 충혈되고 눈물이 나기도 한다. 다래끼가 자주 생기며 동공이 흐려지거나 열리고 눈동자가 계속 움직인다. 눈꺼풀이 쳐지거나 부어있으며 밝은 곳에서 두 눈을 계속 깜박거리고, 문지르며, 눈을 가늘게 뜨고, 눈에 먼지가 있는 것과 같은 느낌을 갖는다. 각막이 혼탁하다.

(3) 행동관찰

- 책을 읽거나 원거리 물체를 볼 때 자세가 굳어진다.
- 책을 읽을 때, 눈을 움직이는 대신 머리를 앞뒤로 움직이거나 기울인다.
- 근거리 작업을 하려고 하지 않는다.
- 주의 집중력이 짧고, 자주 멍한 표정을 짓는다.
- 한 눈만을 사용하기 때문에 머리를 돌린다.
- 머리를 한 쪽으로 기울인다.
- 읽고 쓸 때의 거리 즉 눈과 책(공책)과의 거리가 매우 가깝거나 멀다.
- 글씨를 쓰거나 읽을 때 얼굴을 찡그린다.
- 눈을 자주 깜박인다.
- 한 쪽 눈을 가리거나 감는다.
- 현기증, 두통, 눈의 불쾌감 등을 느낀다고 말한다.
- 책을 읽기 싫어하고, 읽을 때 주의가 산만하다.
- 책을 오래 읽으면, 피로를 느끼고, 읽기 능력이 떨어진다.
- 책을 읽을 때 줄을 잃어버린다.
- 손가락으로 줄을 짚으면서 읽는다.
- 매우 큰 소리로 읽는다.

- 책을 읽을 때 머리를 몹시 움직인다.
- 책상에서 허리를 구부리고 앉거나 부자연스런 학습자세를 취한다.
- 읽기에 곤란을 느낀다.
- 자주 물건에 걸려 넘어진다.
- 글씨를 쓸 때에 줄을 맞추지 못하고 간격이 일정치 않다.
- 학업 성적이나 운동 능력이 자주 떨어진다.
- 독서보다 놀이나 운동을 좋아한다.
- 이름을 부르지 않으면 질문에 대답하지 않거나 지시에 따르지 않기 때문에 무례하거나 비협력적인 아동으로 오해받기 쉽다.
- 체육시간에 체육활동을 하기 싫어한다.
- 고소 공포증이 있다.

(4) 학업 성취에 관한 관찰

- 학업 성적과 학습량이 일정하지 않다.
- 오랜 시간 독서할 때 읽는 속도가 떨어진다.
- 학습 시간에 주의집중 시간이 짧다.
- 눈과 손 협응이 잘 이루어지지 않는다.
- TV나 컴퓨터 모니터에 어려움을 느낀다.
- 필기할 때 공책의 줄을 보기 어려워 매우 작게 쓰거나 비뚤비뚤하게 쓴다.
- 자신이 쓴 글씨를 읽지 못한다.
- 칠판, 교과서, 참고서 등의 내용을 보고 정확하게 쓰기 어렵다.
- 구두시험과 필기시험 점수의 차이가 크다.
- 사전의 글씨를 읽기 어렵다.
- 그래프에서 특정 정보를 찾기 어렵다.
- 종이의 질이 좋지 않거나, 공책에 글자가 일렬로 제시되어 있지 않으면 읽기 어렵다.
- 말하기 능력 보다 쓰기 능력이 훨씬 떨어진다.

- 'ㅅ'과 'ㅊ', '오'와 '으', '에'와 '애', '판'과 '관', '회'와 '희'와 같은 글자를 혼동한다.

2) 시력검사

일반적으로 원거리 시력, 근거리 시력, 시야, 색각, 대비감도, 기능시력 검사 등을 포함한다.

(1) 객관적 시력검사(임상적 저시력 평가)

신체적 반응 유도 또는 뇌파 검사를 실시한다. 고도의 전문성이 필요하기 때문에 시력에 대한 기본적이고 중요한 정보를 제공할 수 있는 안과의사가 실시해야 한다.

① 눈의 외모와 안저(안구 내부의 뒤쪽인 망막이 있는 부분) 반응
② 양안의 위치 및 안구 운동
③ 광선을 눈에 비출 때 동공의 모양 및 크기의 변화
④ 안진(귀의 전정기능에 이상이 있으면 눈의 움직임에 관여하는 근육을 움직여서 안구의 운동이 일어나고, 뇌에서는 눈을 제 위치에 두기 위해서 올바른 자세로 교정하는 노력을 함. 이러한 과정에서 눈이 자기 의지와 상관없이 주기적으로 움직이게 되는 현상 검사에 대한 반응
⑤ 전기, 생리학적 검사에 대한 반응
- 망막 전위도 검사(electroretinogram; ERG): 망막을 광선으로 자극했을 때, 전기적인 변화를 기록하여 망막의 기능을 관찰하는 검사
- 시유발 전위(visual evoked potential; VEP): 눈을 빛으로 자극하면 망막이 흥분하게 되는데, 이 흥분은 시로를 통하여 후두엽에 도달하여 전위변화를 일으킨다. 이 전위변화로 방막에서 대뇌의 시피질의 기능검사를 하는 것

(2) 주관적 시력 검사

아동이 검사자의 지시에 따라 반응하기 위하여 청각, 운동근육, 언어 등을 사

용하는 것이다. 일반적으로 의료전문가나 시각장애아 담당교사가 수행한다. 한 명은 아동을 검사하고 다른 한명은 아동의 반응을 비디오 녹화 등으로 기록을 한다.

① 원거리 시력검사: 법적 맹의 여부, 처방할 저 시력 기구의 배율 등을 알 수 있다. 스넬렌시표, 한천석 시(視)시력표, 진용한 시(視)시력표, 저 시력자용 원거리 시력표, 유아용 원거리 시력표, 유아와 정신지체아용 쉐리던 검사 등이 있다.

② 근거리 시야검사

- 35cm 거리에서 시력을 측정한다.
- 란돌트 고리, 스넬렌 문자, 숫자 등이 사용된다.
- 스넬렌 시표: 14인치(35cm)가 측정 거리, 14/14는 정상 근거리 시력
- Jaeger 방식: 글자의 크기로 근거리 시력 측정

  J1=3point(1.0), J2=4point(0.8),

  J3=6point(0.63), J6=8point(0.4)
- 우리나라-진용환의 근거리 시(視)시력표
- 학령기 아동에게 적합한 글자크기(큰 문자)와 저 시력기구를 처방 시 중요하다

③ 시야 검사

- 시야란 눈을 움직이지 않고 한 점을 주시하고 있을 때 볼 수 있는 외계의 범위를 말한다.
- 정상적인 시야의 범위는 코에서 귀 쪽으로 약 150도, 위쪽에서 아래쪽으로 약 120도이다.
- 시야 검사에는 대면법, 탄젠트스크린법, 주변시야계법, 평면시야계법(중심시야측정), 자동시야계법 등 다양하다.
- 암슬러 격자 검사(Amsler Grid Test): 기능시력을 저하시키는 암점을 찾기 위한 검사이다.

④ 색각 검사

- 색각이란 가시광선 중 파장의 차이에 따르는 물체의 색채를 구별하여

인식하는 능력을 말한다. 이는 망막의 추체의 기능에 속하는 것으로, 명순응 상태에서만 볼 수 있다.

- 색각 이상

  ※ 적색각 이상: 빨강과 녹색을 구분할 수 없음

  녹색각 이상: 녹색을 인식하지 못함

- 아동에게 필요한 교육과정의 수정을 위해 아동의 색각이상 여부를 알아야 하고, 색각이상의 종류에 대한 지식은 아동의 잔존시력을 훈련시키기 위하여 중요하다.

⑤ 대비감도 검사

- 대비 감도는 서로 다른 대비를 갖는 대상을 얼마나 잘 구별하는가를 말하는 것으로, 밝음과 어둠의 비율을 말하며 완전 흰색과 완전 검은색 사이의 대비감도가 1(100%)이 된다.
- 주시 선호 검사법-유아에게 실시
- 저 대비 검사-대비 감도가 낮은 유아에게 안면 정보(얼굴의 특징, 표정)에 반응할 수 있는 시각적 범위를 평가

3) 기능시력 평가

- 일상생활 활동이나 특수한 조건에서 각 개인이 기능시력을 활용하는 방법을 알기 위해 실시한다.
- 먼저 원거리 시력 검사, 근거리 시력검사, 대비감도 검사, 색각 검사, 시야 검사, 내외부 안검사, 망막 전위도 검사를 실시
- 기능시력을 평가하기 위해 준거지향목표, 관찰 보고서, 형식적 검사 도구 등 개발
- 비형식적 검사-형식적 검사로 평가할 수 없는 아동
  - 아동이 전맹으로 판정이 났을 경우에도 교사나 부모는 아동의 시력이 있다고 느낄 때
  - 교사가 학습 과제와 관계되는 특수한 시각적 행동을 문서화할 필요가

있을 때

- 교사가 가장 적합한 시 환경을 결정함으로써 학생을 도와야 할 때
- 아동이 시 기능의 변화를 경험할 때

5. 교육중재

교육적 중재는 안질환, 신체 및 운동능력, 의사소통으로 나누어 살펴볼 수 있다.

1) 안질환에 따른 교육적 중재

〈표 10.1〉에서 보는 바와 같이 중막 관련 질환, 수정체질환, 방수에 의한 질환, 망막질환, 시신경질환, 외안근 이상, 기타질환으로 나뉜다.

〈표 10.1〉 안질환에 따른 교육적 중재

질환	종류	교육적 중재
중막 관련 질환	무홍채증	① 근거리 작업을 하는 동안 눈의 피로, 두통 또는 불쾌감이 나타나므로 약 40~50분 작업을 한 후에는 10분 정도 쉬도록 한다. ② 글자와 종이의 대비가 잘 되도록 학습 자료를 제작한다. ③ 무홍채증 학생에게 맞는 저 시력 기구(핀 홀, 콘택트렌즈, 색안경 등)를 사용하도록 지도한다. ④ 안구진탕이 있으면 의사에게 진료를 받도록 한다. ⑤ 차양이 있는 모자와 색안경을 착용하도록 한다. ⑥ 창문으로부터 들어오는 빛을 등지고 앉게 한다. ⑦ 밝은 조명 보다 약간 어두운 조명이 좋다. ⑧ 유전성 질환으로 유전 상담이 필요하다.
수정체 질환	선천성 백내장	① 직사광선이나 광택이 있는 표면으로부터 눈부심을 피하게 한다. ② 글자와 종이의 색깔이 적절한 대비를 이룬 학습 자료를 사용한다. ③ 각 아동에게 알맞은 글자의 크기나 대비를 파악하기 위하여 학습매체 평가를 실시한다. ④ 근거리, 원거리 활동에 저 시력 기구를 제공하고 적절한 훈련을 실시한다. ⑤ 책을 읽을 때 독서 대를 사용하도록 한다.

〈표 10.1〉 안질환에 따른 교육적 중재 (계속)

질환	종류	교육적 중재
수정체 질환	선천성 백내장	⑥ 시력은 백내장의 위치, 크기, 정도에 따라 다르므로 백내장이 수정체 가장자리에 있는 아동에게는 고도 조명을, 중심부에 혼탁이 있는 아동에게는 낮은 조명을 하도록 한다. ⑦ 안경을 착용하면 일반적으로 중심시력이 향상되지만 주변시력은 감소되어 보행에 영향을 주므로 보행교육을 실시한다. ⑧ 선천성 백내장의 약 1/3은 유전성이므로 유전 상담이 필요하다.
방수에 의한 질환	선천성 녹내장	① 정상 안압을 유지하기 위하여 안약을 사용하도록 한다. 그러나 동공이 팽창되어 심한 수명을 느낄 수도 있으므로 세심한 관찰이 필요하다. ② 정확한 시간에 안약을 넣어야 하므로 교사는 수업 중에도 약을 넣도록 지도한다. ③ 약물을 복용하는 아동은 감각이 둔해질 수 있으므로 감각훈련을 실시한다. ④ 녹내장이 진행되어 시야가 좁아진 아동은 독서할 때, 읽는 줄을 자주 잃으므로 타이포스코프를 사용하도록 한다. ⑤ 시야가 좁은 경우, 보행에 어려움이 있으므로 보행지도를 실시한다. ⑥ 특히 밝은 빛에는 눈부심을 호소하므로 책을 읽을 때 아동에게 맞게 빛을 조절한다. ⑦ 피로와 스트레스로 안압이 상승할 수 있으므로 스트레스를 받지 않도록 주의시킨다.
망막질환	당뇨병막병증	① 인슐린 의존형일 경우에는 매일 인슐린을 맞도록 격려한다. ② 점차 촉각이 둔해지므로 듣기 교재를 사용하도록 한다.
	미숙아망막병증	① 미숙아망막병증 학생에게는 작은 근육운동과 큰 근육운동, 시 지각 기술, 보행기술을 지도한다. ② 미숙아망막병증은 예후가 매우 불량하며, 20대 이후에 망막박리가 일어날 가능성이 높으므로 사전 지도가 필요하다. ③ 시각장애의정도가 전맹에서 저 시력 까지 다양하며, 진행성의 경우와 정지성의 경우가 있으므로 세심한 관찰을 해야 한다. ④ 망막박리가 예상되는 아동은 얼굴이나 머리에 충격을 주지 않도록 한다.
	망막색소변성	① 학생이 시력을 검사하여 시력의 변화를 기록하고, 책을 읽을 때 주자와 추시 기술을 가르친다. ② 필기를 할 때에는 굵고 진한 선이 그려진 종이와 검정색 싸인 펜을 사용하도록 한다. ③ 볼 수 있는 글자 중 가장 작은 글자보다 한 단계 큰 글자를 사용하여 독서를 보다 효율적으로 할 수 있도록 한다.

〈표 10.1〉 안질환에 따른 교육적 중재 (계속)

<table>
<tr><th>질환</th><th>종류</th><th>교육적 중재</th></tr>
<tr><td>망막질환</td><td>망막색소
변성</td><td>④ 책을 잘 읽을 수 있도록 글자 위에 노란색 아세테이트 지를 덮어 대비가 잘 되도록 한다.
⑤ 시야를 확장시키기 위하여 CCTV와 저 시력 기구를 사용하도록 한다.
⑥ 밝은 곳에서 어두운 곳으로 들어가면 암순응이 잘 이루어지지 않으므로 학생이 어두운 곳에 가거나 밤에는 야맹증이 있다는 것을 이해하고 지도한다.
⑦ 밝은 곳에는 눈이 부시므로 색안경이나 차양이 달린 모자를 착용하여 눈부심을 피하도록 한다.
⑧ 보행에 어려움을 느끼므로 지팡이를 사용하도록 한다.
⑨ 망막색소변성은 진행성이므로 점자를 배우도록 한다.
⑩ 학생과 가족에게 유전 상담을 한다.</td></tr>
<tr><td rowspan="2">망막질환</td><td>황반변성</td><td>① 손잡이 형 확대경 또는 CCTV를 사용하는 것이 좋다.
② 모든 과제에 적절한 조명이 필요하다.
③ 독서할 때, 줄을 잃지 않도록 타이포스코프를 사용하도록 한다.
④ 글자와 종이의 대비가 선명한 자료를 사용하도록 한다.
⑤ 필기 할 때, 굵고 진한 선이 있는 종이와 검정색 싸인 펜을 사용하도록 한다.
⑥ 교실 환경이 눈부시지 않도록 한다.
⑦ 삽화 위에 글씨가 쓰인 교과서나 책을 사용하지 않도록 한다.
⑧ 암점이 발달하고 확대되므로 중심 외 보기 방법을 지도한다.</td></tr>
<tr><td>백색증</td><td>① 백색증 학생은 햇빛이 비치는 실외로 나갈 때, 빛을 흡수하여 여과시키는 안경을 착용하고 차양이 있는 모자를 쓰는 것이 좋다.
② 교실의 자연 조명도 조절해야 한다. 예를 들면, 직사광선을 차단하기 위하여 커튼이나 블라인드를 설치한다.
③ 광택이 있는 표면은 반사되어 눈이 부시므로 교실의 전체조명보다 낮은 조명을 해야 한다.
④ 백색증 학생은 원거리 활동을 가까운 거리에서 하는 것을 좋아하므로 독서 대 또는 높이를 조절할 수 있는 책상을 제공하고, 저 시력 기구를 사용하도록 한다.</td></tr>
<tr><td rowspan="2">시신경
질환</td><td>시신경
위축</td><td>① 눈부심을 피하고 스탠드와 같은 부분 조명을 설치한다.
② 조명 장치가 있는 손잡이 형 확대경, CCTV, 망원 렌즈를 사용하도록 한다.</td></tr>
<tr><td>시로 장애</td><td>① 각 눈 시야의 반쪽의 결함으로 추시와 주사가 어렵고 독서에 영향을 미치므로 저 시력 기구를 사용하도록 한다.
② 교실의 좌석 배치가 매우 중요하므로 학생이 가능한 한 시야를 넓게 사용할 수 있는 곳에 자리를 배치한다.
③ 어린 아동에게는 시 지각 훈련을 실시한다.</td></tr>
</table>

〈표 10.1〉 안질환에 따른 교육직 중재 (계속)

질환	종류	교육적 중재
외안근 이상	사시	① 일부 아동들에게는 눈이 고정되지 않을 때 복시 현상이 나타나므로 게임, 화학 실험, 식품 다루기, 단안 시력을 사용하는 활동 등을 할 때에는 아동을 관찰하면서 지도한다. ② 시력을 잘 사용할 수 있도록 좌석을 배치한다.
	안구진탕	① 책을 읽을 때 읽는 줄을 표시하면서 읽도록 한다. ② 글씨가 깨끗하고 대비가 선명한 자료를 사용하도록 한다. ③ 한 지점을 주시하는 훈련을 실시한다. ④ 근거리 과제는 눈을 피로하게 하므로 오랜 시간 계속하지 않도록 한다. ⑤ 머리를 돌리거나 몸을 기울여 초점을 잘 맞출 수 있으므로, 그러한 행동에 대하여 꾸중을 하거나 자세를 교정시켜서는 안 된다.
기타	결손증	① 아동이 가장 잘 볼 수 있는 좌석에 앉게 한다. ② 교실의 직사광선이나 눈부심을 피할 수 있도록 색안경을 착용하도록 하거나 블라인드를 설치한다. ③ 동공이 미용 상 아름답지 않으면 동공이 정상으로 보이는 콘택트렌즈를 착용하도록 하는 것이 좋다. ④ 시야 상실이 학생의 보행 기술에 크게 영향을 주지 않을 경우에도 학생이 나뭇가지와 같은 장애물을 발견하기 어려우므로 보행지도를 해야 한다.

2) 신체 및 운동능력에서의 중재

(1) 보행훈련

보행은 개인의 자아개념에 긍정적인 영향을 주며, 환경 속에서 독립적이고 효율적으로 보행할 수 있다는 생각은 자아 존중감을 높여준다. 훌륭한 보행기술을 습득한 맹 아동은 보다 많은 사회적 기회가 부여되고, 고용 기회가 증대되지만, 그렇지 못한 맹 아동은 사회적 접촉의 양이나 정도 그리고 우발적인 측면에서 제약을 받는다.

보행의 종류는 일반적으로 안내 법, 지팡이 보행, 안내 견 보행, 전자 보행 기구에 의한 보행 등으로 나눌 수 있다.

① 안내 법: 첫째, 시각장애인이 안내자보자 반 보 뒤에 서서, 자신의 팔의 상

박부와 전박부가 90도가 되게 하여, 안내자의 팔꿈치 위를 잡고, 안내자와 함께 보행하는 것을 말한다.

둘째, 보행이 안전하고 운동 감각적 인식, 방향정위, 개념 등과 같은 기술을 발전시킬 수 있다.

셋째, 안내자가 안내방법을 정확히 모르면 시각장애인이 불편할 수 있고 의존성을 기르게 되며 환경적 정보와 방향정위에 대해서 주목하지 않게 된다.

② 지팡이 보행: 첫째, 시각장애인들이 사용하는 지팡이는 다른 사람에게 자신이 보행한다는 것을 알려주고 범퍼의 역할과 탐색의 역할을 한다.

둘째, 지팡이는 물체와 보행 표면에 대한 정보를 주고 기동성이 있으며 가격이 싸고 편리하다.

셋째, 상체를 보호하지 못하고 세찬 바람이 불 때 사용하기 어렵다.

③ 안내 견 보행: 첫째, 머리 높이나 통로에 있는 장해물을 피할 수 있고, 익숙하지 않은 지역에서 보행하는데 편리하며 사회적 접촉과 상호작용을 촉진시킨다.

둘째, 안내 견을 돌보는 시간이 많이 걸리고 안내 견을 사용하지 않을 때 기다리게 하기가 어려우며 주위 사람의 주목을 끈다.

④ 전자보행기구: 전자보행기구는 일정한 범위 또는 거리 내에서 환경을 지각하기 위하여 전파를 발사하고 그로부터 받은 정보를 처리하여 환경과 관계되는 정보를 사용자에게 알려주는 기구이다.

3) 의사소통에서의 중재

(1) 점자 지도

점자는 맹아동이 읽고 쓸 수 있는 중요한 문자이다(〈표 10.2〉 참조). 점자는 시각장애인에게 자신감과 독립성 그리고 동등권을 준다(Schroeder, 1997). 점자를 능숙하게 읽고 쓸 수 있는 시각장애인은 점자를 모르는 시각장애인보다 취업률이 높고, 더 높은 자아 존중감을 갖는다(Ryles, 1996). 따라서 조기에 시각장애

〈표 10.1〉 점자일람표(읽기형)

구분																
자음	초성	ㄱ	ㄴ	ㄷ	ㄹ	ㅁ	ㅂ	ㅅ	ㅇ	ㅈ	ㅊ	ㅋ	ㅌ	ㅍ	ㅎ	된소리
		○● ○○ ○○	●● ○○ ○○	○● ●○ ○○	○○ ○● ○○	●○ ○● ○○	○● ○● ○○	○○ ○○ ○●		○● ○○ ○●	○○ ○● ○●	●● ●○ ○○	●○ ●● ○○	●● ○● ○○	○● ●● ○○	○○ ○○ ○●
	종성	ㄱ	ㄴ	ㄷ	ㄹ	ㅁ	ㅂ	ㅅ	ㅇ	ㅈ	ㅊ	ㅋ	ㅌ	ㅍ	ㅎ	
		●○ ○○ ○○	○○ ●● ○○	○○ ○● ●○	○○ ●○ ○○	○○ ●○ ○●	●○ ●○ ○○	○○ ○○ ●○	○○ ●● ●●	●○ ○○ ●○	○○ ●○ ●○	○○ ●● ●○	○○ ●○ ●●	○○ ●● ○●	○○ ○● ●●	
모음		ㅏ	ㅑ	ㅓ	ㅕ	ㅗ	ㅛ	ㅜ	ㅠ	ㅡ	ㅣ					
		●○ ●○ ○●	○● ○● ●○	○● ●○ ●○	●○ ○● ○●	●○ ○○ ●●	○● ○○ ●●	●● ○○ ●○	●● ○○ ○●	○● ●○ ○●	●○ ○● ●○					
		ㅐ	ㅒ		ㅔ	ㅖ	ㅘ	ㅚ	ㅙ		ㅝ	ㅞ		ㅟ		ㅢ
		●○ ●● ●○	○● ●○ ○● ●● ●○ ●○		●● ○● ●○	○● ○○ ●○	●○ ●○ ●●	●● ○● ●●	●○ ●○ ●○ ●● ●● ●○		●● ●○ ●○	●● ●○ ●○ ●● ●○ ●○		●● ●○ ○○ ●● ●○ ●○		○● ●● ○●
약자		가	(나)	(다)	(마)	(바)	사	(자)	(카)	(타)	(파)	(하)	억	언	얼	연
		●● ●○ ○●	●● ○○ ○○	○● ●○ ○○	●○ ○● ○○	○● ○● ○○	●○ ●○ ●○	○● ○○ ○●	●● ●○ ○○	●○ ●● ○○	●● ○● ○○	○● ●● ○○	●● ○● ○●	○● ●● ●●	○● ●● ●○	●○ ○○ ○●
		열	영	옥	온	옹	운	울	은	을	인	것		ㅆ 받침		
		●○ ●● ○●	●● ●● ○●	●● ○○ ●●	●○ ●● ●●	●● ●● ●●	●● ●● ○○	●● ●○ ●●	●○ ○● ●●	○● ●○ ●●	●● ●● ●○	○● ○● ○● ●○ ○● ●○		○● ○○ ●○		
약어		그래서		그러나		그러면		그러므로		그런데		그리고		그리하여		
		●○ ○● ○○ ●○ ○○ ●○		●○ ●● ○○ ○○ ○○ ○○		●○ ○○ ○○ ●● ○○ ○○		●○ ○○ ○○ ●○ ○○ ○●		●○ ●● ○○ ○● ○○ ●○		●○ ●○ ○○ ○○ ○○ ●●		●○ ●○ ○○ ○● ○○ ○●		
숫자		수표	1	2	3	4	5	6	7	8	9	0				
		○● ○● ●●	●○ ○○ ○○	●○ ●○ ○○	●● ○○ ○○	●● ○● ○○	●○ ○● ○○	●● ●○ ○○	●● ●● ○○	●○ ●● ○○	○● ●○ ○○	○● ●● ○○				
문장부호		.	?	!	,	–	~		*		“ ”		‘ ’			
		○○ ●● ○●	○○ ●○ ●●	○● ○● ○●	○○ ○● ○○	○○ ○○ ●●	○○ ○○ ○○ ○○ ●● ●●		○○ ○○ ○● ○● ●○ ●○		○○ ○○ ●○ ○● ●● ●●		○○ ○○ ○○ ○○ ○○ ●○ ○● ○○ ○● ●● ●● ●○			
		:		;		줄임표(…)										
		○○ ○○ ○● ●○ ○○ ○○		○○ ○○ ○● ●○ ○● ●○		○○ ○○ ○○ ○● ○● ○● ○○ ○○ ○○										
영어		a	b	c	d	e	f	g	h	i	j	k	l	m	n	
		●○ ○○ ○○	●○ ●○ ○○	●● ○○ ○○	●● ○● ○○	●○ ○● ○○	●● ●○ ○○	●● ●● ○○	●○ ●● ○○	○● ●○ ○○	○● ●● ○○	●○ ○○ ●○	●○ ●○ ●○	●● ○○ ●○	●● ○● ●○	
		o	p	q	r	s	t	u	v	w	x	y	z	영어	시작	끝
		●○ ○● ●○	●● ●○ ●○	●● ●● ●○	●○ ●● ●○	○● ●○ ●○	○● ●● ●○	●○ ○○ ●●	●○ ●○ ●●	○● ●● ○●	●● ○○ ●●	●● ○● ●●	●○ ○● ●●		○○ ○● ●●	○○ ●● ○●

아동에게 점자를 가르치는 것은 매우 중요하다.

한글 점자는 6점(세로로 3점, 가로로 2점)으로 구성되고, 읽을 때 왼쪽 위에서 아래로 1,2,3점, 오른쪽 위에서 아래로 4.5.6점의 번호를 붙여 사용한다. 이 6개의 점을 조합하여 64(26)개의 점형을 만든다. 따라서 점자는 많은 점형으로 이루어지고, 그 점형에 의미가 부여된 문자이다. 점을 하나도 찍지 않은 빈칸은 묵자에서 단어 사이를 띄우는 것과 같이 점자 단어 사이를 띄우는데 사용된다. 그 외의 63개의 점형을 초성 자음 13자, 종성 자음 14자, 모음 21자, 약자 27자, 약어 7개, 숫자, 문장 부호 등에 배정하여 사용하고 있다.

① 점자 읽기 지도

■ 점자 읽기 준비도: 정안 아동은 일찍부터 물건이나 포장에 표기된 글자, 간판, 광고물, 텔레비전, 신문, 잡지, 책 등에서 자연스럽게 문자와 접하게 된다. 그러나 맹 아동은 점자와 접할 수 있는 기회를 갖기 어렵다. 따라서 부모와 교사는 맹아동이 좋아하는 장난감이나 물건에 점자를 써 붙여 조기에 점자를 접할 수 있도록 해야 한다. 그러나 실제로는 조기부터 점자 읽기 준비도에 맞는 지도를 하기 어렵기 때문에 맹아동의 읽기 준비도에 나타나는 공통된 특징은 경험의 부족, 개념과 어휘 습득의 부족, 흥미와 동기 결여, 운동근육의 미숙, 연령 초과 등이다.

미국 시각장애 센터에서는 부모와 교사를 돕기 위하여 점자 읽기 준비도 프로그램을 개발했다. 이 프로그램은 발달적 위계에 따라 설계되었고, 각 아동의 욕구를 충족시키기 위하여 쉽게 변형할 수 있도록 되어 있다. 이 읽기 준비도는 촉각, 작은 근육, 듣기와 주목하기, 개념, 책과 이야기의 다섯 영역으로 구성되어 있다. 이 시기에 읽기의 중요한 과제는 문자를 구어로 전환하는 과정을 습득하는 것이다. 문자를 구어로 전환시키는 데는 자음, 모음의 관계와 절차, 음소 관계에 중점을 두어 지도하고, 읽기 지도는 아동에게 의미를 주는 자료를 사용해야 한다.

아동의 청각적 이해가 읽기 시작에 필수 조건이므로 읽기 교재는 아동의 구어보다 앞서서는 안 된다. 언어 훈련은 읽기 교육을 수반해야 한다. 장애 아동의 조기교육에서는 더 많은 구어 학습을 하도록 해야 한다.

시각장애 유아의 점자 학습을 위하여 '시각장애 유아용 촉지각 프로그램' 4권이 개발되었다(임안수 외, 2003). 제1권과 제2권은 도형변별 프로그램으로 여러 가지 도형과 그림을 변별하는 학습과 함께 위, 아래, 왼쪽, 오른쪽 그리고 크다와 작다 등의 기초개념을 변별하는 것이고, 제3권은 선 따라가기 그리고 제4권은 점자 익히기로 구성되어 있다.

- 약자 지도: 우리나라에서는 초등학교 1학년에 정자 점자를 가르치고 초등학교 2학년에 약자 점자를 가르친다. 그러나 약자와 약어가 표준 한글 점자이기 때문에 초등학교 1학년 교과서를 제외한 모든 점자책이나 점자 간행물이 약자와 약어로 출판되고 있으므로 초등학교 1학년 학생은 다른 점자책을 읽을 수 없다. 한글 점자의 약자와 약어의 수는 영어 점자의 약자나 약어의 수에 비하여 1/6 밖에 되지 않아 배우기가 쉽다. 또한 한글 점자의 약 40%가 약자이고 발생 빈도가 높은 글자가 많으며 배우기 쉽기 때문에 2학년까지 미룰 필요가 없다.
- 점자 쓰기 지도: 점자 쓰기 교육은 대체로 점자 읽기 교육과 거의 같은 시기 즉, 초등학교 1학년 또는 그 이전에 이루어진다. 시각장애 학생이 점자를 쓸 때에는 점자판이나 점자타자기를 사용하는데, 미국을 비롯한 서구에서는 점자타자기를 주로 사용하고, 일본과 우리나라에서는 점자판을 주로 사용한다.

점자타자기의 장점으로는 점자판보다 속도가 두 배 정도 빠르며, 점자판보다 작은 근육 운동을 덜 필요로 하며 점자 타자기는 점자를 쓰면서 읽을 수 있다. 이것은 처음 점자 읽기 학습에 매우 중요하며, 쓰기 학습과 읽기 학습이동시에 이루어지기 때문에 점자 학습이 강화된다.

반면에 점자판은 작고 가벼워서 휴대하기 편리하고, 쓸 때 점자타자기와 같이 시끄럽지 않다. 점자타자기나 점자판을 사용하여 점자를 가르칠 때, 충분한 기회를 주어 빠르고 정확하게 쓸 수 있도록 하고, 건전한 습관과 운동 및 개념적 준비가 이루어지도록 한다. 우리나라에서도 점자타자기를 중심으로 점자 쓰기 교육을 실시해야 한다.

(2) 듣기 지도

① 듣기의 중요성: 듣기에 관한 최초의 연구는 학교 안팎에서 듣기의 중요성을 지적한 것이다. Rankim(1928)에 따르면 하루 시간 중 42%는 듣기에, 32%는 말하기에, 15%는 읽기에, 11%는 쓰기에 보낸다. 이러한 연구 결과 말하기는 쓰기의 3배, 듣기는 읽기의 3배가 더 많이 사용되지만 학교에서의 듣기는 읽기보다 1/6로 경시되고 있다.

시각장애 학생은 시각적 언어 자극으로부터 의미를 얻는데 어려움을 갖고 있다. 시각 장애 학생이 같은 양의 독서물을 읽는 데 정안학생보다 3배의 시간이 더 걸리기 때문에 독서 속도의 차이는 학년이 높아져 독서량이 증가 할 때 문제가 된다.

② 듣기 교육: 청독을 할 때에는 학습 과제에 대한 집중력이 중요하므로 외부의 산만함을 제거하고, 유연한 취하고, 정신적으로 맑은 상태에서 들어야 한다. 듣기 이해도 학습 자료에는 지식을 제공하는 자료, 사실적 자료 또는 즐거움을 주는 자료 등이 있고, 가장 적합한 자료의 길이는 한 문단 또는 2~3 문단이 좋다. 듣기 자료는 이해도, 어휘, 해석, 일반화가 강조되어야 하고, 듣기 이해도 학습은 최소한 1주에 2회가 좋다.

Johnson(1959)은 듣기에 대하여 다음과 같이 설명했다.

- 듣기에서 개선할 점을 매일 매일의 듣기에서 고쳐 나간다.
- 학생들에게 소리를 인식하게 한다.
- 듣기 검사를 실시한다.
- 학생의 듣기 습관을 분석한다.
- 단계적으로 듣기 연습을 실시한다.
- 학생들이 왜, 무엇을, 어떻게 듣는가를 확실히 알게 한다.
- 직접, 간접으로 듣기를 가르친다.
- 단 한 번에 완전한 학습을 기대하지 않아야 한다.
- 듣기 시간에는 주위를 조용하게 한다.
- 좋은 듣기 습관의 기준을 개발한다.

6. 요약

① 시각장애는 법적으로는 시력장애와 시야결손에 따라 6등급으로 구분하고 있으나, 교육적으로는 시각장애, 맹, 저 시력으로 구분하여 정의하고 있다.

② 시각장애의 원인은 각막질환, 중막 관련 질환, 수정체 질환, 방수에 의한 질환, 망막질환, 시신경질환, 외안근 이상, 기타 질환으로 구분하여 살펴볼 수 있다.

③ 각막질환에는 각막염, 각막외상, 원추각막의 원인으로 보고 있으며, 중막 관련 질환으로는 무 홍채증과 베세트병이 원인으로 나타났다.

④ 수정체 질환은 백내장이 원인이며, 방수에 의한 질환으로는 녹내장이 원인이다.

⑤ 망막질환은 당뇨망막병증과 미숙아망막병증이 있고, 시신경 질환은 시신경염, 시신경 위축, 시로 장애, 피질시각장애가 있다.

⑥ 외안근 이상으로는 사시와 안구진탕이 있다. 그 외, 기타 질환원인으로 시각장애가 오는 경우는 결손증, 풍진, 다운증후군, 마르팡증후군이 있다.

⑦ 시각장애는 눈의 외모관찰과 행동관찰로도 이상을 알 수 있으며, 더 자세한 정보는 시력검사를 통해 알 수 있다.

⑧ 시각장애의 교육적 중재는 각 원인별 질환, 신체 및 운동능력, 의사소통에서의 구체적인 교육적 중재를 제공한다.

제 11 장

뇌성마비

1. 개념

뇌성마비는 지체부자유를 가지게 되는 대표적인 병인의 하나이다. 대부분의 유아들은 실제적인 어려움을 거의 겪지 않고서 앉고, 서고, 걷는 법을 배운다. 실제로 유아들은 얼마동안 불안정하게 걷고 자주 넘어지지만, 결국에는 근육을 유연하게 자동적으로 조정하는 것을 배우며, 심지어 말을 하는데 필요한 빠르고 정밀한 협응들조차 자연스럽게 배우기 시작한다. 그러나 뇌성마비 아동들은 고개를 돌리거나 음식물을 삼키거나 팔을 올리는 것조차 어려울 수 있다. 이러한 아동들은 실제로 명료한 구어를 영원히 하지 못할 수도 있다. 출생 전, 출생 중 혹은 출생 직후 발생한 손상 등으로 대뇌의 운동조절 센터가 방해를 받아서 뇌성마비 아동들은 근육의 약증, 마비, 불협응 등을 나타낸다.

특수교육진흥법(법령 폐지됨)에서는 지체부자유를 '지체의 기능·형태상 장애를 지니고 있고, 체간의 지지 또는 손발의 운동·동작이 불가능하거나 곤란하여 일반적인 교육시설을 이용한 학습이 곤란한 자'로 정의 하고 있다. 뇌성마비의 구체적인 정의를 하자면 뇌성마비는 하나의 질병이 아니라 비슷한 임상적 특징을 가진 증후군을 집합적으로 일컫는 용어로 미성숙한 뇌에 대한 비진행성 병변 혹은 손상으로 생기는 운동과 자세의 장애를 보이는 임상증후군을 말한다. 뇌성마비란 발달 과정중인 뇌에 대한 손상으로 인하여 근육 조절 능력이나, 보행 및 자세유지 등에 문제를 일으키는 질환으로 뇌 손상은 출생 전후나, 출생 도중에 주로 발생하지만 임신 중 어느 때나 발생 가능하고 심지어 소아기 때도 생길 수 있다. 뇌의 병변은 비진행성이다. 일반적으로 뇌성마비 발병 빈도는 250명 출생 당 약 1명으로 보며 장애 정도는 매우 경하여 눈에 잘 띄지 않는 것에서부터, 심하면 사지가 마비되는 등 매우 다양하게 나타난다. 뇌의 병변은 자체는 비진행성이지만 임상적으로 나타나는 증상은 아동이 성장함에 따라 변할 수 있다.

2. 뇌성마비의 종류

일반적인 진단 용어가 계속해서 널리 사용되고 있는 것과 같이, 뇌성마비는 다음과 같이 분류할 수 있다. 경직형(rigidity), 진전형(tremor), 이완형(flaccidity) 등과 같은 유형들도 다소 나타난다. Hardy(1994)에 의하면, '운동 이상증(dyskinesia)'(과도하고 불수의적인 운동 장애)이라는 용어는 더 많이 사용되고 있지만, 시간이 지날수록 옛날부터 사용되던 불수의운동형(athetosis)과 운동 실조형(ataxia)이라는 용어는 이제 거의 사용되지 않고 있다.

1) 경직형

경직형 그 자체는 일정한 정도 이상의 과긴장성이 있는 길항근이나 상반근육 집단의 동시 수축으로 기인하는 마비라고 정의된다. 경직형은 추체로(pyramidal nerve tracts)의 장애 또는 손상에 기인하는 것이며, 뇌성마비의 가장 일반적인 형태이다. 근육들이 과도하게 수축하면, 매우 세게 또는 갑자기 당겨지고, 가벼운 자극에도 큰 수축이 일어난다. 경직형 환자는 손가락을 움직이려고 해도 손뿐만 아니라 팔이나 몸통에서도 반사가 일어난다. 경직형 환자는 전형적으로 "가위 걸음"을 걷는다. 양손이 심하게 수축된 상태에서 주먹을 꽉 쥔 채로 손목이 뒤틀리거나, 팔 전체가 목을 따라 위쪽과 뒤쪽으로 당겨진다. 경직형 환자는 말하는 동안 흉근들이 수축되는 경향이 있어서, 그 결과 흉강이 팽창되어 공기를 바깥으로 내보내기 위해 지나치게 복부를 압착시킨다. 따라서 그는

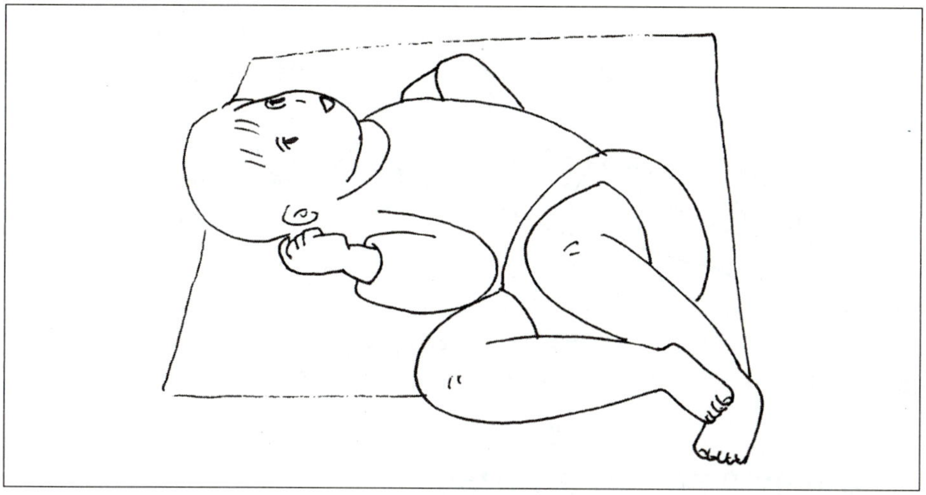

[그림 11.1] 경직형

출처: 김선희(2000)

복부로 호기하는 동시에 흉부로는 흡기를 하게 된다. 따라서 긴장이 많이 일어나며, 그 긴장 자체가 전신에 걸친 근육의 비정상을 초래한다. 또한 이 상태에서 구어는 비정상적인 멈춤과 헐떡거림, 그리고 약하거나 실성증적인 음성을 나타낸다. 경직형 환자의 구어가 대부분 "깨어지는"은 이런 형태의 잘못된 호흡으로 기인한다.

경직형 환자는 점진적이고 유연한 운동이 어렵기 때문에, 경직형 구어는 종종 폭발적이고 돌발적이다. 종종 경직형의 특징인 강한 조음 접촉 때문에 말더듬과 유사한 징후가 나타난다. 복잡한 협응을 요구하는 음에 결함이 있음은 물론, 윗 잇몸에 접촉하여 조음하는 설전음을 산출하는 것은 매우 어렵다. 안면 마비가 약간 있는 경우에, 양순음은 기대하는 이상으로 훨씬 더 어렵다. 경직형과 무정위운동형 둘 다의 징후가 있는 경우는 경직형만 나타나는 경우보다 조음이 훨씬 왜곡되는 경향이 있다. 마지막으로 혀의 거상과 관련 있는 교호운동 비율이 다른 유형의 뇌성마비 환자에게서 발견되는 조음오류 수에 비하면 매우 좋은 것으로 나타난다.

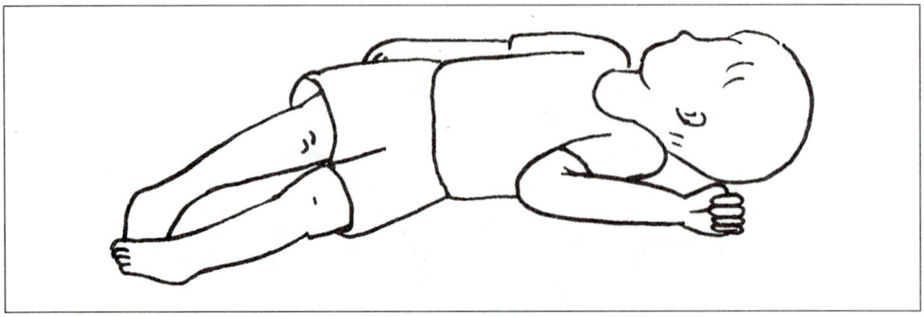

[그림 11.2] 무정위운동형

출처: 김선희(2000)

2) 무정위운동형 혹은 운동이상증

우리가 말하는 무정위운동형 혹은 운동 이상증은 대뇌의 심층에 있는 전달 부위(추체 외로)의 손상에 의해 발생되는 비정상적인 운동을 의미한다. 무정위운동형은 하나의 근육이 또 다른 근육에 뒤이어 영향을 주는 불수의적으로 뒤틀리는 수축으로 설명될 수 있다. 이러한 수축은 빠르게 혹은 느리게 이루어지고, 넓은 부위 혹은 좁은 부위에서 이루어지기도 한다. 무정위운동형 환자는 머리를 이리저리 흔들고, 팔을 율동감 있게 상하로 흔든다. 턱과 안면근육에 뒤틀림이 주기적으로, 찌푸림이 반복적으로 나타나지만, 어떤 무정위운동형에서는 이러한 움직임들이 잠을 잘 때나 알코올이 작용할 때에는 없어진다. 무정위운동형에는 무 긴장형과 종종 경직형이라고 오해하는 긴장형의 두 가지 주요 유형이 있다. 긴장형 무정위운동형의 경우, 팔을 움직이지 못하게 하면 저항을 하는데 반해서, 경직형은 그러한 저항을 하지 않는다. 긴장형 무정위운동형 환자의 팔은 점차적으로 구부러지는 경향이 있으며, 경직형 환자의 팔은 경동과 함께 풀리게 된다.

무정위운동형 환자의 구어는 종종 강도가 약해지는데, 단어의 어말 음과 구의 마지막 단어를 매우 작게 말하며, 음성은 현저하게 떨린다. 단음조가 매우 일반적이며, 긴장형무정위운동형에서는 습관적으로 거의 상한계 범위에서 나는 음도를 사용하고, 가성음질이 많다. 또 다른 일반적인 음질은 목쉰 음성인데, 특히 남자의 경우에 두드러진다. 무정위운동형 뇌성마비 환자는 조음 오류를 많이 나타낸다. 그리고 음을 산출하는데 미세한 협응이 필요하면 필요할수록 더 많은 음들이 왜곡될 것이다. 설전음이 특히 어려우며, 일반적으로 호흡장애가 있고, 청각 및 시각 문제가 있는 경우도 많다.

3) 운동실조형

운동실조형은 주로 균형을 잡거나 근육들 간의 운동을 협응 하는 능력의 결핍을 나타낸다. 근육긴장도는 매우 낮다. 운동실조형 뇌성마비 환자는 유연하고 일련의 통합된 동작, 즉 걷기, 쓰기, 말하기 등과 같은 복잡한 활동을 하기가 매우 어렵다. 운동실조형 환자의 움직임(운동)은 적당한 속도, 충분한 힘, 적당한 방향 등이 결핍되어 있는 것이 특징이다. 운동실조형 환자의 구어는 불분명하고 리듬감이 없다. 이러한 상태는 소뇌의 병변으로 기인되고, 뇌성마비에서 매우 드문 1차적 징후이다.

4) 신체부위에 의한 분류

뇌성마비는 영향을 받은 신체의 부위에 따라서도 분류된다. 만일 한 쪽 사지에 경직형 또는 무정위 운동형이 나타나면 단마비(monoplegia)라 하고, 신체의 절반(오른쪽이나 왼쪽)이 영향을 받고 있다면 편마비(hemiplegia), 양쪽 팔 혹은 다리에 영향을 받고 있으면 양측마비(diplegia), 사지 모두에 경직형 및 무정위운동형이 나타나면 사지마비(quadriplegia)라 한다. 무정위운동형과 경직형이 결합되어 있는 사지마비에서 조음오류를 가장 많이 나타낸다.

3. 뇌성마비의 원인

뇌성마비는 임신 전, 출산 시, 혹은 출산 후에 일어나는 뇌손상에 기인한다. 적어도 1,000명의 출생아 중 1명의 비율로 뇌성마비자가 발생하는데 대한 정확한 원인을 알 수는 없지만, 가장 일반적인 원인은 대뇌 출혈 및 산소결핍과 관련된다. 현대의 의학 지식 및 기술의 발달로 불과 몇 해 전만 해도 살아남을 수 없던 선천성 장애 유아들을 살릴 수 있다는 것에 주목하는 것이 중요하다. 따라서 뇌성마비 및 기타 발달 장애들의 발생률이 현재의 데이터가 제시하는 것보다 훨씬 더 높다고 기대하는 것이 합리적이다.

좌우간에, 출생 전 대뇌 손상은 어머니의 감염성 질병(특히 풍진이나 홍역), 혹은 당뇨 등에 기인되고, 납이나 수은에 노출되거나 니코틴, 알코올, 약물중독, 방사능 노출 등은 뇌성마비와 같은 태아기형을 발생시킬 수 있다. 출산 전에 건강관리를 잘하는 것은 매우 중요하다. 그러나 Billeaud(1993)는 "조산이나 심한 저 체중의 병약한 유아들의 출산 숫자가 증가하는 것은 출생 전 건강 관리가 불충분했거나 전혀 하지 않은 산모에게서 많이 출생되기 때문"이라고 하였다. 또한 증가 추세에 있는 10대 미혼모들에게 태어난 유아들 중에 다년간 특별한 서비스를 필요로 하는 뇌성마비 아동들이 많이 있을 것으로 생각된다.

출생 중 원인에는 미숙, 난산 혹은 자연분만, 도구적 상해 등이 포함될 수 있다.

4. 뇌성마비의 영향

약 50%의 뇌성마비자들이 정신지체를 수반하지만, 많은 수가 정상지능을 가지고 있다. 그러나 이들은 비틀거리고, 침을 흘리며, 이상한 소리를 내고, 말을 하려고 할 때 괴상하게 얼굴을 찌푸리기 때문에 사람들이 좋지 못한 인상을 가질 수 있다.

지능이 높은 뇌성마비자들은 일상생활에서 너무 많은 좌절을 겪기 때문에, 신체상의 장애만큼이나 많은 정서적인 장애를 가지게 되는 경향이 있다. 걷고, 말하고, 먹고, 아래층으로 내려가고, 음식접시를 나르고, 연필을 쥐고, 기타 수많은 일상의 활동에 대해서 공포를 느끼게 된다. 이런 공포를 매우 강하게 느끼기 때문에 그들은 더욱 긴장하게 되어 결과적으로 경직형 또는 무정위운동형의 특징들을 더 많이 나타낸다. 이러한 많은 뇌성마비 아동들을 부모들이 지나칠 정도로 잘 보살펴 주고 과보호를 하기 때문에, 그들은 사회생활을 하는데 필요한 능력들을 배울 기회를 갖지 못하기도 한다. 아동들이 성인으로 성장하면서는 심리적인 문제도 많이 겪게 되어 이러한 측면의 상담 및 지도가 필요하다.

5. 지도방법

뇌성마비 아동들은 종종 5~6세가 될 때까지 말을 시작하지 못한다. 그러나 많은 아동들은 부모들이 적절하게 가르칠 때 사용하는 것과 동일한 절차를 이용한다. 모방을 하도록 가르치고, 음에 의미가 있다는 것을 인식시키고, 음의 순서와 결합이란 견지에서 단어를 가르쳐야 한다. 작은 인형을 이용하여 옹알이 게임을 하는 것이 어린 경직형 아동이 말을 하도록 하는데 효과적이다. 아동이 속삭이거나 또는 단지 입술만 움직이는 형태의 말을 하는 경향이 있기 때문에, 모든 발성을 칭찬을 하는 것이 특히 필요하다. 가능하다면, 처음에는 아동을 침대에 반듯하게 눕힌 상태에서 구어를 가르쳐야 한다. 노래와 구어 게임이 녹음된 레코드가 이런 아동들을 자극할 때 유익할 것이다.

대부분의 뇌성마비자들은 물리치료사나 작업치료사에게 먼저 치료를 많이 받게 된다. 어떤 치료 세팅에서는 전체 치료 팀이 주의 깊게 계획한 섭식 프로그램을 통해서 구어 이전 단계인 구강운동 훈련을 실시한다. 이러한 특별한 접근법의 전제는 구어가 혀, 입술, 턱 등의 섭식 활동과 관련된 신체 기관들을 부분적으로 사용하고 있다는 것으로, 만약 섭식 활동이 비정상적이면, 음의 산출에도 영향을 미치게 된다는 것이다. 어떤 경우에는, 대뇌 상해 아동들과 성인들이 삼키기 활동에 필요한 구강의 준비나 음식물을 입을 통해 위로 넘기는데 어려움이 있는 삼키기 장애를 가질 수도 있다.

뇌성마비를 치료하는 기법에는 Bobaths법, 루드법 등이 있다. 이중 Bobaths 물리치료법은 먼저 비정상적인 운동이 일어나지 못하게 하는 자세를 아동이 취함으로써 병리적인 반사활동을 억제시키도록 한다. 그리고 나서 정상적인 원시반사들을 자극하고 촉진하며, 마지막으로 자발적으로 운동을 통제하도록 만든다. 이러한 순서로 실시하여 성공을 한다면, 매우 놀라운 변화가 일어날 것이다. 우리들은 주위를 돌아다니면서 겨우 고통스런 발성을 터트리는 것 외에는 어떤 소리도 내지 못하는 어린 뇌성마비 아동들을 숙련된 치료사가 Bobaths 법으로 치료했을 때, 조용해지고 이완되어져서 옹알이를 정상적으로 산출하기도 한다.

루드 법은 사용하는 물리치료사와 밀접한 관계를 이루며 일을 한다. 이 방법은 근육들이 보다 더 효과적으로 협응하도록 자극하고 긴장이완을 시키기 위한 일련의 치료체제를 가지고 있다. 어떤 근육을 자극하고 긴장을 이완시키기 위해서 얼음, 솔, 기타 표면을 자극할 수 있는 자극제를 도구로 사용하여 정상적인 운동 행동의 패턴을 더욱 촉진시킨다.

특히 성인 뇌성마비 환자에게 물리치료, 언어치료와 더불어 비공식적인 심리치료를 보충하는 것이 필요하다. 뇌성마비 성인들은 장애에 대해서 객관적인 태도를 가지도록 배워야 한다. 전체적인 장애 중에서 정서적인 부분을 조금씩 감소시켜야 한다. 그들은 모든 방법을 동원하여 자신들의 유용한 자질들을 증가시켜야 한다. 공포와 부끄러움이 감소되면, 긴장이 감소될 것이다.

6. 보완-대체 의사소통 시스템

중증의 뇌성마비 환자나 다른 운동 장애를 가진 어떤 환자들은 실질적으로 명료한 구어의 습득이 불가능하다. 수년 동안 전문적인 도움을 받는다 하더라도, 그들은 효과적인 구두의사소통에 필요한 운동조절이 되지 않는다. 이러한 환자의 경우에, 언어치료사가 첨단 기술 혹은 저급 기술 전략을 이용한 비구두적 방법을 통하여 의사소통을 하도록 돕는 일은 바람직하며 또한 필요한 일이다.

사람들은 오랫동안 연기신호, 모르스 기호, 수기 신호, 전문적인 스포츠에서 사용하는 수신호 등과 같은 비음성적 의사소통 양식을 사용하여 왔다. 그러나 장애자들이 비음성적 체계를 사용하여 그들의 생각과 감정을 표현하도록 이러한 신호들을 응용하는 것은 새로운 것이다. 이런 방면을 주도하는데 전문적인 언어병리학은 말을 하지 못하는 것에 대하여 두 가지 기본 형태의 비구두 시스템을 제시하는데, ① 전형적으로 말을 할 수 있나는 희망이 거의 또는 전혀 없는 사람들을 위해서 성도를 대체하는 의사소통 양식, ② 그 사람이 현재 제한된 구어 능력을 증대하거나 보완하는 의사소통 양식 등이 있다. 우리들은 '보완-대체 의사소통'이라는 용어를 종종 접하게 된다. 보완적인 접근법은 젊은 사람들에게 종종 사용되는데, 그 이유는 그 접근법이 사회적 교환을 촉진시키는데, 다시 말해 구어 및 비음성적 방법 둘 다를 이용해서 의사소통 하려는 젊은이들의 욕구를 강화시키기 때문이다.

어떤 사람들이 AAC 시스템을 사용하는 것이 적당한지 아닌지 또 어떤 형태의 체계를 사용하는 것이 좋은지를 결정 하는데는 많은 요인들을 고려해야 한다. 그 환자의 시각적, 청각적 및 운동기술, 인지발달과 지능의 수준, 동기와 의사소통하고자 하는 욕구 등은 어떤 선택적인 제스처나 기호 체계를 사용할 수 있는가를 치료 팀이 결정할 때 고려해야 할 변수들이다.

과거 몇 년 동안에, 말을 하지 못하는 사람의 의사소통을 돕는 독창적인 기기와 기법이 많이 개발되거나 고안되었다. 여기서는 단지 가장 일반적으로 사용되는 비구두 의사소통 시스템을 몇 가지 설명하겠다.

1) 제스처

신체부위의 움직임을 시각적으로 전달하는 메시지가 가장 직접적인 비구두 의사소통의 형태이다. 제스처는 코드화된 눈 깜짝임이나 발 굴리기만큼 간단한 것도 있고, 미국 수화기호 혹은 미국 인디안 사인 언어만큼 복잡한 시스템의 수신호도 있다. 지문자는 손가락 동작으로 문자를 나타내는 반면, 미국 인디언 사인 언어는 전체적인 개념이나 아이디어를 그림으로 나타내는 그림문자로 나타낸다.

2) 의사소통판

여러 가지 형태의 의사소통 과정을 돕기 위해서 고안되었다. 때때로, 그 환자는 손이나 발로 적당한 지점을 지적한다. 또 어떤 때는 의사소통판을 지적하기 위해 헤드스틱을 사용하기도 한다. 심지어 지적도 할 수 없는 사람들을 위해서, 필요한 항목에 '예' 또는 '아니오' 신호를 나타낸다. 처음에는 매우 간단한 판을 사용하고 나중에는 더 복잡한 판을 사용한다.

제한된 그림 세트보다는 기호를 이용하는 의사소통판을 사용하는 것이 환자가 항목들을 구와 문장으로 결합시킬 수 있기 때문에 의사소통의 가능성이 더 높다. 알파벳이 아닌 심볼 시스템을 이용할 수 있는 것이 많다.

비록 처음에는 브리스심볼이 추상적인 것 같지만, 그것들은 배우기가 쉽다. 더구나 그 기호 밑에 단어를 제시하기 때문에, 많은 중증 장애 아동들이 이런 읽기 방법을 배우고, 그 시스템을 모르는 사람들이라도 기호 밑에 있는 단어를 이용하여 의사소통할 수 있다.

다음은 중학생의 사례이다.

상현이는 13세 10개월 된 학생이다. 어머니의 보고에 의하면, 첫 번째 아이이고 임신기간과 분만 형태는 정상이었다고 하였다. 아동은 생후 12개월경에 초어 "엄마"를 산출하였으나 생후 14개월경부터 옹알이의 빈도가 줄어들었다고 하였다. 어머니는 아동의 발달이 지체된다고 판단하여 대학병원에서 2세와 5세 8개월에 두 차례에 걸쳐 MRI 검사를 실시하였으나 병인을 찾을 수 없었다고 하였다. 아동의 병력은 유아기 때 후두염을 앓았던 것을 제외하고는 없었다고 하였다. 그러나 아동이 생후 6개월경에, 어린 사촌이 이불로 아동의 얼굴을 덮어 숨을 못 쉬게 한 적이 있는데, 그 날 이후 아동은 3, 4일 동안 거의 잠을 못 자면서 계속 울었고 경기를 일으켰다고 하였다. 경기 이후 아동은 눈이 조금씩 돌아가기 시작하여 사시로 인해 6세 1개월경에 1차 수술, 9세 2개월에 2차 수술을 받았다고 하였다. 뇌성마비의 진단은 6세경에 받았다고 하였다. 아동은 언어 이외 다른 영역에도 보통 아이들보다 많이 느리다고 하였다. 아동은 음식을 먹는데 다른 어려움은 없지만 딱딱하고 뜨거운 음식은 싫어한다고 하였다. 아동은 치킨과 과일 종류는 다 좋아한다고 하였다. 아동의 평상시 발화는 단단어 위주이며 배고프거나 힘들 때 단단어로 의사를 표현한다고 하였다. 하지만 발화가 짧고 불명확하여 어머니만 이해할 수 있다고 하였다. 아동은 집에서 주로 컴퓨터로 자동차 검색을 한다고 하였다. 아동은 최근 장윤정의 '어머나'라는 노래를 좋아하며 노래를 틀어놓고 컴퓨터를 이용한다고 하였다.

진단 시 행동을 관찰해 본 결과, 아동은 치료사의 질문을 억양으로 이해하고 모든 질문에 "예."라고 대답하였다. 아동은 치료사의 반복된 질문에 의기소침해지기도 하였다. 아동은 치료사가 아동이 싫어하는 음식을 제시하였을 때 "싫어요."라는 부정어를 사용하지 않고 고개를 한 쪽으로 돌림으로서 의사를 표현하였다. 아동은 주로 단단어로 말하고 아동이 좋아하는 물건에 대해서는 웃으면서 자발발화를 하였다. 아동은 학교에서 기분이 좋을 때 같은 반에 누나의 손을 잡으며 "누나."라고 반복해서 말하였다. 아동은 치료사가 2 어문을 유도하였을 경우 폭발적으로 2 어문을 산출하였다.

아동은 주위사람의 도움 없이 이동이 가능하였다. 아동은 몸의 경직으로 인해 행동이 뻣뻣하다는 느낌을 주지만 일상생활에서는 어려움이 없어 보였다. 아동은 앉아 있을 때 오른 쪽으로 약간 기울어져 있었다. 아동은 치료사가 제시하는 구강 에어로빅에서 볼 부풀리기나 혀로 치아를 감지하는 과업을 수행하지 못하였다.

아동은 공부할 때 쓰는 도구에 관해서 바르게 정리하려고 하였다. 아동은 자신이 선호하는 과업에서는 능동적인 자세를 보이고 적극적으로 참여하였다. 어머니는 치료사가 제시하는 과제를 적극적으로 도우려고 하였다.

아동의 언어능력과 구강조음기관능력에 대한 진단을 실시하였다. 언어적인 측면에서 취학 전 아동의 수용언어 및 표현 언어 발달 척도(Preschool Receptive-Expressive Language Scale; PRES, 김영태 외, 2003) 실시결과, 수용언어는 28개월로 11세 5개월로 지체되었으며, 표현 언어는 24개월로 11세 9개월 지체되었다. 구강 조음기관의 기능 선별검사(Oral Speech Mechanism Examination-Revise; OSMSE-R, Kenneth O.St. Louis & Dennis M. Ruscello.1981)결과, 입술 구조에서 외관상 문제는 없고 기능적인 면에서 입술을 닫고 양 볼을 부풀리는 과업을 수행하지 못하였다. 혀 구조에서는 외관상 문제는 없고 기능적인 면에서 혀끝을 경구개를 따라 뒤쪽으로 끌어당기는 과업을 수행하지 못하였다. 턱 구조에서 외관상, 기능상 문제가 없었다. 치아 구조에서 외관상 치열이 고르지 못한 것을 제외하고 다른 이상은 없었다. 경구개 구조에서 외관상 문제가 없었다. 연구개 구조에서 외관상 문제는 없었고 기능적인 면에서 움직임이 느렸다. 연인두 기능에서 음질의 변화가 있는 것으로 보아 약간의 과비음화 현상이 있는 것으로 보인다. 호흡면에서 구비강 분리 호흡이 가능하였지만 자연스럽지 못하였다. 길항운동 단음절과업에서는 유창성은 떨어졌지만 조음은 정확하였다. 음절이 2음절, 3음절로 늘어났을 때는 한 음절씩 끊어서 발음하여서 유창성, 조음적인 측면 모두 평균이하 의 기능을 보였다. 기능적 언어행동 분석 결과 인사하기, 물건요구하기, 행동요구하기, 물건에 대한 견해 표현하기, 부정하기, 선택하기, 끝맺기는 나탔으나 정보 요청하기, 행동에 대한 견해 표현하기, 가정하기, 예상하기에 대한 것은 나타나지 않았다. 대화 이끄는 능력에서는 자발적으로 대화에 참여하기, 알려주기, 특정한 주제를 이해하기, 주제 바꾸기, 주제 유지하기, 대화 내용 질문하기, 질문에 설명하기, 부연 설명 요청하기, 부연 설명하기의 기능이 나타나지 않았고, 대답하기 기능은 아주 잘 나타났으나 의도를 잘 파악하여 나타내는 것은 아니었다. 조음 선별검사 시 반복과업에는 유창성은 나타나지 않았으나 조음 정확도에서 연결음은 되지 않아 전체적으로 평균 이하가 나왔다. 언어적인 측면에서는 아동은 의도적인 부정을 표현할 때는 자발화 대신 고개를 한 쪽으로 돌려 표현하는 소극적인 모습을 보였고 긍정적인 감정 표현에는 자발화와 함께 행동을 취하는 적극적인 모습을 보였다. 아동은 요구하기, 대답하기, 선택하기, 부정하기 등의 표현하는 기본적인 의사소통 기능에는 반응을 보였으나 정보 요청하기, 알려주기, 자발적으로 대화에 참여하기 등의 기능은 반응이 나타나지 않았다. 호흡면에서도 문제점이 나타났다. 그러나 아동은 자신이 참여할 수 있는 활동에 흥미를 가졌으며 자동차 등의 사물을 좋아했다.

상현이는 조음문제를 동반하고 있었는데 이것은 경직형 마비성 구어장애의 전형적인 특성으로 나타난 것으로 보였다. 따라서 얼굴 마사지와 구강조음훈련 프로그램을 이용해 안면근육을 부드럽게 풀어주어야 하는 운동이 필요할 것이다. 상현이의 경우는 언어능력은 낮지만 생활연령이 높다. 이러한 경우는 5세 아동이 언어능력이 24개월로 측정된 것과는 다른 양상을 나타낸다. 13년 동안 사회에서 배운 비언어적인 정보들 또는 언어적인 정보들이 많다. 따라서 어휘의 선택이나 아동에게 하는 말도 3세의 아동이 아니라는 것을 명심하고 대해야 할 것이다.

7. 요약

① 정상적인 지능을 가진 뇌성마비 아동 및 성인들은 심리적인 치료 및 상담이 필수적이다. 뇌성마비 아동들은 언어적인 접근을 할 수도 있고 비구어적인 의사소통을 이용할 수도 있다. 어떠한 예를 사용하든 간에 의사소통이 이루어져 일상생활에서 삶을 영위할 수 있도록 도와주는 것이 중요하다. 그리고 뇌성마비인들은 심리적인 측면을 잘 이해해 주면서 상담을 실시하여야 한다.

② 뇌성마비인들을 보는 태도를 바르게 가져야 한다. 신체적인 장애로 인해 외면적으로 다른 사람들로부터 좋은 인상을 가지지 않게 될 수 있다. 따라서 이러한 측면을 고려한 내담자 태도를 가지는 것이 중요하다.

제 12 장

정신지체아 교육

1. 정신지체의 정의

정신지체라는 용어는 일반적으로 치료 불가능 또는 백치, 우둔, 정신박약, 정신결함, 정신적 지체(mentally retarded) 등으로 사용되어져 왔다.

정신지체라는 용어는 1960년대까지 주로 '정신박약'이나 '정신결함'의 용어로 사용되어오다가 1960년 이후부터 정신지체(mental retardation)로 사용되어 왔다.

Doll(1941)은 처음으로 정신지체(Mental retardation)용어를 '선천적으로 발달이 중단되고 치료가 불가능한 사회적 무능력'의 의미로 사용했으며 현재 정신지체의 정의에 기본적인 틀을 마련하였다고 볼 수 있다.

1) 미국정신지체협회(American Association on Mental Retardation; AAMR)에 따른 정의

1992년에 미국정신지체협회에서는 정신시체에 내한 개념을 기능적 모델에 기초하여 정의하였다. 즉, 정신지체라 할지라도 각 개인이 지니고 있는 잠재능력, 개인이 생활하고 있는 환경변인 그리고 지원정도 3요소간의 상호작용을 통해 정신지체를 진단하고 개념을 설명하였다.

정신지체는 개인이 지니고 있는 기능이나 능력정도가 실제적으로 제한성을 가지고 있으며, 정신지체는 유의하게 평균이하의 지적 기능과 동시에 이와 관련된 10가지 적응능력기술영역에서 두 가지 또는 그 이상의 적응기술영역에서 제한성을 가진 것으로 정의하였다. 또한 발달기간의 18세 이전에 나타나는 것으로 정하였다.

위에 의미하는 적응기술능력의 10가지 영역은 의사소통영역, 자기관리영역, 가정생활영역, 사회적 기술영역, 지역사회 활용영역, 자기지시영역, 건강과 안전영역, 기능적 교과영역, 여가활동영역 그리고 직업영역으로 제시된다(AAMR, 1992).

시대의 흐름에서 2000년도 이후에는 정신지체라는 용어에 대한 비판과 동시에 2002년 미국정신지체협회에서는 정신지체 개념을 다음과 같이 재정의하고 있다.

> "정신지체는 지적 기능과 개념적, 사회적, 실제적 적응기술로 표현되는 적응행동 모두에 있어서 심각한 제한으로 특징지어지는 장애이다. 이 장애는 18세 이전에 나타난다."

여기에서 의미하는 적응행동은 다음의 내용을 포함하고 있다(미국정신지체협회, 2002).

① 적응행동은 개념적, 사회적, 매일 기능하기 위해서 사람이 배워야 하는 실제적 기술의 집합이다.
② 적응행동에서의 제한은 환경의 요구와 생활 변화에 반응할 수 있는 능력과 매일 일상생활 모두에 영향을 준다.
③ 적응행동의 제한은 네 가지 다른 면에서 고려하여야 한다: 지적능력; 참여, 상호작용, 사회적 역할; 건강; 맥락
④ 정신지체 진단을 위해서는 적응능력의 의미 있는 제한은 장애인과 비장애인이 포함된 준거가 있는 표준화된 측정을 통해서만 측정되어야 한다.

위와 같은 정신지체 개념적용에 따라 2002년 미국정신지체협회에서는 정신

지체의 개념을 정의하는데 있어서 다음과 같은 나섯 가지 전제조건을 제시하고 있다.

① 현재의 기능적 제한은 같은 나이의 또래들이 생활하는 지역사회 환경과 문화 안에서 고려되어야 한다.
② 타당한 평가는 의사소통, 감각, 운동, 행동요인 뿐 아니라 문화적, 언어적 다양성 안에서 고려되어야 한다.
③ 개인 안에서의 제한점은 자주 강점과 함께 존재한다.
④ 제한점을 설명하는 중요한 목적은 필요한 지원 자료를 개발하기 위해서이다.
⑤ 일정기간 동안에 적절한 개별화된 지원이 제공되면 정신지체인의 생활기능은 일반적으로 향상될 것이다.

1992년 미국정신지체협회 정신지체의 개념을 지적기능의 제한성, 적응행동의 제한성, 개인과 환경의 상호작용 그리고 지역사회에서의 기능성의 네 가지 차원에서 지원의 강조를 정하고 정의하였다면, 2002년에는 개인의 기능에 따른 지적능력, 적응행동(개념적, 실질적, 사회적), 참여/상호작용/사회적 역할, 건강(신체적 건강, 정신건강, 원인론) 그리고 주변상황(환경, 문화, 기회)의 다섯 가지 차원으로 나누어 제시하고 있다.

2) 우리나라의 정신지체의 정의

우리나라의 경우 (구)특수교육진흥법(2007. 5. 25 법령폐지)에서는 정신지체아를 “지능검사결과 지능지수가 75 이하이며, 적응행동에 결함을 지닌 자”라고 정하고 있으며, 장애인복지법의 정의에서는 “정신지체인은 정신 발육이 항구적으로 지체되어 지적 능력의 발달이 불충분하거나 불완전하고 자신의 일을 처리하는 것과 사회생활에의 적응이 곤란한 자”로 정하고 있다. 그러나 실제 미국정신지체협회에서처럼 적응행동의 범주가 구체적으로 제시되지 않고 있다.

2. 정신지체의 분류

정신지체도 다른 장애와 마찬가지로 장애의 정도에 따라 개인의 능력정도가 다르며, 장애정도에 따른 분류도 시대의 변화와 함께 그 기준도 변하여 왔다.

1) 1992년 미국정신지체협회(AAMR)

과거에는 정신지체를 교육가능, 훈련가능, 보호수용으로 분류하였지만, 실제 정신지체자녀를 둔 부모들은 훈련가능이란 용어는 동물에게 적용하는 용어라고 문제를 제기함으로써 이 분류방법은 더 이상 사용하지 않고 있다. 따라서 모든 인간은 동등한 존재로서 누구나 교육받을 권리가 있다는 것에 기반을 두어 정신지체를 장애정도에 따라 경도(mild), 중등도(moderate), 중도(severe), 최중도(profound)로 나누어 분류하고 있다. 이 분류 또한 장애정도에 따른 IQ 정도를 나라마다 다양하게 제시하고 있지만 현대에 와서는 정신지체 진단기준에 적응행동의 개념이 포함되면서 그리 권장되어 사용되지는 않고 있다.

이것은 무엇보다도 1992년 미국정신지체협회에서는 정신지체를 정의하고 분류함에 있어서 장애인 개인이 자신의 삶을 영위하는 데 있어서 지원정도가 얼마만큼 필요한가에 강조를 둠으로써 지적능력에 대한 분류는 제외시켰다.

특히 정신지체를 분류하는 영역에서는 개인의 심리적·정서적 고려, 신체적 건강과 원인의 고려 그리고 개인의 성장·발달을 촉진하는 환경을 고려할 것을 기술하고 있으며, 이러한 분류에 따른 기술은 장애인 개인이 필요로 하는 지원서비스를 파악하여 정신지체를 결정하는 것으로 제시하였다.

전통적인 분류형식들을 배제하고 정신지체인이 실제적으로 생활하는데 필요한 지원의 종류와 강도 따라 간헐적 지원(intermittent), 제한적 지원(limited), 확장적 지원(extensive), 전반적 지원(pervasive)이라는 네 가지 지원수준(〈표 12.1〉 참조)에서 정신지체를 분류하고 있다(Hallahan & Kauffman, 1994).

이러한 분류방법은 지능검사와 적응행동검사 등을 통해 지원 내용을 결정하게 되며, 이를 통해 지적기능의 제한성, 적응행동의 제한성, 개인과 환경의 상호

〈표 12.1〉 지원 정도에 따른 정신지체의 분류

지원 정도	지원 내용
간헐적 지원	필요한 때에 단기적인 지원, 즉 항상 지원을 필요로 하지 않고 간헐적으로 지원이 필요하거나 인생의 전이기간에 단기간의 지원이 필요로 함. 예: 실직, 의료적 지원 등에 따라 지원의 강도를 다르게 함.
제한적 지원	정해진 기간 동안의 일관적인 지원을 함. 예: 학교입학전의 조기교육, 시간 제한적인 직업고용훈련, 학령기에서 성인기로의 전이적 지원.
광범위한 지원	몇몇 환경(가정이나 직장 등)에서의 시간적 제한이 없이 정기적으로 지원함. 예: 매일 또는 장기간의 가정생활지도 등.
전반적인 지원	생애 전체에 거쳐 모든 생활환경에서의 일관되고 강도가 높은 지원.

출처: 전국보육교사교육원 대학협의회(2005)

작용 그리고 지역사회에서의 기능성 향상의 네 가지 차원에서 이에 필요한 지원의 강도를 강조하였다.

2) 우리나라의 분류

우리나라 (구)특수교육진흥법(2007. 5. 25 법령폐지)에서는 정신지체를 지닌 특수교육대상자를 “지능검사 결과 지능지수가 75이하이며 적응행동에 결함을 지닌 자”로 정하고 있다. 여기에서 ‘특수교육대상자’라는 용어자체는 학령기를 의미하기 때문에 AAMR에서 분류한 18세로 연령을 정한 것에는 비슷한 의미로 이해할 수 있다. 그러나 “적응행동에 결함”이라는 말에는 구체적인 내용이 제시되어 있지 않으므로 (구)특수교육진흥법(2007. 5. 25 폐지)에 의한 정신지체 분류를 지능지수에만 제한하고 있는 단점이 있다.

장애인 복지법 시행규칙에서는 정신지체를 장애정도에 따라 등급으로 나누어 지적 능력, 일상생활, 사회생활, 직업을 고려하여 〈표 12.2〉와 같이 분류하고 있다.

〈표 12.2〉 장애인 복지법에 따른 정신지체분류

장애등급	장애분류
제1급	지능지수 34 이하인 사람으로 일상생활과 사회생활의 적응이 현저하게 곤란하여 일생동안 타인의 보호가 필요한 사람
제2급	지능지수가 35 이상 49 이하인 사람으로 일상생활의 단순한 행동을 훈련시킬 수 있고, 어느 정도의 감독과 도움을 받으면 복잡하지 아니하고 특수기술을 요하지 아니하는 직업을 가질 수 있는 사람
제3급	지능지수 50 이상 70 이하인 사람으로 교육을 통한 사회적·직업적 재활이 가능한 사람

출처: 장애인복지법

3. 정신지체의 원인

정신지체의 원인은 매우 다양하게 나타나고 있지만 정확한 원인이 밝혀지지 않는 경우가 많다. 정신지체는 출생 전, 출생 시 그리고 출생 후의 다양한 요인으로 인해 나타날 수 있다. 일반적으로 정신지체는 생물학적 원인과 환경적 요인에 의해 나타나며 대부분이 치료될 수 있는 질병이 아니라는 것이다.

1) 출생 전 원인

(1) 염색체 이상

정신지체아 출생전의 원인 중 하나가 염색체 이상이며, 염색체 이상으로 인한 정신지체 유형 중 하나가 다운증후군(Down Syndrome)이다. 일반적으로 인간은 23쌍의 46개 염색체를 가지고 있는데 반하여, 다운 증후군은 21번째 염색체가 3개로 47개의 염색체를 지니게 됨으로써 나타나는 증후군이다. 다운 증후군의 발생률은 800명 중 1명꼴로 발생하며, 신체적인 외형적 특성이 몽고 사람과 비슷하여 과거에는 몽고리즘으로 부르기도 했다.

다운 증후군을 지닌 정신지체는 약 5%~6% 정도로 나타나며(Beirme-Smith, Ittenbach & Patten, 1998), 외형적 특징으로는 키가 작고, 얼굴이 넓으며 입이 작아 혀가 밖으로 나오게 되어 발음이 분명하지 않은 경우도 있다.

다운 증후군의 원인은 산모의 연령이 너무 어리거나, 너무 많은(40세 이상) 경우 다운증후군 아이를 출산할 확률이 높으며, 아버지의 연령과도 관계가 있다고 한다. 이 밖에 약물중독이나 방사선 노출 등의 환경적인 요인도 다운증후군의 출생과 관련이 있다고 한다.

(2) 신진대사장애

신진대사장애는 단백질이나 탄수화물 등 우리가 음식물을 섭취하여 그것을 소화시키는데 필요한 효소가 결핍되어 일어나게 되는 장애이다. 정신지체의 원인이 될 수 있는 대표적인 신진대사장애에는 페닐케토뇨증과 갈락토즈혈증이 있다.

① 페닐케토뇨증(Phenyketonuria; PKU): 페닐케토뇨증은 대표적인 유전적 요인으로 인한 단백질 신진대사장애이다. 이것은 음식물에 자연적으로 발견되는 필수아미노산의 하나인 페닐알라닌(phenylalanine)을 적절히 신진대사를 시킬 수 없는데서 축적된 페닐알라닌이 비정상적인 두뇌발달을 초래하여 일어나는 장애이다(이소현, 2006).
출현율은 신생아 10,000~15,000명당 1명이지만, 조기발견과 치료를 통해 치료될 수 있다. 그러나 적절한 치료가 이루어지지 않을 경우에는 과도한 페닐알라니 형성으로 인해 두뇌손상을 가져오며, 이것은 정신지체나 문제행동 등의 원인이 된다(최중옥 외, 2005).
그러나 신생아기 때 소변과 피검사를 통해 PKU 여부의 진단이 가능하며, 페닐알라닌이 없는 음식물로 식이요법(채소, 과일, 주스, 몇 가지 곡물 및 빵과 녹말 등)을 하게 되면 치료되거나 또는 정신지체를 예방할 수 있다.

② 갈락토즈혈증(Galactosemia): 갈락토즈혈증은 탄수화물 대사장애로서 우유 속에 들어 있는 당분을 소화시키는 효소가 결핍되어 일어나는 것이다. 이 신진대사 장애는 정신지체뿐만 아니라 간과 신장의 기능장애 등을 일으킬 수 있다. 그러므로 치료방법으로는 우유성분이 있는 제품을 제거한 식

이요법을 하게 되면 증세가 호전되거나 치료될 수 있다고 한다. 신생아기 대 소변검사를 통해 조기발견할 수 있으며, 이에 따른 특별한 식이요법을 실시하게 되면 치료될 수 있으며 심각한 상황을 예방할 수 있다.

(3) 임신 중의 감염과 중독

임신한 산모에게 있어서 감염과 중독은 산모 자신뿐만 아니라 태아에게 영향을 미치게 되어 정신지체를 가져올 수 있다.

① 풍진: 풍진은 일반적으로 태반을 통해서 전염되는 바이러스로 임신 초기 3개월 안에 풍진에 감염되면 50% 정도의 태아발달에 두뇌손상을 가져와서 정신지체뿐만 아니라 다른 감각기관의 손상이나 뇌성마비 등을 일으킬 수 있다.

② 알코올 중독: 임신 중 산모가 알코올에 중독되어 있거나 알코올 섭취를 절제하지 않을 경우에는 태아는 '알코올증후군(Fetal Alcohol Syndrome)'을 가지고 태어날 수 있다. 알코올증후군은 태아에게 직접적이고 치명적인 뇌손상을 가져와서 정신지체, 지능저하, 소두증, 심장결함, 감각기관 손상, 발육부진 등을 일으킨다.

③ 약물 중독: 약물중독은 코카인, 헤로인과 같은 마약뿐 아니라, 항생제, 신경안정제, 아스피린, 항경련제 등을 가리킨다. 산모가 이러한 약물들을 복용하게 되면 태아가 조산될 가능성이 높으며, 장애, 심리적·사회적·의료적인 위험을 일으킬 수 있다.

④ 흡연: 임산부가 흡연을 할 경우 자연유산이나 조산이 일어날 수 있으며, 산소부족으로 인해 태아의 심장이 손상되고 미숙아가 태어날 확률이 높다.

⑤ 뇌막염과 뇌염: 뇌막염과 뇌염은 일종의 바이러스에 의한 감염으로 뇌손상을 가져와서 태아에게 부정적인 영향을 미치게 되어 정신지체뿐만 아니라 다른 장애를 일으키게 된다. 특히 연령이 어릴수록 치명적이다.

⑥ 중독: 임산부가 납중독이나 일산화탄소에 중독되면 중추신경계에 손상을 가져와서 정신지체를 일으킬 수 있다. 특히 영아기 때 납성분이 들어간

페인트나 장난감 등에 중독되면 치명적인 뇌손상을 가져오게 되어 다양한 장애의 원인이 될 수 있다.

이외에도 산전검사로 실행되어지는 양수검사, 융모샘플링, 초음파 검사 등을 통해서도 태아에 치명적인 손상을 주어 신체기형이나 정신지체를 가져올 수 있다.

2) 출생 시 원인

(1) 조산 및 저체중

너무 짧은 임신기와 신생아의 저체중은 심각한 결과를 초래할 수 있다. 조산은 산모의 연령이 너무 어리거나 또는 고령일 경우, 산모가 약해 저체중일 경우, 산모의 흡연 등으로 인해 일어날 수 있다.

또한 태아가 2.5kg 미만의 저체중에 따른 다양한 요인으로 인해 정신지체를 가져올 수 있다. 그 원인은 태아에게 충분한 산소와 영양공급에 문제가 있을 경우, 산모의 흡연 또는 약물중독, 바이러스 감염 등을 들 수 있다.

(2) 출산 시 손상

출생 시 태아의 머리나 몸이 산모의 골반에 비해 너무 크거나 태아의 위치가 부적절한 경우 태아에게 직접적인 손상을 가져올 수 있다. 이것으로 인해 산소 부족, 두개골 손상, 내장기관 손상 등을 일으켜 정신지체를 가져올 수 있다.

3) 출생 후 원인

(1) 외상

성장과정에서 낙상사고나 교통사고 등으로 인해 뇌손상을 가져와서 정신지체를 일으킬 수 있다.

(2) 아동학대

아동학대는 장애가 이유가 되어 일어날 수도 있지만, 아동학대로 인해 장애가 더욱 심각해질 수 있다. 심각한 아동학대는 두뇌손상의 원인이 되며 이것은 정신지체를 일으키는 원인이 될 수 있다.

(3) 영양결핍

뇌의 정상적인 발달을 위해서는 출생 후에도 적절한 영양이 공급되어야 한다. 출생 후 영양결핍은 신체적 기능뿐만 아니라 뇌기능에 영향을 주어 정신지체를 일으키는 원인이 될 수 있다.

4. 정신지체아동의 특성

정신지체아동은 장애정도나 개인차에 따라 특성이 다양하게 나타난다. 정신지체 아동의 특성은 실제 정신지체아를 이해하는데 기초가 되며, 운동발달영역, 사회·심리적 발달 영역, 학습영역, 언어발달영역에서 살펴보고자 한다.

1) 운동발달영역

정신지체아동의 신체발달은 영·유아기에도 발견될 수 있다. 중추신경계 손상으로 인한 정신지체아동은 자발적인 움직임이 적고, 반사적 행동만이 지속되는 경우가 있다. 또한 성장할수록 기술적이고 민첩한 움직임에 어려움이 따르기도 한다. 영아기에 나타나는 신체 발달적 특성은 목가누기, 혼자 앉기, 기기, 걷기 등의 대 근육 운동에서 신체적 발달지체가 나타나게 되며, 수저사용하기, 연필사용하기 등과 같은 소 근육 운동기능의 발달도 지체를 보이는 경우가 있다. 이 외에도 협응능력이나 감각운동능력에도 어려움을 나타내기도 한다.

2) 사회·심리적 발달영역특성

정신지체아동은 사회성 발달 및 정서·심리발달에도 문제를 나타내게 된다. 다른 사람과의 관계형성이나 다양한 상황에서의 적응능력에 어려움으로 인해 친구를 잘 사귀지 못하여 또래로부터 거부되거나 이것으로 인하여 낮은 자아존중감 형성 그리고 사회성 발달에 부정적인 영향을 미치게 된다.

따라서 정신지체아동은 실제 같은 연령보다도 어린 아동을 친구로 선택하는 경향이 있다. 또한 실제 자신의 능력과 잠재력에 대한 부정적인 자아개념을 가지는 경향이 있다.

사회·심리발달영역은 아동의 성격발달이나 자존감발달에 중요한 발달영역이므로 정신지체아 가족구성원들은 애정과 관심을 통해 정서적·사회적으로 안정된 환경을 조성해 주는 것이 필요하다.

3) 학습영역

정신지체아의 학습영역에서의 특징은 주로 주의집중결함, 기억능력의 문제 그리고 개념화와 일반화로 나타난다.

(1) 주의집중

주의집중은 과제를 해결하는데 있어서 일정시간 동안 지속하여 집중할 수 있는 능력을 의미한다. 그러나 정신지체아는 과제해결에 따른 자극선택에 있어서 쉽게 산만해지거나 집중시간이 짧아서 어려움을 지니게 된다. 또한 주의집중력 문제로 인하여 학습영역에서는 과잉행동 등의 문제행동을 동반하기도 한다.

(2) 기억력

학습영역에서 중요한 요소 중의 하나가 기억력이다. 정신지체아는 기억력에 대한 결함으로 인해 학습에 따른 연습에 어려움을 지니게 된다. 그러므로 정신지체아를 지도할 때에는 암기나 이론식 수업방식보다는 관찰이나 모방을 통해 하는 것이 바람직하다.

(3) 개념화와 일반화

정신지체아동은 일반적인 개념습득에 어려움을 가지고 있을 뿐 아니라, 학습한 것을 새로운 상황에서 적용하거나 일반화시키는데 어려움을 지니고 있다.

4) 언어발달 영역

언어발달능력은 개인의 지적·사회적 발달과정에서 모방될 수 있으며, 일반적으로 언어발달은 발달단계를 거쳐 형성된다. 정신지체아동은 비장애아동에 비해 언어발달영역에 지체를 나타낸다. 언어발달의 지체는 대인관계에서의 의사소통장애로 나타나게 되며, 정신지체아동의 언어문제는 장애 정도와 관계가 있다. 그러므로 정신지체아동의 언어발달을 위해서는 장애정도에 따라 다양한 모방학습방법이나 자연스럽게 이야기할 수 있는 환경을 조성해 주는 지원이 필요하다.

영진이는 영아기에는 다른 아기들과 발달전개가 그리 차이가 없었지만 1살 무렵부터 다른 아이들과 다르다는 것을 영진이 어머니는 감지하고 있었다. 영진이의 형에 비해 목가누기, 몸을 뒤척이거나 기기, 혼자 앉아있기 등에 조금 발달이 늦었지만 정신지체라고는 상상하지 않고 있었다. 1살 무렵이 되어도 옹알이를 하지 않았고 부모나 가족들에게도 영진이의 반응은 느리거나 적절하지 않은 것으로 보였다.

그러나 부모는 그저 조금 늦으려니, 아이들마다 다르니 시간이 지나면 괜찮으리라 여기다보니 유아기에 이르러서는 확연히 다른 아이들과 차이가 나타났다. 하지만 어머니는 병원에 데리고 갈 엄두를 내지 못했다. 가정적으로 경제적인 책임을 맡고 있었으므로 생계를 이어가는 것이 중요했다. 선생님 말에 의하면 영진이는 같은 또래들과 어울리는 활동에서도 혼자 구석에 앉아있기가 보통이었고, 선생님의 지시에도 영진이는 특별히 반응을 보이지 않았다고 한다.

영진이 부모는 어떻게 해서든지 아들을 일반학교에 보내고 싶었지만 아들이 적응할지에 대해서는 그리 깊게 생각하지 않았다. 단지 특수학교에 보낸다는 것은 자신의 아들이 비정상이라는 것을 인정하는 것 같아 가족들이나 친구들 그리고 이웃들의 시선이 두려웠다고 한다.

결국 일반학교에 입학을 한 영진이는 학습이나 사회관계나 자신의 정서적인 측면에서 전혀 도움이 되지 않음을 느낄 수 있었다. 담임선생님과의 상담을 통해 특수학급으로 반을 옮겨 보았으나 그 상황 또한 영진이에게는 그리 도움이 되지 않은 듯 했다.

아들을 학교종례 후 데리러 가면 다른 아이들은(장애를 지닌 아이들이었지만) 다른 친구들과 떠들거나 뛰거나 소리를 지르거나 움직임이 있는데, 영진이는 유독 구석 바닥에 앉아 바닥만을 응시하거나 한 번씩 친구들이 와서 머리를 치고 지나가도 아무런 반응도 하지 않았다.

현재 3학년이 된 영진이 어머니는 심각하게 고민하고 있다. 영진이를 좀 더 일찍 특수학교에 보냈더라면 비슷한 또래도 만나고, 자기를 이해해주는 선생님도 만나고, 재미있게 자기수준에 맞는 공부도 할 수 있었지 않았을까 하고 자책하고 있다. 하지만 막상 영진이 어머니가 아들을 특수학교에 다시 보내려고 하니 어디서부터 어떻게 시작해야 할지 막막하기만 하다. 늘 혼자라는 느낌이 영진이 어머니를 무력감으로 이끈다. 다행이 같은 특수학급반에 있던 소라의 어머니도 같은 고민을 하고 있다. 지금은 소라어머니와 함께 특수학교를 알아보고 상담을 하기 위한 일정을 기다리고 있다.

5. 정신지체아 교수방법

정신지체아를 지도하는데 있어서는 교사의 역할은 매우 중요하다고 할 수 있다. 특히 통합교육을 위해서는 특수교사와 일반교사 간의 상호협력과 교육태도는 중요한 역할을 담당하게 된다. 무엇보다도 정신지체아 교육과 지도를 위해서는 사전에 정신지체아동 개인에 대한 정보, 교육목표를 위한 부모와의 면담, 적응행동척도사용, 교육과정 활용 그리고 아동관찰방법을 통해 정신지체아동의 교육적인 욕구를 알아내는 것이 필요하다(최중옥 외, 2005; 이소현, 2006).

1) 교육요구조사

(1) 아동에 대한 정보

아동의 성취능력에 대한 정보, 아동의 의학적·신체적 상태, 복용하는 약물여부, 문제행동, 신체적·감각능력, 언어능력 등의 아동과 관련된 전반적인 정보수집이 정신지체아교육의 기초자료가 된다.

(2) 부모와의 면접

부모는 정신지체자녀의 현재 수행능력, 일상생활에 따른 활동내용, 요구되는 지원 등에 대한 정보를 제공해 줄 수 있는 중요한 대상이다. 나아가서 부모와 교사와의 상호협력을 통해 정신지체아동이 필요한 교육목표를 설정하는 것이 바람직하다.

(3) 적응행동 척도사용

신뢰성 있는 사회성숙도 검사나 적응행동검사 등의 적응행동 척도를 통하여 정신지체아동의 실제적인 적응행동능력이나 일상생활능력 등에 대한 정보를 알아본다. 이것을 통해 아동이 실제적인 사회성기술이나 의사소통기술 등을 습득할 수 있도록 지원해 주는 것이 필요하다.

(4) 교육과정 활용

교육인적자원부에서 제시된 초·중등학교 교육과정을 중심으로 이에 따른 활동지침서를 활용하여 장애정도와 장애아의 관심영역에 따라 지도내용과 교육프로그램을 작성한다.

(5) 아동관찰

현재 아동이 생활하고 있는 환경에서 어떻게 기능하고 있는지에 대해 관찰함으로써 정신지체아동의 연령과 장애에 적절한 기능적인 기술의 지도방법을 고안한다.

현정이는 외적으로는 전혀 정신지체라는 것을 알 수 없을 정도로 건강해 보였다. 성장하면서 신체적인 움직임이나 발달이 다른 아이들에 비해 느리다고는 했지만 가족들은 심각하게 여기지 않았다. 단지 현정이 어머니가 너무 늦은 나이에 낳은 딸이라 그저 모든 것이 귀엽게만 여겨졌다. 그러나 성장할수록 학습적인 부분에서 같은 연령의 또래보다 어려움이 나타났다. 일상적인 생활에서의 자기 몸 씻기, 혼자 밥 먹기 등에서는 부모가 이야기하고 설명을 해 주면 그런대로 따라하지만 학습적인 부분에서는 흥미도 나타내지 못했고, 개념에 대한 이해가 가장 어려웠다. 어렸을 때는 혹시 아이가 몸이 안 좋은가 해서 부모는 병원에도 데려가서 진찰을 했지만 건강측면에서는 아무 이상이 없으나 인지능력에 문제가 있음을 알게 되었다. 정확한 원인은 밝혀지지 않았지만 현정이 어머니는 자신이 너무 늦게 아이를 낳아서 딸이 그렇게 된 것이라고 자책감에 빠져 있다. 현정이가 어렸을 때는 굿도 하고, 전국에 좋다는 한의원은 다 다니면서 현정이의 증세를 고치려고 했지만 이제는 포기했다고 한다. 현정이의 장애정도는 중도정도이고 그동안 어머니는 현정이가 혼자 할 수 있는 일은 할 수 있도록 많은 노력을 해 왔다. 혼자 버스타고 학교가기, 버스 갈아타기, 혼자 목욕하기, 생리대 갈기 등. 하지만 사춘기에 들어선 현재로서는 어려움이 더욱 커지고 있고, 무엇보다도 어머니는 딸이 성폭력에 노출될까 매우 불안해하고 있다. 심지어는 불임수술까지도 생각한다고 한다. 나름대로 교육도 시키고, 단속도 해 보지만 남자아이들과 장난치는 것만 보아도 어머니는 심장이 내려앉는다고 한다. 한시도 마음을 놓지 못하고 아이에게 어떻게 교육을 시키고 이해를 시켜야 할지 요즘은 엄마가 자료들을 모아가며 공부하고 있다.

2) 교수방법

정신지체아동을 지도하는데 있어서는 다양한 교수방법이 적용될 수 있다. 주로 적용되는 교수방법으로는 교사-주도의 교수방법, 학생-주도의 교수방법, 또래-주도의 교수방법 등이 있다(이소현, 2006).

(1) 교사-주도적 교수방법

교사-주도적 교수방법은 교사의 교육계획에 따라 진행되는 교수방법이며, 과제분석(task analysis)과 모델링(modeling)이 있다.

① 과제분석(task analysis): 주어진 과제 수행을 위한 선행기술에 대하여 분석하고, 해당과제구성에 따른 하위단계를 분석하여 체계적으로 교수하는 방법이다. 즉 교사가 과제수행을 하고 있는 학생에 대해 관찰하면서 단계별로 정확하게 확인하여, 필요한 선행기술을 지도한다. 과제분석방법은 학습영역뿐 아니라 일상생활영역에도 적용할 수 있다.

② 모델링(modeling): 모델링은 교사가 직접 과제를 수행하는 여러 번 시범을 통해 학생들에게 보여줌으로써 학생들이 교사의 시범을 모방하고 습득하여 연습하도록 이끄는 교수방법이다.

(2) 학생-주도의 교수방법

학생-주도의 교수방법은 학생의 자립성과 독립성을 향상시킬 수 있는 교수방법으로 자기 점검법, 자기교수법 그리고 자기강화법을 통해 자기통제기술을 사용하게 지도하는 방법이다.

① 자기 점검법: 정신지체아동 자신이 행동하는 것을 스스로 기록하게 함으로써 자기행동에 대하여 인식하게 함으로써 스스로 자기 자신의 행동을 통제하게 하는 지도방법이다. 이 방법은 정신지체아가 쓰기나 이해하기 영역에서 가능할 때 실행하거나 효과를 볼 수 있다.

② 자기강화법: 자신과의 약속한 계획에 따라 스스로에게 행동의 결과를 제공하는 방법이다. 예를 들어서 착한 일을 했을 때 스스로에게 칭찬을 주거나, 자신에게 놀 수 있는 시간을 부여해주는 것 등이다.

③ 자기교수법: 학생 스스로 과제수행단계를 언어로 말하면서 과제를 하도록 하는 방법이다. 이 교수법은 아동이 과제에 대해 익숙하지 않을 때 효과를 볼 수 있다.

(3) 또래-주도의 교수방법

이것은 또래교수법이라고도 하며 대표적인 방법은 또래교사를 활용하는 것이다. 즉, 같은 학급에서 친구가 또래교사가 되어 가르치는 역할을 하게 된다. 일반적으로 또래교사는 새로운 학습내용보다는 선행된 학습내용을 복습하거나 연습하는데 도와주는 역할을 하게 되며, 교사의 구체적인 사전계획을 통해 이루어지며, 또래교사는 반드시 교사의 지시와 지원을 받아 역할을 수행하게 된다. 이 방법을 적용시에는 한 아동뿐만 아니라 정신지체아가 지니고 있는 능력에 따라 돌아가면서 수업주도를 할 수 있도록 하는 교사의 관심과 배려가 요구된다.

정신지체아를 지도할 때에는 위에서 제시된 다양한 교수방법을 적용하기 전에 무엇보다도 발달연령과 장애정도를 잘 파악하는 것이 요구된다. 또한 학습요구적인 측면에서 지원이 필요한지, 아니면 적응기술영역에서 지원이 요구되는지에 대한 진단을 통해서 정신지체아동의 장애정도에 적절한 교육프로그램이나 학습지원이 이루어져야 한다. 무엇보다도 정신지체자녀를 둔 가정에서의 부모와 학교교육을 담당하고 있는 교사들은 정신지체아의 특성과 장애 정도 그리고 잠재능력을 충분히 숙지하고, 장애에 대한 정확한 진단을 통해 이에 적절한 교육계획을 세워서 실행하는 것이 바람직하다.

6. 요약

① 정신지체는 유의하게 평균 이하의 지적 기능과 동시에 적응능력기술에서 제한성을 지니며 발달기에 나타난다.

② 정신지체는 장애에 대한 지원 정도에 따라 간헐적 지원(intermittent), 제한적 지원(limited), 광범위한(확장적) 지원(extensive), 전반적 지원(pervasive)으로 분류된다.

③ 정신지체는 염색체 이상, 신진대사장애, 임신 중의 감염과 중독의 출생 전 원인, 조산시 저체중, 출산시 손상의 출생 중 원인 그리고 외상, 아동학대, 영양결핍 등의 출생 후 원인으로 인하여 나타난다.

④ 정신지체아의 특성은 운동발달영역, 사회·심리적 발달영역, 학습영역 그리고 언어발달영역에서 살펴볼 수 있다.

⑤ 정신지체아를 지도할 때에는 아동에 대한 정보, 부모와의 면담, 적응행동 평가, 교육과정 활용과 아동의 관찰을 통해 아동과 관련된 주위 환경에 대한 이해가 필요하다.

⑥ 정신지체아동의 교수방법으로는 교사주도적 교수방법, 학생주도적 교수방법 그리고 또래주도적 교수방법이 있다.

⑦ 정신지체아를 지도할 때에는 무엇보다도 발달연령과 장애정도를 잘 파악하여야 하며 정확한 진단을 통해 정신지체아동의 장애정도에 적절한 교육프로그램이나 학습지원이 이루어져야 한다.

부록 I

자폐아 영아 검목표
(Checklist for Autism/PDD in Toddlers; CHAT)

CHAT는 Baron-Cohen, Allen 그리고 Gillberg(1992)가 개발한 자폐영아 선별 검목표이다. 이들은 영아의 18개월 정기검진 시에 소아과 의사가 간단히 영아들을 검사하여 발달상 문제가 있는 것으로 의심이 되는 영아를 전문가에게 의뢰하도록 이 검목표를 개발하였다. 그러므로 CHAT는 자폐영아의 조기 진단 및 중재를 위한 선별 검사도구라고 할 수 있다.

이 검목표에서 중요하게 검사하는 것은 두 가지 요인인데, 이는 가상놀이 능력과 관심 공유 능력이다. 가상놀이는 정상적으로 12~15개월 사이의 영아에게서 관찰될 수 있는 것이나, 자폐영아를 가진 영아는 가상놀이를 전혀 하지 않는다. 이 능력의 검사를 위하여 검사시에는 소꿉놀이의 주전자로 컵에 물을 따르는 흉내를 낼 수 있는지를 검사한다.

관심 공유 행동은 정상영아의 경우 9~14개월 사이에 나타나지만, 자폐영아에게는 잘 나타나지 않는 행동이다. 관심 공유 행동은 다른 사람의 관심을 어떤 사물이나 사건으로 돌리거나, 추적하려는 시도를 의미한다. 영아의 경우 손가락으로 사물을 가리키면서 다른 사람에게 알리는 행위나, 어떤 것을 사람에게 보여주는 행위 혹은 시선을 따라가면서 응시하는 행위 등이 좋은 예이다.

가상놀이와 관심 공유는 생후 15개월에 충분히 발달시킬 수 있는 행동임에도 불구하고 생후 18개월까지 이러한 나타나지 않는다면, 이는 명백하게 발달상의 이상을 의미하는 것으로 해석해도 좋을 것이라는 전제하에 검목표를 구성하였다고 연구자들은 설명하였다.

CHAT의 A 파트는 부모에게 질문하여 완성하는 것으로, 거친 놀이, 사회적 흥미, 운동발달, 사회적 놀이, 가상놀이, 도구적 손짓, 의사소통적 손짓, 기능적 놀이, 관심 공유 등의 아홉 가지 영역에 대한 질문으로 구성되어 있으며, B 파트는 전문가가 직접 영아의 행동을 관찰함으로써 답하는 것이다.

Baron-Cohen 외(1992)는 이 검목표를 정상아 50명과 형제자매가 자폐장애를 가지고 있는 자폐 고위험 영아 41명을 대상으로 18개월 정기검진시에 실시해 보았다. 그 결과, 그룹 간의 차이는 발견하지 못했으나, 고위험 집단 중에서 9문항 중 2문항 이상에 체크가 되었던 영아들이 30개월이 되었을 때 모두 자폐장애의 진단을 받았다고 밝혔다. 한편 정상집단의 50명 영아들 중에서는 2개 이상에 체크된 경우가 한 명도 없었다고 보고하였다. 따라서 연구자들은 이 검목표가 생후 18개월에 자폐장애를 선별하는 도구로 유용하게 사용할 수 있다고 주장하였다.

자폐영아 검목표

영아 이름: 날짜:

생년월일: 나이:

A. (부모 질문용)

자녀가;

1. 그네타기처럼 흔들려지는 것이나, 부모 무릎 위에서 뛰기와 같은 행동을 즐깁니까? (예, 아니오)
2. 다른 아이들에게 관심을 가집니까? (예, 아니오)
3. 층계 오르기를 할 수 있습니까? (예, 아니오)
4. 까꿍 놀이나 숨기 놀이를 할 수 있습니까? (예, 아니오)
5. 소꿉놀이 주전자로 컵에 물을 따르는 것과 같은 가상놀이를 합니까? (예, 아니오)

6. 무언가를 요구하기 위하여 손가락으로 가리키는 행동을 합니까? (예, 아니오)
7. 무언가에 흥미가 있음을 나타내기 위하여 손가락으로 가리키는 행동을 합니까? (예, 아니오)
8. 자동차나 블록과 같은 장난감을 핥거나 그저 떨어뜨리면서 놀지 않고 적절하게 가지고 놀 수 있습니까? (예, 아니오)
9. 무언가를 보여주기 위해서 부모에게 어떤 것을 가져오는 경우가 있습니까? (예, 아니오)

B. (의사용)

1. 진찰하는 동안에 영아가 당신과 눈맞춤을 합니까? (예, 아니오)
2. 영아를 주의집중시키고, 방 저편에 있는 사물(예, 곰 인형)을 가리키면서 "저기 좀 봐! 곰 인형이 있네!"라고 말하면, 영아가 당신이 가리킨 곰 인형을 봅니까? 〈이때는 영아가 단순히 당신의 손을 보는 것이 아니라 당신이 가리킨 사물을 정확히 보아야만 '예'에 답합니다. (예, 아니오)
3. 영아를 주의집중시키고, 장난감 주전자와 컵을 주면서 "물 한 잔 줄래?"라고 물으면, 유아가 물 따르기나 컵을 들고 마시는 것과 같은 가상적 행동을 합니까? (예, 아니오)
4. 영아에게 "전기 불 어디 있지?" 혹은 "전기 불이 어디 있는지 가리켜 봐?"라고 말하면, 유아가 손가락으로 전기 불을 가리킵니까? 〈만일 영아가 전기 불을 이해하지 못한다면, 손이 닿지 않는 곳에 있는 곰 인형이나 다른 사물을 대상으로 질문합니다. 이 질문은 영아가 손가락으로 사물을 가리키면서 반드시 당신의 얼굴을 쳐다보아야 합니다.〉 (예, 아니오)
5. 영아가 블록으로 담을 쌓을 수 있습니까? 〈만일 할 수 있다면, 몇 개의 블록을 사용합니까?〉 (예, 아니오)

---

*A에서 위험신호 항목은 2, 4, 5, 7, 9번임.

부록 II

미국 정신장애진단 통계편람에 의한 자폐아 진단

A. (1)~(3)에서 총 6개(또는 그 이상) 항목, 적어도 (1)에서 2개 항목, (2)와 (3)에서 각각 1개 항목이 충족되어야 한다.

(1) 사회적 상호작용에서의 질적인 장애가 다음 항목들 가운데 적어도 2개 항목으로 표현된다.

(a) 사회적 상호작용을 조절하기 위한 눈 마주치기, 얼굴표정, 몸 자세, 몸짓과 같은 다양한 비언어적 행동을 사용함에 있어서 현저한 장애

(b) 발달수준에 적합한 친구관계 발달의 실패

(c) 자발적으로 다른 사람들과 기쁨, 관심, 성공을 나누지 못한다(예: 관심의 대상을 보여주거나 가져오거나 지적하지 못함).

(d) 사회적으로나 감정적으로 서로 반응을 주고받는 상호 교류의 결여

(2) 질적인 의사소통 장애는 다음 항목들 가운데 적어도 1개 항목으로 표현된다.

(a) 구두 언어발달의 지연 또는 완전한 발달 결여(몸짓이나 흉내내기 같은 의사소통의 다른 방법에 의한 보상 시도가 수반되지 않는다.)

(b) 적절하게 말을 하는 경우, 다른 사람과 대화를 시작하거나 지속하는 능력의 현저한 장애

(c) 상동증적이고 반복적인 언어나 괴상한 언어의 사용

(d) 발달수준에 적합한 자발적이고 다양한 가상적 놀이나 사회적 모방놀이의 결여

(3) 제한적이고 반복적이며 상동증적인 행동이나 관심, 활동이 다음 항목들 가운데 적어도 1개 이상 표현된다.

(a) 강도나 초점에 있어서 비정상적인 한 가지 이상의 상동증적이고 제한적인 관심에 집착

(b) 특이하고 비효율적인 틀에 박힌 일이나 의식에 고집스럽게 매달림

(c) 상동증적이고 반복적인 동작성 매너리즘(예: 손이나 손가락으로 딱 때리기나 틀기, 또는 복잡한 몸 전체 움직임)

(d) 대상의 부분에 지속적으로 몰두

B. 다음 영역 가운데 적어도 한 가지 영역에서 기능이 지연되거나 비정상적이며 3세 이전에 시작된다.

(1) 사회적 상호작용

(2) 사회적 의사소통에서 사용되는 언어

(3) 상징적 또는 상상적 놀이

C. 장애가 레트 장애 또는 소아기 붕괴성 장애로 설명되지 않는다.

부록 III

아동기 자폐증 평정 척도 (Childhood Autism Rating Scale; CARS)

CARS는 Schopler 외(1986)가 제작한 검사도구로서, 자폐증과 기타 발달장애를 구별하는 것과 자폐증의 장애 정도를 구별하는 목적으로 사용되는 대표적인 도구이다. 15개 항목으로 구성되어 있으며, 신뢰도는 내적 합치도(α=.94)와 평정자 간 상관(γ=.71), 그리고 검사-재검사 간 상관(γ=.88)에 있어 모두 비교적 높은 것으로 평가되고 있다. 타당도 역시 준거관련(γ=.84), 대안적 조건 하의 평정(γ=.82), 그리고 타 분야의 전문인에 의한 평정(γ=.83)에 있어 모두 높은 수준의 상관관계를 지닌 것으로 평가되었다. 최저 15점(정상)부터 최고 60점까지의 범위 중 자폐증과 기타 발달장애를 구분하는 경계점수는 30.0점이며 30.0~36.5점은 경증 및 중간 정도의 자폐증, 37.0~60.0점은 중증의 자폐증으로 분류한다.

A. (1)~(3)에서 총 6개(또는 그 이상) 항목, 적어도 (1)에서 2개 항목, (2)와 (3)에서 각각 1개 항목이 충족되어야 한다.

자폐아 평정 척도(Childhood Autism Rating Scale; CARS: Schopler et al., 1986)

척 도	평 정 점 수						
	1	15	2	25	3	35	4
1. 사람과의 관계 해당 평정점수 ( )점	수줍음, 부산함, 성가심이 연령상 적절함.		어른과의 눈맞춤을 피하고 상호작용을 강요하게 되면 어른을 피하고 당황해함. 같은 연령에 비해 지나치게 수줍어하고 부모에게 매달리지 않는다.		때때로 어른을 의식하지 못하는 듯이 혼자 떨어져 있으며, 아동의 주의를 끌기 위해서는 지속적이고도 강력한 시도가 필요하다. 비사회적인 접촉만 약간 시도한다.		어른의 일로부터 지속적으로 떨어져 있고, 알지 못하는 어른에게 반응이 절대 없음. 자발적 접촉을 시도하지 않는다. 아동의 주의를 끌기 위해서는 지속적으로 강력한 시도에 의해서 가능하나 아주 약간의 효과를 볼 뿐이다.
2. 모방 해당 평정점수 ( )점	아동의 능력수준에 적절한 소리, 단어, 움직임을 모방할 수 있다.		박수를 치거나 단음 소리와 같은 간단한 행동을 늘 모방한다.		어떤 때만 모방하고 어른의 도움과 지속적인 노력이 필요하다. 약간 지연된 후에 가끔씩 모방하기도 한다.		어른의 도움과 자극이 있을 때조차 소리나 단어, 움직임 모방이 없다.
3. 정서적 반응 해당 평정점수 ( )점	얼굴표현, 자세, 태도의 변화로써 보여주는 정서적 반응의 정도와 형태가 적절하다.		때때로 다소 부적절한 형태나 부적절한 정도의 정서적 반응을 보인다. 때로는 반응을 아동 주변에 있는 물체나 사건과 관계가 없다.		확실히 부적절한 형태나 부적절한 정도의 정서적 반응을 보인다. 반응이 제한되어 있거나 매우 지나치거나 그 상황과 연결되지 않는다. 어떤 확실한 정서를 일으키는 물체나 사건이 없을 때조차도 얼굴을 찌푸리고 있거나 웃거나 경직되어 있다.		반응들이 거의 그 상황에 적절하지 않다. 일단 어떤 기분에 빠지면 활동을 변화시켜도 정서를 바꾸기가 어렵다. 역으로 어떤 변화도 없는 순간에 급격한 정서변화를 보인다.
4. 신체 사용 해당 평정점수 ( )점	연령상 적절한 안정성, 민감성, 협응성을 지니고 움직인다.		둔하고 반복적으로 움직이거나 반응력이 다소 약하다.		연령상 분명한 부적절한 행동이 있다. 이상한 손가락 운동, 신체의 자세, 신체를 응시하거나 찌르기, 자해적인 공격성, 몸흔들기, 돌기, 손가락 흔들기, 까치발 들기 등이 나타난다.		3의 행동 유형이 심하면서 빈번하다. 이 행동들을 간섭을 해서 다른 행동에 전이시키려 해도 지속적으로 유지된다.
5. 물체 사용 해당 평정점수 ( )점	아동의 기능 수준에 적절한 장난감이나 다른 물체에 관심이 있고 적절한 방법으로 장난감을 사용한다.		장난감에 대한 관심이 적고, 애기들처럼 빨거나 치는 것과 같은 부적절한 방법으로 갖고 논다.		장난감이나 물체에 관심을 거의 보이지 않고 이상한 방법으로 사용하는데 몰입되어 있다. 어떤 장난감의 특별한 부분에만 반복적으로 움직이게 하거나, 단지 한 가지만 갖고 논다. 이 행동을 부분적으로, 일시적으로는 수정이 가능하다.		3에 있는 행동을 보이나 빈도와 강도가 더 크다. 부적절한 행동을 보이고 있을 때 방해하기가 매우 어렵고 물체에 대한 부적절한 사용을 수정시키기가 매우 어렵다.

자폐아 평정 척도(Childhood Autism Rating Scale; CARS: Schopler et al., 1986)

척 도	평정 점수						
	1	15	2	25	3	35	4
6. 변화에의 적응 해당 평정점수 ( )점	일상적인 변화에 대해서 알고 있고 힘들지 않게 변화를 받아들인다.		어른이 과제를 변화시키려 할 때 같은 활동을 고집하려 하거나 똑 같은 물체만을 사용하려 한다. 그러나 쉽게 방해를 받고 옮겨갈 수 있다. 예를 들어 다른 야채 가게를 가거나, 새로운 길로 학교를 가면 처음에는 야단법석을 떠나 쉽게 가라앉는다.		적극적으로 일상의 규칙적인 변화를 고수하려 한다. 새로운 활동을 시도하면 예전의 활동을 유지하려 하고 간섭하기 어렵다. 예를 들어 가구를 새로 옮겨 놓는 것을 참지 못한다. 이미 있던 질서가 변화되었을 때 화를 내거나 참지 못한다.		변화가 있을 때 제지하기 어려운 심한 반응을 보인다. 어떤 변화가 강요된다면, 극도로 화를 내거나 불응상태에 있게 되고 분노 발작을 일으키게 된다.
7. 시각적 반응 해당 평정점수 ( )점	시각적 행동이 정상적이고 연령에 적절하다. 시각을 청각이나 촉각과 같은 다른 감각들과 함께 새로운 물체를 살펴보는 방법으로써 사용된다.		때로 물체를 보도록 상기시켜야 한다. 같은 연령의 아동들보다 거울이나 빛을 보는 것에 더 관심이 많거나 때로 허공을 응시하기도 한다. 또한 사람들과의 눈맞춤을 피하기도 한다.		하고 있는 일을 보도록 자주 상기시켜야 한다. 허공을 응시하거나 사람과의 눈맞춤을 피하고 비상식적인 각도로 물체를 보며 정상적으로 잘 볼 수 있음에도 불구하고 물체를 눈 가까이에 댄다.		사람과 물체를 쳐다보는 것을 고집스럽게 회피하고 3에 설명된 시각적 특유성의 극단적 형태를 보인다.
8. 청각적 반응 해당 평정점수 ( )점	듣는 행동이 정상적이고 연령상 적절하다. 듣는 것을 보는 것, 만지는 것과 같은 다른 감각과 함께 사용한다.		어떤 소리에는 반응이 적고 어떤 소리에는 약간 과반응적이다. 때때로 소리에 대한 반응이 지연되거나 주의를 끌기 위해서는 반복적인 소리가 필요하다. 때로 외부소리에 의해 간섭받는다.		소리에 대한 반응이 종종 다양하다. 소리가 있었던 처음 몇 분 간 그 소리를 무시하기도 한다. 매일 일어났던 일상의 소리에 놀라기도 하고 그 소리에 귀를 막기도 한다.		소리의 유형에 관계없이 극단적인 정도로 소리에 과대반응하거나 과소반응한다.
9. 미각, 후각, 촉각 반응 해당 평정점수 ( )점	새로운 물체를 살필 때 연령에 적절한 방법(느끼거나 보거나)을 사용한다. 맛보기와 냄새 맡는 행동은 먹을 수 있게 생긴 물체인 경우 적절히 사용된다. 부딪힘, 떨어짐, 꼬집힘 등과 같은 인상적인 아픔에 대해서는 불편한 표시를 하나 과잉반응은 아니다.		연령에 어울리지 않게 물체를 입에 계속 넣으려는 행동을 보인다. 때로 먹을 수 없는 물체를 냄새 맡거나 맛을 본다. 꼬집힘 등 연령상 가벼운 아픔을 표시해야 하는 고통 등은 무시하거나 과잉반응을 한다.		물체나 사람을 만지거나, 냄새를 맡거나, 맛을 보거나 하는 데 중간 정도로 몰입되어 있다. 고통에 대한 반응이 중간 정도로 다른 반응을 보인다. 즉, 더 많이 반응하거나 더 적게 반응하기나 한다.		물체에 대한 정상적인 사용이나 살핌 행동보다 냄새 맡기, 맛보기, 느끼기 등 감각에 더 많이 몰입되어 있다. 약간 불편한 정도의 일에 매우 강하게 반응하거나 고통을 전혀 참지 못한다.

자폐아 평정 척도(Childhood Autism Rating Scale; CARS: Schopler et al., 1986)

척 도	평 정 점 수						
	1	15	2	25	3	35	4
10. 두려움과 신경과민 해당 평정점수 ( )점	연령과 상황에 적절한 행동을 보인다.		비슷한 상황에서 같은 연령에 있는 정상아동과 비교했을 때 약간 부적절한 반응을 보인다.		비슷한 상황에서 특이한 아동에게서만 볼 수 있을 정도로 과잉 혹은 과소반응을 보인다. 두려움 반응이 일어나게 된 원인을 이해하기 어렵고 아동을 진정시키기가 어렵다.		반복적으로 경험을 했던 아무런 해가 없는 사건이나 물체에 두려움을 지속적으로 보인다. 평가시간에 전반적으로 명백한 이유 없이 두려움을 유지하고 있다. 아동을 안정시키고 안심시키기가 어렵다. 역으로, 같은 연령의 아동이라면 모두 피하는 이상한 큰 개, 달리는 차와 같은 위험물에 대한 적절한 반응이 없다.
11. 언어적 의사소통 해당 평정점수 ( )점	연령과 상황에 적절한 정상적인 방법을 사용함.		전반적으로 말하기가 지체되어 있다. 대부분은 의미 있는 말을 하나 때로 약간의 반향이나 대명사 도치가 있다(정상적으로 이 문제가 일어나는 시기가 지났는데도). 어떤 목적 낱말이나 뜻을 알 수 없는 말이 때로 쓰인다.		말이 많지 않다. 있을 때도 언어적 의사소통은 약간의 의미 있는 말이 전부다. 약간의 특정한 말의 예로는 TV 광고, 일기예보, 야구중계 점수 등에서 나온 문구들이다. 의미 있는 말이 사용될 때조차 그 안에는 특정 주제에 몰입되거나 과도한 질문 형태의 말이 포함되어 있다.		의미 있는 말을 사용하지 않는다. 유아 같은 옹아리, 동물 같은 소리, 복잡한 소음, 소리 등을 낸다. 또한 알아들을 수 있는 어떤 단어나 문구를 지속적으로 기묘하게 사용한다.
12. 비언어적 의사소통 해당 평정점수 ( )점	연령과 상황에 적절한 방법으로 사용함.		비언어적 의사소통 방법이 유치하다. 정상아동들이 원하는 것을 가리키기 위해 명확히 행동하는 것에 비해서 단지 원하는 것으로 다가가거나 애매하게 가리키거나 한다.		대개 비언어적 욕구나 갈망을 표현할 줄 모르며 다른 사람의 비언어적 의사사통 방법을 이해하지 못한다. 자신이 원하는 물체에 어른이 다가가게 하기 위해서 어른의 손을 잡기는 하나 몸짓이나 손가락으로 가리키지 못한다.		의미가 전혀 명백하지 않는 기묘한 몸짓만을 사용하고 다른 사람들의 얼굴 표정이나 몸짓들과 관련된 의미를 전혀 알지 못한다.

자폐아 평정 척도(Childhood Autism Rating Scale; CARS: Schopler et al., 1986)

척 도	평 정 점 수						
	1	15	2	25	3	35	4
13. 활동수준 해당 평정점수 ( )점	같은 연령의 정상아도보다 비슷한 상화에서 활동수준이 과잉적이거나 과소적이지 않다.		약간 안절부절못하거나 다소 느리게 움직인다. 아동의 활동수준이 수행에 영향을 미친다. 아동에게 적절한 활동수준을 유지하게 하는 것이 가능하다.		매우 활동적이고 제지하기가 어렵다. 활동을 격하게 치닫는 특질이 있는 것 같다. 끝없는 에너지를 가지고 있고 밤에도 계속 잠을 자지 않는다. 역으로 다소 무기력하고 움직이게 하기 위해서는 많은 자극이 필요하다. 신체활동이 요구되는 게임을 좋아하지 않고 “극도로 게으른” 것처럼 보인다.		활동성과 비활동성의 극한성을 보이며 양극단으로 옮겨가기도 한다. 다루기가 어렵고 어떤 일에 몰두시키기도 어렵다. 아동생활의 모든 면에서 과잉행동이 있으며 거의 늘 어른의 통제가 필요하다. 무기력한 경우는 어떤 활동을 하게끔 동기를 유발시키기가 어렵고 학습이나 과제수행을 시키기 위해서는 어른의 지속적인 격려가 필요하다.
14. 지적 기능의 수준과 항상성 해당 평정점수 ( )점	같은 연령과 비교했을 때 특이한 지적 기술이나 다른 문제점이 없다.		같은 연령의 아동들만큼 똑똑하지 않고 모든 영역에서 전체적인 능력이 지체되어 있다.		같은 연령의 아동들만큼 똑똑하지 않으나, 하나 혹은 그 이상의 지적 영역에서 거의 정상적으로 가능하다.		같은 연령의 아동들만큼 똑똑하지 않으나, 하나 이상의 영역에서 정상아동보다 더 잘 기능한다. 갖고 있는 특정 능력은 매우 특이한 능력이다(예: 미술, 음악에 대한 특별한 재능, 숫자에 대한 재능).
15. 일반적인 인상(느낌) 해당 평정점수 ( )점	자폐증이 아니다.		아주 약간의 증상을 보이며 경한 정도의 자폐증이다.		다소 많은 증상을 보이며 중간 정도의 자폐증이다.		많은 증상을 보이며 심한(중증의)자폐증이다.
합계: ( )점							

평 정

전체 CARS 점수	진단적 범주	설명 수준	비 고
15~29.5	자폐증 아님	자폐증이 아님	전체 CARS 점수는 최저 15점에서 최고 60점 범위임.
30~36.5	자폐증	경증, 중간 정도 자폐증	
37~60	자폐증	중증 자폐증	

부록 IV

자폐아 행동 체크리스트 (The Autism Behavior Checklist; ABC)

ABC는 Krug, Arick, Almond(1980a)가 개발한 것으로 자폐아 교육계획을 위한 종합 선별도구(Autism Screening Instrument for Educational Planning; ASIEP)의 구성 내용 중에 포함된 한 영역이며, 다른 네 가지 영역은 음성적 구어(vocalization), 상호작용(interaction), 학습(learning), 교육수행능력(educational perormance)이다. ASIEP의 내용 중 ABC만을 따로 사용하는 것은 ABC가 다른 발달장애와 자폐장애를 구분할 수 있는 변별력에 기초하여 표준화된 도구이며, 어떤 지역에서나 사용되고 있는 범문화적 도구에 해당한다는 이유 때문이다.

ABC는 18개월에서 35세까지의 연령군을 대상으로 하고 있으며, 57개 항목으로 구성되어 있고, 신체 영역(Sensory), 대인관계 영역(Relating), 신체 및 사물 사용 영역(Body and Object Use), 언어 영역(Language), 사회성 및 자조 기능(Social and Self-Help Skill)의 5개 하위 영역으로 구분된다. 평가는 자폐문제의 심각성에 따라 1점에서 4점까지의 가중치가 주어지며, 전체 득점 158점 중 68점 이상일 경우 자폐 가능성이 매우 높은 수준이다. 53~67점 사이 득점은 자폐 의심 수준(questionably autistic)으로, 53점 이하의 경우에는 자폐증 가능성이 희박한 것으로 기준한다.

현재까지 연구된 바로는 ABC의 절단점이 중증 정신지체 혹은 정서장애, 농·맹, 혹은 일반 아동들에 대한 95% 수준의 정확한 변별력을 지닌 것으로 알려져 있다(Teal & Weibe, 1986). 체크리스트는 아래와 같다.

자폐아 행동 체크리스트(The Autism Behavior Checklist: ABC)

☯ 다음의 각 문항에 있는 행동을 아동이 나타내면 그 문항과 점선으로 연결된 숫자에 ◯표 하십시오.

문항	1	2	3	4	5
1. 한참 동안씩 자기 자신을 빙빙 돌린다.			4		
2. 쉬운 과제도 학습한 후 곧 잊어버린다.					2
3. 사회적·환경적 자극에 거의 주의를 하지 않는다.		4			
4. 간단한 지시를 한 번만에 따르지 않는다(앉아라, 이리 와라, 서라)				1	
5. 장난감을 적절히 사용하지 않는다.			2		
6. 학습시 시간적 변별을 잘 하지 못한다(크기, 색깔, 위치 같은 한 가지 특성에 집착한다).	2				
7. 상대방과 주고받은 미소가 없다.		2			
8. 인칭을 바꾸어 사용한다('나' 대신 '너'로 함).				3	
9. 어떤 특정한 사물을 꼭 간직하기를 고집한다.			3		
10. 안 들리는 것처럼 행동하므로 청각손실을 의심하게 한다.	3				
11. 말할 때 어조나 리듬이 없다.				4	
12. 몸을 한참 동안 앞뒤로 흔든다.			4		
13. 아동에게 손을 뻗쳐도 아동이 손을 뻗쳐오는 반응이 없다.		2			
14. 일상생활에 변화가 오면 심한 이상반응을 보인다.					3
15. 다른 사람 이름 사이에 아동의 이름을 부르면 답하지 않는다(영이야, 아동, 순이야).				2	
16. 몸을 급하게 홱 움직이기, 갑자기 달려들기, 물건을 빙빙 돌리기, 발가락으로 걷기, 몸 흔들기 등의 행동으로 자신의 과제수행이나 남의 일을 방해한다.			4		
17. 다른 사람의 얼굴 표정이나 감정에 반응을 보이지 않는다.		3			
18. "예" 혹은 "아니오"를 거의 사용하지 않는다.				2	

19. 어떤 발달 영역에서 특별한 능력을 나타내므로 정신지체아가 아니라고 여겨지게 한다.					4
20. 전치사가 포함되는 지시사항을 따르지 않는다(공을 상자 위에 놓아라, 공을 상자 안에 넣어라).				1	
21. 큰 소리에도 놀라는 반응을 보이지 않는다(그래서 아동이 농이 아닌가 의심하게 된다).	3				
22. 손을 위아래로 흔든다.			4		
23. 심한 짜증 그리고/또는 빈번하게 경미한 짜증을 보인다.					3
24. 눈맞춤을 적극적으로 피한다.		4			
25. 자신의 신체에 닿는 것이나 자신을 안으려는 것을 거부한다.		4			
26. 때때로 타박상, 찰과상, 주사 등과 같은 고통스런 자극에도 아무런 반응을 보이지 않는다.	3				
27. 안으면 몸이 뻗뻗해지므로 안기가 힘들다(혹은 아기였을 때 그러하였다)		3			
28. 안았을 때, 몸에 감기지 않고 축 늘어진다.		2			
29. 원하는 물체를 갖기 위해 몸짓으로 요구한다.				2	
30. 발가락으로 걷는다.			2		
31. 남을 깨물거나 치거나 찬다.					2
32. 어떤 구절을 거듭 되풀이한다.				3	
33. 놀고 있는 다른 아이들의 행동을 모방하지 않는다.		3			
34. 밝은 불빛을 아동의 눈에 비춰도 눈을 깜박이지 않는다.	1				
35. 머리를 부딪치거나 손을 깨무는 등의 자해행위를 한다.			2		
36. 원하는 것이 있으면 기다리지 못하고 즉시 만족되기를 원한다.					2
37. 명명된 5개의 사물 이상은 가리키지 못한다.				1	
38. 어떤 형태의 우정도 발전시키지 못한다.		4			
39. 여러 가지 소리가 나면 귀를 막는다.	4				
40. 물건들을 빙빙 돌리거나 탁탁 치는 행동을 자주 한다.			4		

문항					
41. 대소변 훈련이 어렵다.					1
42. 요구나 필요 등의 의사소통을 위해서 0~5개의 자발적인 단어를 사용한다.				2	
43. 종종 두려워하거나 아주 불안해한다.		3			
44. 햇빛에서 사시가 되거나, 미간을 찡그리거나, 눈을 가린다.	3				
45. 도와주지 않으면 스스로 옷을 입지 않는다.					1
46. 소리나 단어들을 거듭 반복한다.				3	
47. 주위 사람을 의식하지 않는다.		4			
48. 다른 사람이 한 질문이나 말을 앵무새처럼 되풀이한다.				4	
49. 주변을 의식하지 못하면 위험한 상황을 알지 못한다.					2
50. 무생물을 다루거나 갖고 노는 것에 집착한다.					4
51. 주위에 있는 사물을 만지거나 냄새 맡고, 맛을 본다.			3		
52. 낯선 사람에게 거의 시선을 주지 않는다.	3				
53. 물건을 가지런히 정렬하는 것과 같은 자기 나름의 의례적인 행동을 한다.			4		
54. 매우파괴적이다(장난감과 가정용품 등을 금방 부순다).			2		
55. 생후 30개월이나 그 이전에 발달적으로 지체되었음이 확인되었다.					1
56. 의사소통을 위해 하루에 15개 이상, 30개 미만의 자발적인 어구를 사용한다.				3	
57. 한참 동안씩 허공을 멍하니 쳐다본다.	4				
소계					

1. 감각	2. 관계	3. 신체 개념	4. 언어	5. 사회적 자립	총점수

평정 준거: 총득점이 68점 이상의 경우 자폐 가능 범위로 평정
총득점이 53~67점 사이의 경우 자폐 의심 범위로 평정
총득점이 53점 이하일 경우 자폐 가능성 희박함

부록 V

청각통합능력검사*
(Meaningful Auditory Integration Scale; MAIS)

Amy M. Robbins

이름	______________	날짜	______________
간격	______________	보조기기 상태	______________
검사자	______________	정보제공자	______________

1. 만약 아동이 5세보다 어린 경우 1a 항목부터 기록하고, 아동이 5세 이상일 경우 1b부터 기록하라.

1a. 아동이 저항 없이 모든 활동시간에 장비를 착용합니까?

부모에게 "매일매일 보청기를 얼마나 규칙적으로 착용하는가?" 물어보라. 부모는 아동이 얼마동안 기기를 착용하는지 설명하고 만약 아동이 모든 활동시간에 저항 없이 착용하는지 또는 단지 제한된 시간 동안만 착용하는지에 대해 판단한다. 부모님께 "만약 아동이 기기를 착용하지 않았다면, 아동이 기기를 착용하는 것을 잊은 것에 대해 어떤 지적을 하는지 보여주실 수 있습니까(아동의 귀를 잡아당기거나 지적하기, 사용하지 않을 때 기기가 보관된 곳으로 가기, 당황스럽

---

*출처: 청각재활, 석동일 외, 2003.

게 또는 장난치듯이 쳐다보기)?"라고 질문하라. 부가적으로 "아동에게는 기기를 제거하였을 때 아동이 당황해 하는 어떤 비구두적인 의사 표현을 합니까(울거나 소란스럽게 하는 것처럼)?"와 같은 질문을 할 수 있다

☐ 0	전혀 아니다	부모는 아동이 착용하는 것을 거부하기 때문에 좀처럼 착용시키지 않는 경우
☐ 1	거의 그렇지 않다.	아동이 착용하는 것을 거부하여 오직 짧은 기간 동안 기기를 착용하는 경우
☐ 2	가끔 그렇다.	아동이 저항은 없으나 오직 짧은 기간 동안 기기를 착용하는 경우
☐ 3	자주 그렇다.	아동이 저항 없이 모든 활동시간에 기기를 착용하는 경우
☐ 4	항상 그렇다.	아동이 모든 활공시간에 기기를 착용하고 어떤 지적을 주는 경우, 부모가 어느 날 기기를 착용하는 것을 잊고/잊거나 아동이 기기를 착용하지 않았을 때 당황하거나 불편하다는 어떤 지적을 하는 경우

부모 보고: ____

____

____

____

1b. 아동이 기기 착용을 부모에게 요구하거나, 또는 스스로 착용합니까?

"아동이 일상에서 어떻게 기기를 착용합니까?" 와 같은 질문을 하라. 아동이 기기를 착용하는 것에 대해서 책임감이 있는 부모라면 설명해 줄 것이다. "만약, 당신이 아동에게 기기를 착용하지 않고 말하지 않는다면, 아동이 그것을 착용하기를 요구하고 착용하지 않은 것에 대해서 당황해하는가?" 질문하라. 첨가되는 질문으로는 "당신의 아동이 기본적으로 생활에 기기를 착용하거나(학교에서의

모든 시간 그리고 밤에 한 시간처럼) 아동이 활동시간 동안 기기를 원하는가?(예를 들어, 밤에 착용하거나 심지어 목욕 후에)." 후자는 전자보다 좀 더 기기에 의무적으로 의존하는 아동으로 나타난다.

☐	0	전혀 아니다.	아동이 착용하기를 거부하는 경우
☐	1	거의 그렇지 않다.	부모는 아동이 저항 없이 착용한다고 말하지만, 그것을 절대 요구하지는 않는 경우
☐	2	가끔 그렇다.	아동이 기기에 관해 질문하고, 일상에서 일정한 시간 동안 착용하기를 만족하는 경우
☐	3	자주 그렇다.	아동이 저항 없이 모든 활동시간에 기기를 착용하는 경우
☐	4	항상 그렇다.	아동이 모든 활동시간을 자신의 몸 일부분처럼 착용하는 경우(마치 안경을 착용하는 것처럼)

부모 보고: ____________________

____

____

____

2. 아동이 자신의 기기가 어떠한 이유로 작동하지 않을 때 당황하거나 그것에 대해 보고합니까?

부모에게 기기가 작동하지 않을 때 아동이 하는 행동(구두 또는 비구두)이 무엇인지 예를 들어 설명하라고 요구한다. 또한, "당신이 기기를 점검해 보았을 때 기기가 작동하지 않았을 경우(headpiece가 떨어졌을 때), 아동 스스로가 기기가 작동 하지 않는 것에 대해서 알리지 않거나 당신에게 말하지 않은 적이 있습니까?"라고 질문하라. 어린 아동의 경우, "당신은 아동의 기기를 점검해 보았을 때 기기가 작동하지 않았을 경우, 기기가 작동하지 않는 것에 대해서 아동이 어떤 비구두 지시(울기, headpiece에 손을 뻗치는 것과 같은)를 하지 않더라도 기기가 작동하지 않는다는 것을 알아내었는가?

☐ 0 전혀 아니다. 아동이 기기를 작동하거나 작동하지 않는 것을 전혀 알지 못하는 경우
☐ 1 거의 그렇지 않다. 부모가 아동이 기기가 한참동안 고장이었다는 것을 알려주어야 하는 경우(구두 또는 비구두적 지시로)
☐ 2 가끔 그렇다. 아동이 50% 이상 기기고장의 여부를 부모에게 알려주고 다른 특이한 행동을 보이는 경우
☐ 3 자주 그렇다. 아동이 다른 유형의 고장과 종종 구별할 수 있는 경우(예: bad cord 대 weak batteries)
☐ 4 항상 그렇다. 아동이 항상 자기 기기의 문제를 직접적으로 탐지하거나 보고하고, 어떤 문제인지를 쉽게 확인할 수 있는 경우

부모 보고: ____________________

____

____

____

3. 아동이 자신의 이름을 조용한 상태에서 시각적인 단서 없이 청각적 단서만으로 자발적으로 응답합니까?

"만약 아동의 이름을 시각적 단서 없이 조용히 아동의 뒤에서 불렀을 때, 첫 번째에 불렀을 때 응답하는 경우는 몇 퍼센트인가?"라고 질문하라.

☐ 0 전혀 아니다. 아동이 전혀 응답하지 않는 경우
☐ 1 거의 그렇지 않다. 아동이 여러 번의 반복하였을 경우 단지 한번 또는 두 번 응답하는 경우
☐ 2 가끔 그렇다. 아동이 첫 번째 시도에 50% 반응하거나 부모가 아동의 이름을 한 번 이상 반복할 때 연속적으로 반응하는 경우

- ☐ 3 자주 그렇다. 처음 시도에 최소 75%의 응답하는 경우
- ☐ 4 항상 그렇다. 아동이 지속적으로 확실하게 반응하고, 매 번 듣고 반응하는 경우, 예를 들어 설명하라.

부모 보고: ______________________________

____

____

____

4. 아동은 시각적 단서 없이 청각적으로만 불렀을 때 배경소음이 있어도 자신의 이름을 자발적으로 응답합니까?

"만약 아동의 이름을 TV가 켜져 있거나, 사람들이 서로 대화하는 상황과 같이 소음이 있는 방에서 시각적 단서 없이 아동의 등 뒤에서 불렀을 경우, 처음 불렀을 때 응답하고 뒤돌아보는 경우는 몇 퍼센트입니까?"

- ☐ 0 전혀 아니다. 아동이 전혀 응답하지 않는 경우
- ☐ 1 거의 그렇다. 아동이 다수의 반복에 오직 한 번 또는 두 번 응답하는 경우
- ☐ 2 가끔 그렇다. 아동이 첫 번째 시도에 50% 반응하거나 부모가 아동의 이름을 한번 이상 반복할 때 연속적으로 반응하는 경우
- ☐ 3 자주 그렇다. 처음 시도에 최소 75%의 응답하는 경우
- ☐ 4 항상 그렇다. 아동이 지속적으로 확실하게 반응하고, 매 번 듣고 반응하는 경우, 예를 들어 설명하라.

부모 보고: ______________________________

____

____

____

5. 아동은 말해주거나 알려수지 않아도 집에시의 환경음(현관문 벨소리, 전화소리)에 자발적으로 주의합니까?

"아동이 집에서 반응하는 환경음이 어떤 종류인지 말해주고, 예를 들어 설명해주십시요" 라고 요구하라. 질문은 부모가 아동이 시각 단서 없이 오직 청각에만 의존해야 한다고 확실히 해라. 예를 들어 전화벨소리, 현관벨, 전자레인지 소리, 세탁기가 돌아가는 일정한 소리, 천둥 소리 등에 대해 질문하라. 예들은 아동이 반듯이 자발적으로 그러한 소리에 대해 주의해야 하고, 부모에 의해 촉구 받아서는 안 된다.

☐	0	전혀 아니다.	부모가 예를 들지 않거나 아동이 촉구 후에야 반응하는 경우
☐	1	거의 그렇지 않다.	부모가 한 두 번의 예를 들어줄 수 있거나, 아동의 반응이 일치하지 않을 때 여러 번 예를 주는 경우
☐	2	가끔 그렇다.	아동이 두 환경음 이상에 50% 반응하는 경우
☐	3	자주 그렇다.	아동이 많은 환경음에 대해 최소 75% 반응하는 경우
☐	4	항상 그렇다.	아동이 듣는 것만으로 환경음에 기본적으로 응답하는 경우, 아동이 주의하지 못한(전화와 현관벨과 같은 두 가지 소리에까지 일관되게 반응하는 경우)일정하게 발생하지 않는 다수의 소리에 가끔(occasionally)보다는 좀 더 높게 반응하는 경우

부모 보고: ____

____

____

____

6. 아동은 새로운 환경에서 청각적 신호에 자발적으로 주의하는가?

“아이가 친숙하지 않은 상황(다른 사람의 집 또는 식당)에서의 새로운 소리에 대해 호기심을 보이는가(구두 또는 비구두적으로)”라고 질문하라. “무슨 소리예요?” 또는 “나는 뭔가를 들었어요!” 등의 구두적 반응을 보이거나, 어린 아동은 눈을 크게 뜨거나, 의아해하며 쳐다보거나, 새로운 소리원을 찾거나, 새로운 소리를 모방하는 등의 비구두 지시를 제공할지도 모른다(새 장난감을 가지고 놀 때처럼). 이러한 소리의 예로는 주방에서 접시를 닦는 것에 대해 묻는 아동과, 백화점에서 벨소리가 땡땡 울리는 것에 반응하는 아동, 공공건물에서의 경고장치(Public Address System; PA System)다른 방에서 우는 아기를 본 적이 없는 아동들이다.

☐	0	전혀 아니다.	부모가 예를 들 수 없는 경우
☐	1	거의 그렇지 않다.	부모가 오직 하나 또는 두 가지 예를 드는 경우
☐	2	가끔 그렇다.	아동이 많은 시간 활동하고 부모가 예를 말할 수 있는 경우
☐	3	자주 그렇다.	부모가 많은 예를 말할 수 있고, 이러한 행동이 흔히 일어나는 경우
☐	4	항상 그렇다.	아동이 매우 작은 소리가 발생했을 때 그들에 대해 묻는 경우(또는, 매우 어린 아동의 경우, 비구적으로 호기심을 나타내는 것)

부모 보고: ____

____

____

____

7. 아동은 그들의 학교와 집에서의 일과의 한 부분인 청각 신호에 자발적으로 인지합니까?

“아동이 학교에서의 청각적 신호(예: 학교 벨, PA system, 화재경보기)또는 집에서의 청각적 신호(전자레인지 꺼지는 소리를 듣고 식탁으로 오기, 음식이 요리되었고 먹을 시간이라는 신호 알리기)를 시각적 단서 또는 다른 촉구 없이 적절하게 반응하고 정규적으로 인지합니까?"라고 질문하라.

☐ 0 전혀 아니다. 아동이 전혀 그러지 않는 경우
☐ 1 거의 그렇지 않다. 한 번 또는 두 번의 실례를 갖는 경우
☐ 2 가끔 그렇다. 아동이 이들 신호에 50%의 시간으로 반응하는 경우
☐ 3 자주 그렇다. 많은 예를 주었거나 75%의 시간으로 반응하는 경우
☐ 4 항상 그렇다. 아동이 이 기술을 완전히 숙달하였고 모든 시간에 반응하는 경우

부모 보고: ____________________

____

____

____

8. 아동이 청력 하나만으로, 두 화자를 자발적으로 변별해 내는 능력이 있습니까(엄마 대 아빠 음성, 부모님 대 형제, 자매의 음성 등)?

"아동이 부모님의 목소리를 듣고 엄마와 아빠(또는 수지 또는 존의 음성) 두 음성간의 차이점을 말할 수 있는가?"에 대해 질문하라.

☐ 0 전혀 아니다. 두 화자 사이를 구별하는 아동의 예를 들지 못하는 부모의 경우
☐ 1 거의 그렇지 않다. 한두 가지 그러한 경우
☐ 2 가끔 그렇다. 여러 예들을 들고 아동이 그러한 시간의 50% 이렇게 행동하는 경우
☐ 3 자주 그렇다. 많은 예들을 들고 아동이 그러한 시간의 75% 이렇게 행동하는 경우
☐ 4 항상 그렇다. 항상 그러하고 아동은 이런 행동에 있어 실수를

보이지 않는 경우

부모 보고: ____________________

____

____

____

9. 아동이 듣는 것만으로 구어와 비구어 자극의 차이점을 자발적으로 인지합니까?

"아동이 비구두 소리로부터 다른 소리의 종류오서 구어를 인지합니까?" 예를 들어, 만약 당신이 아동의 뒤에 서서 소음을 발생시킨다면, 아동이 "무슨 소리에요?"라고 말한 적이 있습니까? 어린 아동의 경우, "아동이 가족 구성원 중의 목소리를 찾으며 다른 방으로 뛰어가는 것과 개나 소방차의 소리가 들렸을 때 창밖을 바라본 적이 있습니까?"라고 질문하라.

☐ 0	전혀 아니다.	비구어로부터 구어를 구별하는 아동의 예를 들지 못하는 부모의 경우
☐ 1	거의 그렇지 않다.	한두 가지 그러한 경우
☐ 2	가끔 그렇다.	여러 예들을 들고 아동이 그러한 시간의 50% 이렇게 행동하는 경우
☐ 3	자주 그렇다.	많은 예들을 들고 아동이 그러한 시간의 75% 이렇게 행동하는 경우
☐ 4	항상 그렇다.	항상 그러하고 아동이 이런 행동에 있어 실수를 보이지 않는 경우

부모 보고: ____________________

____

____

____

10. 아동이 청각에만 의존하여 의미 있는 음성 음조(화남, 흥분함, 걱정함)를 자발적으로

결합시킵니까?

"오직 듣는 것 만에 의해, 아동이 화난 음성, 흥분된 음성과 같이 음성에 감정을 실어 말할 수 있습니까(아빠가 화장실 문을 통해 "서둘러"라고 고함을 쳤을 때, 아동이 "아빠 왜 화가 났어요?"라고 다시 고함치는 반응을 한다. 어린 아동의 경우, 아동은 부모의 음성 때문에 울기 시작한다)?" 또 다른 예는 부모가 아동을 무릎에 앉혀 새 책을 읽어준다면, 부모의 얼굴을 볼 수 없다(예: "엄마가 '소년은 출발'이라고 고함쳤습니다"라고 말하고 아동은 "그 소년은 공원에 가서 행복합니다"라고 말한다)

☐ 0	전혀 아니다.	부모가 예를 들지 못하는 경우 또는 아동이 이렇게 행할 기회를 가지지 못한 경우
☐ 1	거의 그렇지 않다.	아동이 시간의 25% 이런 행동하는 경우
☐ 2	가끔 그렇다.	아동이 시간의 50% 행동하는 경우
☐ 3	자주 그렇다.	아동이 시간의 75% 행동하는 경우
☐ 4	항상 그렇다.	아동이 듣는 상황만으로 감정 그 이상을 지속적으로 확인하는 경우

부모 보고: ____________________

____

____

____

부록 VI

영유아 청각총합능력 검사*
(Infant-toddler: Meaning auditory Integration Scale; IT-MAIS)

S. Zimmerman-Phillips, M.J. Osberger, & A. M. Robbins

1. 보청기나 와우이식기를 하고 있을 때 아동이 소리를 더 많이 내나요?

☐	0	전혀	아동의 소리내기는 증폭장치에 관계없음.
☐	1	드물게	증폭장치를 켰을 때 아동의 소리내기 빈도가 약간(25% 정도) 증가함
☐	2	가끔	증폭장치를 켰을 때 아동의 소리내기가 증가함(약 50% 정도) 또는 증폭장치를 껐을 때 같은 정도로 감소함
☐	3	자주	증폭장치를 켰을 때 아동의 소리내기가 하루 종일 뚜렷이 증가함(75%정도. 또는 증폭장치를 켜고 껐을 때 같은 정도로 감소함). 가족 외의 사람들도 증폭장치를 켜고 껐을 때 소리내기의 변화를 안다고 부모가 보고함.
☐	4	항상	증폭장치를 켰을 때 아동의 소리내기가 증폭장치를 껐을 때보다 100% 증가함.

부모 보고: ____

____

____

____

*출처: 청각재활, 석동일 외, 2003.

2. 아동이 확실한 음절이나, 말처럼 느껴지는 음절의 조합을 산출하나요?

☐ 0 전혀 아동은 말과 같은 발화를 전혀 산출하지 않음; 아동이 단지 분화되지 않은 소리내기만을 산출함; 부모가 그런 경우를 기억하지 못함.

☐ 1 드물게 아동이 말과 같은 발화를 가끔 한 번씩(전체 경우 중 25% 정도), 모델이 있을 때만 산출함.

☐ 2 가끔 아동이 말과 같은 발화를 모델이 주어졌을 때 50%정도의 경우 산출함.

☐ 3 자주 아동이 말과 같은 발화를 75% 정도의 경우 산출하며 부모는 많은 예를 기억함. 아동은 제한된 음소목록 안에서 음절의 조합을 산출함. 아동은 모델에 따라 분명하고 정확하게 모방함.

☐ 4 항상 아동은 음절의 조합을 일관되게 자발적으로 산출함(모델 없이). 발화에는 다양한 음소목록이 나타남.

부모 보고: ____________________

____

____

____

3. 조용한 장소에서 청각적 단서만으로 이름을 불렀을 때 아동이 자발적으로 반응을 하나요?

☐ 0 전혀 아동이 자신의 이름에 전혀 반응하지 않거나 부모가 그런 경우를 기억 못함.

☐ 1 드물게 아동이 처음 불렀을 때 25% 정도의 경우 반응하거나 여러 번 불러야만 반응을 함.

☐ 2 가끔 첫 번째 시도에서 50% 정도의 경우 반응하거나 일관되기는 하나 부모가 한 번 이상 불러서 반응을 함.

☐ 3 자주 첫 번째 시도에서 적어도 75% 이상의 경우에 반응함.

☐ 4 항상 첫 번째 시도에서 아동이 자신의 이름에 항상, 일관되게 반응을 함.

부모 보고: ______________________________

____

____

____

4. 소음이 있는 장소에서 청각적 단서만으로 이름을 불렀을 때 아동이 자발적으로 반응을 하나요?

☐ 0 전혀 아동이 자신이 이름에 전혀 반응하지 않거나 부모가 그런 경우를 기억 못함.

☐ 1 드물게 아동이 처음 불렀을 때 25% 정도의 경우 반응하거나 여러 번 불러야만 반응을 함.

☐ 2 가끔 첫 번째 시도에서 50% 정도의 경우 반응하거나 일관되기는 하나 부모가 한 번 이상 불러서 반응을 함.

☐ 3 자주 첫 번째 시도에서 적어도 75% 이상의 경우에 반응함.

☐ 4 항상 첫 번째 시도에서 아동이 자신의 이름에 항상, 일관되게 반응을 함.

부모 보고: ______________________________

____

____

____

5. 누가 말해주거나 가르쳐주지 않아도 아동이 집안의 환경음(강아지소리, 장난감 소리 등)에 자발적으로 반응을 하나요?

☐ 0 전혀 아동이 전혀 반응행동을 보이지 않거나 부모가 그런 경우를 기억 못함. 또는 도움을 받아서만 반응함.

☐ 1 드물게 아동이 다른 소리에 25% 정도의 경우 반응함. 부모는 한두 가지의 예만을 기억하거나 여러 소리에 대해 아동이 일관되지 않게 반응한 것을 기억함.

☐ 2 가끔 아동이 두 가지 이상의 환경음에 대해 50% 정도의 경우 반응함. 아동이 일정하게 발생하는 여러 환경음에 대해 반응하지 않는다면(전화벨이나 초인종과 같은 두 가지 소리에는 일관되게 반응한다 하여도), 점수는 "가끔" 이상을 넘지 않음.

☐ 3 자주 아동은 많은 환경음에 대해 적어도 75% 이상의 경우에 일관되게 반응함.

☐ 4 항상 아동이 기본적으로 모든 환경음에 대해 항상, 일관되게 반응을 함.

부모 보고: ____

____

____

____

6. 새로운 환경에서 아동이 환경음에 자발적으로 반응하나요?

☐ 0 전혀 아동이 전혀 반응행동을 보이지 않거나 부모가 그런 경우를 기억 못함.

☐ 1 드물게 아동이 다른 소리에 25% 정도의 경우 반응함. 부모는 한두 가지의 예만을 기억함.

☐ 2 가끔 아동이 여러 번 반응행동을 보이고(50% 정도의 경우) 부모가 다른 예를 여러 개 기억함.

☐ 3 자주 아동은 75% 정도의 경우에 반응을 보이고 부모는 많은 서로 다른 예를 기억함.

☐ 4 항상 아동이 호기심을 나타내지 않는 새로운 소리가 거의 없음.

부모 보고: ____

____

____

____

7. 아동이 학교나 집에서 생기는 일상적인 청각적 자극을 자발적으로 인지하나요?

☐ 0 전혀 아동이 전혀 반응행동을 보이지 않거나 부모가 그런 경우를 기억 못함.

☐ 1 드물게 아동이 이런 소리들에 25% 정도의 경우 반응함. 부모는 한두 가지의 예만을 기억함.

☐ 2 가끔 아동이 이런 소리들에 50% 정도의 경우 반응함. 부모가 두 개 이상의 예를 기억함.

☐ 3 자주 아동은 75% 정도의 경우에 반응을 보이고 부모는 많은 예를 기억함.

☐ 4 항상 아동은 이런 기술을 분명히 습득했고 일상생활의 일부분임.

부모 보고: ____

____

____

____

8. 아동이 청각적 자극만으로 두 사람의 목소리를 자발적으로 변별하는 능력을 보여주나요(시각적 자극 없이)?

☐ 0 전혀 아동이 전혀 반응행동을 보이지 않거나 부모가 그런 경우를 기억 못함.

☐ 1 드물게 아동이 아주 다른 두 목소리(어른 vs 아이)를 25% 정도의 경우 변별함.

☐ 2 가끔 아동이 아주 다른 두 목소리(어른 vs 아이)를 50% 정도의 경우 변별함.

☐ 3 자주 아동이 아주 다른 두 목소리(어른 vs 아이)를 75% 정도의 경우 변별함. 때로는 비슷한 두 목소리(아이들의 목소리)를 변별함.

☐ 4 항상 아동은 항상 아주 다른 두 목소리를 변별함. 비슷한 두 목소리도 거의 대부분 변별함.

부모 보고: ____________________

____

____

____

9. 아동이 청각적 자극만으로 자발적으로 말소리와 말소리가 아닌 소리의 차이를 아나요?

☐ 0 전혀 아동이 전혀 반응행동을 보이지 않거나 부모가 그런 경우를 기억 못함.

☐ 1 드물게 아동의 25% 정도의 경우 반응함. 부모는 한두 가지의 예만을 기억함

☐ 2 가끔 아동의 50%정도의 경우 반응함. 부모가 여러 예를 기억함.

☐ 3 자주 아동은 75% 정도의 경우에 반응을 보이고 부모는 서로 다른 많은 예를 기억함.

☐ 4 항상 아동은 일관되게 지속적으로 반응행동을 보임; 아동은 말소리와 말소리가 아닌 소리를 변별하는 데에 오류를 보이지 않음.

부모 보고: ____________________

____

____

____

10. 아동이 청각적 자극만으로 목소리에 담겨 있는 감정의 변화(분노, 흥분, 불안)에 자발적으로 반응하나요?

- ☐ 0 전혀 아동이 전혀 반응행동을 보이지 않거나 부모가 그런 경우를 기억 못함. 또는 아동에게 기회가 없음.
- ☐ 1 드물게 아동의 25%정도의 경우 반응함.
- ☐ 2 가끔 아동의 50%정도의 경우 반응함.
- ☐ 3 자주 아동의 75%정도의 경우 반응함.
- ☐ 4 항상 아동은 목소리의 변화에 일관되고 적절히 반응함.

부모 보고: ______________________________

____

____

____

영유아 청각통합능력검사는 윤미선(2002)이 번역한 자료이다. Zimmernan-Phillips 등의 자료에 근거하여 각 항목당 질문에 대한 세부 내용을 첨부하면 다음과 같다.

1. 보청기나 와우 이식기를 하고 있을 때 아동이 소리를 더 많이 내나요?

청각입력 이득은 매우 어린 아동의 언어 산출에서 가장 중요한 것이다. 발성의 빈도와 질은 감각보장구를 착용하였을 때, 감각보장구가 꺼져 있을 때, 또는 그것이 적절하게 사용되지 않았을 경우 변할 수 있다.

부모님께 "매일아침 감각보장구를 처음 착용하였을 때, ○○의 발성을 설명해 보십시요."라고 하여라. 감각보장구를 처음 착용하고 청각정보를 처음 경험하였을 때, 아동의 발성이 변한다면 부모님께 변화에 대해 설명하게 하고, "감각보장구를 ○○에게 착용해 주는 것을 잊어버리지 않았는지, 적절하게 사용하지 않고 있는지 또는 다른 사람들이 ○○의 발성이 어떤 방법(산출된 발성의 음질 주파수)에서 다르다는 것에 주목합니까"라고 물어라. 아마도 "감각보장구를 처음 켰을 때, 아동이 그 장치를 통해 test합니까?"라고 물을 것이다.

2. 아동이 확실한 음절이나, 말처럼 느껴지는 음절의 조합을 산출하나요?

이 발화 유형은 성장기 유아의 구어 특징이다. 발화는 부모님들께 의해 구어로 인식되는 말소리와 음정을 포함한다(예: "마마마", "다다다", "바바바", "야야야"). 부모님들은 종종 아이가 "말을 한다."고 주장한다. 부모님께 "○○가 부모님이나 다른 사물에게 말을 하였습니까?" ○○가 감각보장구를 착용하지 않고 놀 때에 비해 감각보장구를 착용했을 때, 부모님은 "어떤 종류의 소리를 듣습니까?"라고 물어보라. 부모님들께 "○○는 운을 달거나 장난감을 가지고 노는 놀이방에서 사용되는 소리와 단어를 말합니까?"(예: "흡흡", "무~", "바~", "츄~", "므~")라고 묻고, 아동의 산출빈도 뿐 아니라 아동이 산출하는 발화 유형의 예를 제시하도록 요구하여라.

3. 조용한 장소에서 청각적 단서만으로 이름을 불렀을 때 아동이 자발적으로 반응을 하나요?

유아는 행동의 변화로 소리에 대한 반응을 나타낸다. 아주 어린 아동에게서의 이러한 반응의 대표적인 예는 아마 행동의 순간적 정지일 것이다(예: 움직임·놀이·빨기·울음의 멈춤). 또한 음원 탐색하는 행동을 보이거나(예: 유아는 이름이 들리면 쳐다보거나 주위를 두리번거린다), 눈을 크게 뜨거나 깜박인다. 부모님께 "조용한 방에서 시각적 단서 없이 아동 뒤에서 이름을 불렀을 때, 아동은 몇 %정도 반응합니까?"라고 물어라. 많은 어린 아동들은 일반적으로 청각 자극이 멈추었을 때, '반응의 정지'로 표현한다. 부모님께 가장 높은 비율로 관찰되는 응답 유형의 예를 제시하도록 요구하여라.

4. 소음이 있는 장소에서 청각적 단서만으로 이름을 불렀을 때 아동이 자발적으로 반응을 하나요?

부모님께 "소음(말소리, 아이들이 노는 소리, TV 소리 등)이 있는 방에서 시각적 단서 없이 뒤에서 아동의 이름을 불렀을 때, 몇 % 반응합니까?"라고 물어라. 부모님의 관찰을 기록할 때, 질문지에 열거된 반응 기준을 사용하고, 부모님이 관찰한 반응 유형의 명확한 예를 제시하도록 요구하여라.

5. 누가 말해주거나 가르쳐주지 않아도 아동이 집안의 환경음(강아지소리, 장난감소리 등)에 자발적으로 반응을 하나요?

부모님께 "가정이나 친숙한 상황(식품점, 식당, 놀이터)에서 ○○가 반응하는 환경음의 종류에 대해 이야기해 주십시오."라고 하여라. 부모님이 반드시 아동들이 시각적 단서 없이 청각을 통해서만 반응하는 것을 이야기하도록 해야 하며, 전화, TV, 개 짖는 소리, 화재경보기, 소리 나는 장난감에 주의를 기울이는 것과 같이 명확한 예를 제시하도록 요구하여라. 아동은 부모님의 촉구 없이 소리에 주의를 기울여야만 한다. 반응행동은 소리가 처음 탐지되었을 때나 멈추었을 때 나타날 것이며, 이러한 행동의 부모의 관찰을 기록할 때는 질문지에 열거된 반응 기준을 이용하여라.

6. 새로운 환경에서 아동이 환경음에 자발적으로 반응하나요?

부모님께 "○○가 친숙하지 않은 상황(예: 다른 집, 낯선 가게 또는 식당)에서 소리에 대해 반응(구두, 비구두)을 보입니까?"라고 물어라(예: 식당에서의 접시 소리, 백화점 내에서의 벨소리, PA system, 다른 방에서 아기 우는 소리, 화재경보기, 친구 집의 친숙하지 않은 장난감). 더 어린 아동들은 눈 추적, 얼굴 찌그리기, 미소, 새로운 소리의 음원 찾기, 새로운 소리 모방하기, (장난감을 가지고 놀 때와 같이) 크거나 다른 소리를 듣고 울기, 또는 정보를 얻기 위해 부모 보기를 포함하는 비구두 지시를 제공할 것이다. 반응 행동은 소리가 처음 탐지되었거나 멈추었을 대 나타날 것이다.

7. 아동이 학교나 집에서 생기는 일상적인 청각적 자극을 자발적으로 인지하나요?

"○○는 정규적으로 시각적 단서나 다른 촉구 없이 어린이집, 유치원 또는 가정에서 청각신호를 적절하게 인지하거나 반응합니까?"라고 물어라(예: 아동이 보지 않았지만 소리를 들은 친숙한 장난감을 찾는 것, 밖에서 개가 짖을 때 문 쪽을 보는 것, 차고 문이 열리는 소리를 듣고 문 쪽을 보는 것, 아동 뒤에 서면 손을 눈 위로 놀리고 상호작용 게임을 말로 시작하는 것).

8. 아동이 시각적 단서 없이 청각적 단서만으로 두 사람의 목소리를 자발적으로 변별하는 능력을 보여주나요?

이 행동의 예는 엄마, 아빠의 목소리와 형제자매의 목소리를 변별하는 것이다. 이 행동의 예는 청각적 단서만이 제공되었을 때, 말한 부모에게 반응하는 것으로 나타날 것이다. "○○가 듣기를 통해서만 엄마 또는 형제자매와 같은 두 목소리를 변별하여 말 할 수 있습니까?"라고 물어라. 더 어려운 단계에서는 "○○가 두 형제 또는 한 형제와 이야기하며 놀고 있다면, 적절한 현제자매 방향을 봅니까?"라고 물어라.

9. 아동이 청각적 자극만으로 자발적으로 말소리와 말소리가 아닌 소리의 차이를 아나요?

이 질문의 목적은 아동이 구어와 비구어 사이의 지각력을 가지는지 그렇지 않은지를 평가하는 것이다. 우리는 아동이 두 자극을 혼란스러워하거나 혼란을 보이지 않는 것에 대한 질문으로 이 문제를 다룬다. 예를 들어, 아동이 일정한 자극에 반응을 보였다면 "아동은 언어자극에 대한 반응으로 이러한 행동을 보입니까?"라고 물어라.

"○○는 구어를 소리의 범주로 인식합니까? 그것은 비구어와는 다른 것입니까?"라고 물어라. 예를 들어, "만약아동과 방에 있고 아동의 이름을 부르면 아동은 당신이나 좋아하는 장난감을 찾습니까?", "○○는 가족의 목소리에 대비해서 친숙한 장난감을 찾습니까?"라고 물어라.

10. 아동이 청각적 자극만으로 목소리에 담겨 있는 감정의 변화(분노, 흥분, 불안)에 자발적으로 반응하나요?

매우 어린 아동에게서, 아동은 어머니의 음성에 의해 전달된 감정의 변화를 인식한다(예: 억양이나 음성의 많은 변화에 웃거나 좋아한다). "아동은 듣는 것만에 의해서 화난 목소리나 흥분한 목소리와 같은 누군가의 목소리에 전달된 감정에 대해 이야기 할 수 있습니까?"라고 물어라(예: 아동은 얼굴을 보지 않고, 부모님 음성의 억양이나 운율 변화에 대한 반응으로 크게 웃거나 미소짓는다).

부록 VII

청각-구어 연령과 발달단계*
(Auditory-verbal Ages & Stages of Development)

항목마다 체크를 하시오.

✔ 완전습득

+ 나타남, 출현하는 경우

− 나타나지 않음

Listening(Level I—VIII)

Level I. 음의 인식(Awareness of Sound)

✔ + —	
	■ 귀 수준에서 3피트 이내에서 나는 북, 종, 참새 쫓는 소리와 같은 매우 낮고, 큰 소리에 반응한다. ■ 강한 비트의 음악에 반응한다. ■ 주의를 기울였을 때 큰 내부 환경음(믹서기, 진공청소기, TV 소리 등)에 반응한다. ■ 주의를 기울였을 때 큰 외부 환경음(자동차, 비행기, 소방차, 구급차, 경찰차, 새소리 등)에 반응한다. ■ 어떤 소리가 들렸을 때, 귀를 가리키거나 고개 끄덕이기, 발성

*출처: 청각재활, 석동일 외, 2003.

또는 미소로 반응한다.

- 주의를 기울이지 않아도 음악, 의미 있는 내·외부 환경음이나 구어의 인식이 나타난다.
- 보청기 이어몰드가 부분적으로 빠져 있을 때, 피드백이 생기는 것을 인지한다.
- 보청기나 인공와우가 작동하지 않을 때, 이를 표현한다.

Level II. **유의미 음에 반응하기**(Sound has Meaning)

✔ + —

반응(Responds to):

- 춤, 노래, 박수로 음악에 반응한다,
- 제스처(쉿, 바이-바이, 아니, 이리 와)로 간단한 구어에 반응한다.
- 자신의 이름에 반응한다.

관련된 사항(Associates):

- 주위 사물과 특정 소리를 연결시킨다(이 소리는 엄마 차야).
- 사건과 특정 소리를 연결시킨다(엄마 차네... 아, 엄마가 집에 오시는 구나! 식사 시간이다).
- 장난감, 사물, 사건의 음을 주의하며 듣는 것과 연결시킨다.

Levell III. **초기 듣기와 말하는 것의 관계**(Early Listening−Talking Loop)

✔ + —

- 아동의 연령에 적합한 큰 신체 동작을 모방한다(Pat-a-cake, 깍꿍놀이, 대장놀이, 시몬이 말한다 등).
- 박수, 춤, 몸 흔들기, 노래로 음악에 반응한다.
- 보청기, 인공와우 착용 시 발성이 증가한다.
- 자극 리듬과 억양 패턴을 변화시키는 엄마의 음성 놀이를 모방한다.
- 보청기와 인공와우를 켰을 때 음성으로 테스트한다.

- 모음/ah, oo, ee/와 함께 부가적인 음성놀이를 연습한다.
- 새로운 억양/리듬 패턴과 함께 엄마의 음성놀이를 모방한다.
- 자음 연습을 통하여 단어나 짧은 구와 유사해지기 시작한다(무무무, 마마, 우유 좀 더 주세요, 내꺼 등).
- 듣기 연령에 적절한 새로운 소리를 모방한다.
- 숨바꼭질과 같은 부르기 게임에서 억양 패턴과 모음을 사용하여 앞, 뒤에서 부른다.

✔ + — **부가적인 사항**

- 짧은 구의 일시적인 패턴
- 짧은 구의 억양패턴이 일시적 첨가
- 짧은 구의 일시적인 억양, 강제, 조음
- 속삭임 모방

Level IV. **변별**(Discrimination)

✔ + — 보청기나 인공와우를 켜거나 끈 상태에서 다음 소리에 반응한다(실내에서 실시한 후 실외에서 실시).

- Clackers, 딸랑이
- 음악
- 내부 환경음
- 외부 환경음
- 구어

변별

- 위쪽에서 나는 큰 소리와 작은 소리를 변별한다.
- 위쪽에서 나는 높은 소리와 낮은 소리를 변별한다.
- 빠르고 느린 소리를 변별한다.
- 연속음과 단속음을 변별한다.

- 화나거나 기분 좋은 소리를 변별하고 적절하게 반응한다.
- 아빠와 엄마의 목소리를 변별한다.
- 남자, 여자 또는 아이 목소리를 변별한다.
- 두 가지 큰소리를 변별한 후 세 가지 큰 소리를 변별한다(북, 종, 호각)
- ah와 oo를 모방한 후 ah, oo와 ee를 모방한다.
- 트럭, 자동차, 소방차, 비행기, 보트, 오토바이 소리 등과 관련된 자음과 모음을 모방한다.
- 여러 개의 음절, 자음, 모음으로 구성된 가족의 이름에서 자신의 이름을 인식한다.
- 다른 작은 주위 소음에서 첫 번째 신호를 인식한다.
- 자연스러운 제스처로 된 몇 가지 친숙한 명령을 모방한다(눈감아라, 만지지 마라).
- 다음절의 친숙한 단어를 변별한다(1음절 대 3음절, 1음절 대 2음절, 1음절 대 3음절).
- 음절수는 같지만 다른 모음과 자음으로 구성된 친숙한 단어를 변별한다(hat, shoe, cost).
- 2~3 단어를 순서대로 모방한다.
- 주기적인 구조와 알고 있는 단어를 기초로 하는 구를 모방한다.
- 모음은 다르지만 어두 또는 어말 자음은 같은 단어를 변별한다(감, 담, 밤).
- 3~4단어를 순서대로 모방한다.
- 유사한 구나 문장을 변별한다(큰 파란 차, 작은 까만 차).
- 운모가 같은 단어를 변별한다(강, 땅).
- 문장 내에서 중요하지만 작은 차이를 변별한다(위/아래, 앞/뒤).
- 자음군을 구별한다(pa, ta, ka)(bu, du, gu).
- 7~10 단어 문장을 기억한다.

Level V. 음원의 위치 변별 (Localization Skills)

✔ + —
- 뒤쪽을 제외한 반경3피트 내 귀 수준에서 소리를 찾는다.
- 뒤쪽 3피트 내 귀 수준에서 소리를 찾는다.
- 같은 장소, 모든 방향, 6, 9, 12피트 내에서 큰소리, 환경음, 음악, 말소리를 이해하고 확인한다.
- 다른 방에서 분명한 위치, 방향으로 소리를 이해한다.
- 실외에서 분명한 위치, 방향으로 소리를 이해한다.

Level VI. 음원의 거리와 방향인식(Distance and Direction Listening)

✔ + —
- 모든 방향, 3, 6, 9피트의 거리에서 큰소리를 인식한다.
- 모든 방향, 3피트씩 증가하는 거리에서 큰소리를 인식한다.
- 모든 방향, 3피트씩 증가하는 거리에서 소리의 다른 측면(고저, 강약, 장단)을 변별한다.
- 모든 방향, 3피트씩 증가하는 거리에서 자신의 이름에 반응한다.
- 모든 방향, 3피트씩 증가하는 거리에서 주기적인 구조와 억양패턴을 기초로 하는 몇몇 짧은 익숙한 명령에 반응한다.
- 모든 방향, 3피트씩 증가하는 거리에서 음절 길이가 다른 친숙한 단어를 변별한다.
- 모든 방향, 3피트씩 증가하는 거리에서 모음과 자음이 다른 친숙한 어휘를 변별한다.

Level VII. 소음이 있는 환경에서 듣기(Listening in Background Noise)

✔ + —

배경 소음이 있는 모든 방향에서 증가하는 거리에 있는 다음의 소리를 이해한다.
- 자신의 이름

- 친숙한 단어(closed set→ open set).
- 짧고, 친숙하고, 기능적인 문장
- 친숙하고 단순한 1단계 지시 따르기
- 더 복잡한 2단계, 3단계 지시 따르기

Level VIII. **청각 기억과 연속된 이야기**(Auditory Memory and Sequencing)

✔ + — 단어기억:

- 모방에 의해 2, 3단어 구에 가까워진다.
- 2, 3, 4가지 이상에서 정확한 그림을 선택한다.
- 정확하게 명명된 2가지의 그림 또는 사물을 선택하지만 반드시 순서에 따른 것은 아니다.
- 명명된 2가지의 그림 또는 사물을 순서대로 선택한다.
- 사물, 그림 또는 세 번째 것이 없다는 것을 표현한다.
- 5가지 또는 6가지 중 3가지의 사물 또는 그림을 정확하게 선택한다.
- 4개의 단어를 순서대로 모방한다.
- 임의의 숫자를 순서대로 반복한다(1, 4, 3, 2).
- 무의미음절을 모방한다.
- 8가지 또는 9가지 중 명명된 4가지 또는 5가지 카드를 선택한다.

다음에 제시된 것들에 의해 6, 7개의 단어를 배열에 가까워진다:

- 2개의 자연스러운 구로 나누고, 모델 후 그것을 각각 반복한다.
- 완전한 구에 가까워진다.

장기기억:

- 자신의 이름을 알고, 성을 안다
- 애완동물을 비롯한 가족 이름을 안다.

■ 자연스러운 순서로 패턴화 된 2, 3개 단어를 사용한다.

다음의 중요한 사람, 장소, 사물의 이름을 안다:

■ 가족

■ 신체 부위

■ 옷

■ 음식

■ 장난감

■ 가구

■ 감정(행복, 슬픔, 기쁨, 아픔, 피곤함, 배고픔, 좋음, 싫음, 사랑)

■ 일반적인 형용사구를 사용한다(우와! 예쁘다).

■ 자신이 하는 것을 나타내기 위해 동사의 현재 진행, 현재 시제를 사용한다(한다, 간다, 먹는다 등).

■ 2단어를 연속적으로 자발 발화 한다

■ 아동의 이야기에서 운모 또는 다른 것의 반복으로 핵심단어를 이해하고 제공한다.

■ 항상 새로운 수를 더해가며 기계적으로 샌다.

■ 3, 4단어의 간략한 구나 문장을 발화한다.

■ 'Alphabet Song'을 부른다.

■ 생일 노래를 부른다.

■ 계절 노래를 부른다.

■ 3, 4, 5단어를 연속적으로 발화한다(성인의 구문은 아니다).

■ 나이, 주소, 전화번호를 이해한다.

■ 엄마·아빠·형제·자매의 이름, 형제·자매의 나이, 아빠의 직업을 안다.

■ 순서대로 정확하게 과거 사건을 이야기한다.

부록 VIII

발달 단계 체크리스트*

연령	✔ + —	수용 언어
3개월		• 음성과 시각 자극에 의해 섭식을 예상한다. • 화자의 얼굴을 본다. • 성인의 목소리에 조용해진다. • 소리가 가까워지면 활동이 줄어든다.
6개월		• 아는 사람들의 음색과 억양을 인식한다. • 음원을 찾는다. • 기분 좋은 소리와 화난 소리를 변별한다. • 소리 나는 쪽으로 돌아보고 음원을 찾는다.
9개월		• 단순한 명령을 따를 수 있다. • "잘 가라고 손 흔들어줘."와 같은 구두 요구에 반응한다. • 엄마가 아이에게 "일어나"라고 하며 팔을 뻗으면 팔을 든다. • 자신과 다른 사람들의 발성을 듣는다.
12개월		• 단어가 사물 종류의 변별을 돕는다. • 주제와 상황에 관련되는 핵심단어를 이해한다. • 상징과 같은 단어를 이해한다. • 제스처를 동반한 요구네 장난감을 준다.
15 개월		• 사물 없이도 10개의 단순한 단어나 구를 이해한다. • 요구에 의해 친숙한 사람, 동물, 장난감을 지적한다. • 단수한 요구를 따른다. • 핵심단어와 함께 간단한 구와 질문을 이해한다("아빠 어디 있니").
18개월		• 단서 없이 50단어를 이해한다. • 2~3분 동안 운모와 노래를 듣는다. • 상자 안의 사물을 확인한다. • 눈, 코, 입, 머리를 지적한다.

*출처: 청각재활, 석동일 외, 2003.

연령	✔ + —	수용 언어
21개월		• 다음 대명사를 이해한다: 나, 그, 이, 저 • 인형 또는 자신의 4, 5가지 신체 부위를 지적한다. • 100개의 단어를 이해한다. • 단순한 구두 설명을 이해한다.
2세		• 다음 질문 유형을 이해한다: 무엇, 어디 • 부정을 이해한다: 없다, 아니다 • 장소에 대한 질문에서 위, 안, 아래를 이해한다. • 연속된 짧은 지시를 따를 수 있다.
2세 3개월		• 몇몇 전치사구를 이해한다(침대 위에, 탁자 아래에). • 알고 있는 어휘, 사람, 경험에 대한 이야기를 듣는 것을 좋아한다. • 머리, 손, 발, 코, 눈, 입을 이해한다.
2세 6개월		• 그림에서 도구의 기능을 이해할 수 있다. • 그림책의 단순한 이야기를 좋아하고 매일 반복하기를 원한다. • 다음 중 두 개의 전치사를 이해한다: 위, 안, 아래, 앞 • 도구의 기능을 이해한다.
2세 9개월		• 6가지 신체 부위를 지적한다. • 1의 개념을 이해한다. • 스스로 책보는 것을 좋아한다. • 새로운 이야기를 천천히 받아들인다.
3세		• '왜' 질문 유형을 이해한다. • 이야기를 열심히 듣고 반복하기를 요구한다. • 친숙한 음색과 이야기를 반복하는 것을 좋아한다. • 남녀의 개념을 이해한다.
3세 3개월		• 반대말을 유추하여 이해한다. • 과거와 현재의 일부를 구별한다: 다음으로 과거/미래 • 2의 개념을 이해한다.
3세 6개월		• 두 사물 중 더 긴 것을 이해한다. • 두 사물 중 더 큰 것을 이해한다. • 두 사물 중 더 작은 것을 이해한다.
3세 9개월		• 목, 팔, 무릎, 엄지손가락을 지적할 수 있다. • 더 복잡한 말을 이해한다(왜냐하면, 때문에). • 알고 있는 단어에 관한 새로운 단어를 배운다.

연령	✔ + —	수용 언어
4세		• 과거, 현재, 미래를 구별한다. • 그림 설명을 이해한다. • 무게(무거움/가벼움)의 개념을 이해한다.
4세 3개월		• 3가지 그림을 비교할 수 있다. • 4가지 전치사 사용을 이해할 수 있다. • 9~10 단어 문장 정도의 청각 기억력을 가진다.
4세 6개월		• 4 자리 수 기억하기 • 3단계 명령 따르기를 할 수 있다.
4세 9개월		• 긴 이야기, 복잡한 사실, 상상을 듣는다. • 4가지 개념을 이해하기에 이르러 양에 관한 질문을 이해한다.
5세		• 유추하여 이해한다(우유는 하얗다. 버터는 …?). • 11단어 무장 정도의 청각 기억력을 가진다.

연령	✔ + —	표현 언어
3개월		• 즐거움을 발성으로 표현한다. • 혼자 있을 때나 이야기를 할 때, 놀이에서 옹알이를 한다. • 단모음을 발성한다(ah, eh, uh). • 자음을 사용한다(h, k, g). • 짧은 단음의 작은 성문음인 울음보다 더 많은 발성을 한다.
6개월		• 더 많은 자음과 모음을 발성한다. • 주의를 기울여주는 사람에게 발성한다. • 30분 정도 웃음을 통해 즐거움을 발성한다. • 15~20분 동안 음도를 변화시켜 발성을 유지한다.
9개월		• 구를 발성한다(4음절 또는 그 이상). • 기침, 혀 차는 소리, 키스하는 소리를 모방한다. • 옹알이에서 성인의 억양이 나타난다. • 불명확한 2음절 옹알이(da-da, hu-hu, ma-ma)를 시작한다.
12개월		• Jagon을 사용하고, 한 단어로 문장을 표현한다(일어문적). • 초어, 일반적 옹알이, 기능적 단어를 말한다(bye-bye). • 어떤 말 뒤의 다음절을 모방한다(반향). • 몇 가지 의미 있는 단어를 사용한다.
15개월		• 몇몇 사물을 명명한다. • 노래 부르기를 한다. • mama, dada와 다른 3 단어를 말한다. • 억양이 있는 짧은 문장을 발성한다.
18개월		• 중요한 단어나 마지막 단어를 따라한다. • 이해할 수 있는 6~20개 단어를 사용하고 더 많은 것을 이해한다. • 한 단어로 대답하고 종종 어두운 CV로 나타난다. • 4~7 단어를 분명하게 말한다.
21개월		• 질문 형식을 사용하기 시작한다(누가, 어디, 왜). • 2개 이상의 단어를 결합시킨다(Dada, bye-bye). • 이름으로 자신을 안다. • 소유격을 사용하기 시작한다(나의, 내것)
2세		• 50개 이상의 인지 가능한 단어를 사용하고, 더 많은 단어를 이해한다. • 대명사(it, mine, this, that)를 사용하기 시작한다. • 3단어 문장을 사용한다: 명사, 동사를 사용하며 형용사, 부사는 거의 사용하지 않는다. • Jagon이 사라지기 시작한다: 사물의 이름을 묻는 것이 빈번해진다.

연령	✔ + —	표현 언어
2세 3개월		• 복수형을 조금 사용한다(2 book, dogs). • Jagon이 사라진다. • 요구에 의해 성과 이름을 말한다. • 일반적인 사물을 명명한다.
2세 6개월		• 친숙한 몇몇 운모를 말한다. • 사물의 기능을 말한다. • 의문문을 사용한다(무엇, 어디, 왜, 어떻게, 누구를). • 부정문을 사용한다(He doesn't, none, nobody). • 200개 이상의 인지된 단어를 사용한다. 구어는 완전히 이해할 수 없다.
3세		• 동명사를 사용하기 시작한다. • 그룹(주로 명사구)에서 몇몇 단어를 말한다. • 대명사를 사용한다(너, 그, 그녀, 그들, 우리). • 다음의 소리를 발성한다: w–, m–, n–, h–, b–, p–, –p–, d, –d–
3세 3개월		• 기본 문장을 사용한다: 주어 동사 목적어 • 5, 6, 7음절 문장을 반복한다. • 잘 패턴화 된 문장을 사용한다. • 약 6단어 문장을 말한다.
3세 6개월		• 다음의 소리를 발성한다: –w–, –m, –n, g–, –g–, k–, –k–, f–, –f–, f–, –h • 복수형을 적절하게 사용한다. • 의문문을 사용한다(누구의, 누가, 무엇, 언제, 왜, 어떻게). • 본동사와 조동사를 사용하기 시작한다(do, hvae)
3세 9개월		• 상황 문맥에서 4단계 지시 따르기를 할 수 있다. • 이해하기 쉽지만 많은 음성을 대치하여 말한다. • 대명사를 자발발화한다. • 거의 최근의 일에 대해 오랫동안 혼자서 이야기한다.
4세		• 본동사와 조동사를 사용하기 시작한다(be, can will). • 시를 낭독하거나 노래를 부른다. • 일반적으로 대명사를 모두 사용한다. • 그림에 대해 이야기 할 수 있다.

연령	✔ + —	표현 언어
4세 3개월		• 12~13음절 단어를 정확하게 반복할 수 있다. • 5까지 차례대로 셀 수 있다. • "잠잘 때 어땠니, 추웠니?"라는 질문에 적절하게 대답할 수 있다. • 묘사된 그림을 확인하고 지적한다.
4세 6개월		• '왜, 언제, 어떻게'와 관련된 질문과 단어의 의미에 관한 질문을 한다. • 몇몇 사물 기능어의 뜻을 명확하게 이해한다. • 최근의 사건과 경험을 일관성 있게 서술한다. • 거의 완전한 문장을 말한다: 어휘, 단어순서, 문장 오류
4세 9개월		• 1,500개 어휘를 표현한다. • 몇몇 단어를 정의 할 수 있다. • 대답할 수 있다: 왜, 우리는 집, 책, 시계, 누이 있습니까? • 긴 이야기를 듣고 이야기한다.
5세		• 10까지 셀 수 있다. • 2가지 사람, 사물, 행동을 언급할 때 '그리고'를 사용한다. • 친구, 가족, 낯선 사람과 자연스럽게 대화할 수 있다. • 다음 소리를 발성한다: y–, –ng, –r, l, –mp, j–, –f, s–

연령	✔ + —	인지 기능
3개월		• 소리의 변별에 있어 시각과 청각이 동등하다. • 구분: 고무 젖꼭지를 원하면 입안에 있는 가른 것을 뱉는다. • 복잡한 자극물을 좋아한다.
6개월		• 잡는 것과 치는 행동이 계획적으로 반복된다. • 시야에서 벗어나 물체를 찾는다. • 시야내의 물건들을 잡고 다룬다.
9개월		• 사용하는 것은 목표에 도달하는 것을 뜻한다(베개 밑에 숨겨진 장난감까지 움직인다). • 엄마의 얼굴과 익숙하지 않은 얼굴을 구별한다. • 떨어지는 물체의 끝을 따라 갈 것이다.
12개월		• 옷 아래 숨겨진 장난감을 찾는다. • 어떤 것과 특징을 관련시킨다. • 정확한 모습을 보고 사건을 예상한다(사람이 떠나는 모습을 보고 운다).
15개월		• 일어서고 앉는 것에 대한 의미를 이해한다. • 장난감을 달라고 하면, 부모님께 장난감을 건네준다. • 사물을 가지고 실험하기 시작한다.
18개월		• (울기, 부르기, 지적하기) • 인형이나 자신의 신체 부위를 지적한다. • 가족 물건의 기능을 이해한다.
21개월		• 2~3방향으로 따라간다(의자에 이형 놓기) • 나무 못 말판에 큰 나무못을 꽂는다. • 일반적인 5가지 사물의 그림을 보고 이름을 말한다(고양이, 새, 개, 말, 사람).
2세		• 시간에 대한 감각을 가진다(식사 때와 잠잘 때를 인식한다). • 원인과 결과의 관계를 예상한다(불을 켜고, 끄는 것을 조정한다). • 소유권에 대한 감각을 가진다(나의 것).
2세 3개월		• 어떤 것이 무거울 때 무거움을 표현한다. • 수직과 수평을 크레용으로 선을 그리며 모방한다. • 세 가지 모양틀 판을 완성한다(동그라미, 세모, 네모)
2세 6개월		• 두 가지 숫자를 따라한다. • 두 가지 물건을 센다. • 어떤 다섯 가지 물건의 이름을 말한다(이거 뭐니).

연령	✔ + —	인지 기능
2세 9개월		• 8, 9개의 블록으로 건물을 세운다. • 모양에서 하나의 색깔을 정확하게 구분한다. • 하나를 물으면 그것에 대한 개념을 안다.
3세		• 요구하면 두 물건에서 더 큰 것을 가리킨다. • '같다'와 '다르다'의 의미를 안다 • 대답을 정확하게 한다(너는 남자니, 여자니?).
3세 3개월		• 블럭으로 다리를 만든다. • 3개의 연속된 숫자를 따라한다. • 반대말을 한다.
3세 6개월		• 2~5개의 조작퍼즐을 함께 맞춘다. • 비슷한 동물의 그림을 찾는다. • 색깔을 구분한다.
3세 9개월		• 혀, 목, 팔, 무릎을 지적할 수 있다 • 각각의 손에 손가락 수를 안다. • 단어의 의미를 묻는다.
4세		• 무엇으로 만들어졌는지 말한다. • 무엇을 끌기 전에 끌어야 할 것이 무엇인지 말한다. • 사람을 두 부분으로 나눈다(머리, 몸)
4세 3개월		• 많은 모양을 맞춘다. • 7조각 퍼즐을 맞춘다. • "모자는 머리에 쓰고, 신발은?"과 같은 질문에 정확하게 대답할 수 있다.
4세 6개월		• 3단계 지시 따르기를 할 수 있다 • 긴 이야기를 듣고 말한다. • 낮과 밤을 알고 행동과 적절하게 연관시킨다.
4세 9개월		• 농담이나 수수께끼를 한다. • 오른손과 왼손을 안다. • 사람을 세 부분으로 나눈다(머리, 몸, 다리 등)
5세		• 네모를 모방하여 그린다. • 돈을 알고 명명한다. • 거리와 수로 그녀가 어디에 살고 있는지를 말한다.

참고 문헌

강수균, 이규식, 전헌선, 최영하, 노동우, 백은아(2004). **감각·운동·지각훈련**. 대구: 대구대학교출판부.

강창욱, 김남순, 김미숙, 김성애, 김용욱, 김원경, 김정권, 김향지, 민천식, 신지숙, 오세웅, 윤광보, 이영철, 이해균, 조안나, 한현민 공역(2003). **특수아동의 이해와 교육**. 박학사.

권도하 역(2004). **언어병리학 개론**. 대구: 한국언어치료학회.

김동일 역(2006). **ADHD 가족치료**. 학지사

김동일, 김계현, 김병석, 김봉환, 김창대, 김혜숙, 신종호(2002). **특수아동상담**. 학지사

김병하(1990). **특수교육의 역사적 이해**. 형설출판사

김선미(1996). **청각장애아의 말소리에 관한 음성학적 연구**. 음성학과 언어학(이현복 엮음). 서울대학교 출판부.

김선희(2000). 체간과 머리 자세 조정을 이용한 호흡 및 조음기관 훈련 프로그램이 뇌성마비 아동의 구어 기초능력 향상에 미치는 효과. 대구대학교 재활과학대학원 석사학위청구논문.

김송석, 마주리, 황정남(2006). **발달 및 지도 특수아동지도**. 형설출판사.

김수진(2000). 청각장애의 청능재활: 청각-구화법. 언어청능장애 연수회: 2000. 한국언어청각임상학회

김영태(2002). **아동언어장애의 진단 및 치료**. 서울: 학지사.

김정권, 채미옥, 오세웅, 이유훈, 신진숙, 강창욱, 이애현, 김원경, 김일명, 민천식 역(2001). **특수교육의 패러다임**, 도서출판 특수교육

김정권, 한현민 공역(2002). **특수아동의 이해와 교육**. 특수교육 출판사

김정권, 이상춘, 여광응, 조인수(1993). **정신지체아 지도의 이론과 실천**. 성원사

김종현, 이성현, 이은림, 정대영(1996). **특수유아교육**. 창지사

대한신경정신의학회(1997). **신경정신의학**. 하나의학사

문장원, 최재욱, 황해익, 김진희(1997). **특수교육학**. 양서원
미국 교육부 정의(USOE, United States Office of Education, 1977).
미국정신의학회(American Psychiartric Association, 1994). DSM-IV(Diagnostic and Statistical Manual of Mental Disorders.
박경애(2002). **인지·정서·행동치료**. 학지사
박상희(2006). **청각장애인의 그룹 언어치료**. 언어치료연수회-그룹을 이용한 언어치료. 대구: 한국언어치료학회, 89-98.
박승희 역(1994). **정신지체의 정의, 분류, 지원의 체계**. 교육과학사.
서울YWCA 가락종합사회복지관 아동가족상담센터 www.garak.or.kr
석동일(2001). **조음 및 음운장애 치료**. 대구: 대구대학교 출판부.
석동일, 박상희, 허승덕, 이규식, 신혜정, 박희정, 이상희, 김수진(2007). **청각학개론**. 대구: 대구대학교 출판부
석동일, 이규식, 박상희, 신혜정, 박희정(2003). **청각재활**. 대구: 대구대학교출판부.
석동일, 이상희, 박상희, 김영미, 최영화(2000). **청각과 언어재활**. 대구: 한국언어치료학회
신문자, 김영태(2004). **우리말 조음음운평가(U-TAP)**. 서울: 학지사.
신종호, 김동일, 신현기, 이대식 역(2002). **정신지체**. 시그마프레스.
안변환, 윤치연, 이영순, 이효신, 천성문 역(2003). **행동수정**. 서울: 시그마프레스.
안병즙, 정재권(1999). **장애인의 이해**. 형설출판사
어수지, 윤미선(2005). 선천성 청각장애 성인의 시각적 피드백 이용 음도치료 효과. **음성과학**, 12(4), 215-226.
여광응(1999). **정신지체아의 심리학적 이해**, 도서출판 특수교육
여광응, 이영재, 이은림, 심우정, 임지향, 권영화, 이성현, 윤숙경, 김하경, 이상진, 정용석, 이점조 공저(2002). **특수아동의 심리학적 이해**. 학지사
여광응, 조인수(2000). **행동수정이론과 실제**, 대구대학교 출판부
여광응, 한현민 편저(1998). **행동수정이론과 특수아동에의 적용**. 특수교육
오영자(1999). 청각장애 아동과 건청아동의 모음 및 파열음 산출의 음향음성학적 특성 비교. 이화여자대학교 석사학위논문.
원호택 외 공역(1999). **Beck-우울증의 인지치료**. 학지사
윤가현, 김문수, 김정희, 남기덕, 도명수, 박권생, 박영호, 손영숙, 송인섭, 심응철, 유승엽, 윤영화, 이철원, 이현진, 조한익, 천성문 공저(2002). **심리학의 이해**. 학지사
윤미선(1994). 난청 아동의 말소리, 언어, 심리 및 행동 특징. **언어치료 전문인을 위한 청각학**. 서울: 군자출판사
윤미선(2002). **청능장애 아동의 듣기와 언어지도 방법과 사례**. 언어청능장애겨울연수회. 서울: 한국언어청각임상학회, 324-340.
윤미선(2003). 선천성 심도청각장애아동의 와우이식 후 말산출 능력의 예측변인 및 말산출 특성. 이화여자대학교 박사학위논문.
윤미선(2004a). 청력 수준에 따른 초등학교 아동의 기본주파수 비교. **말소리**, 52, 49-60.

윤미선(2004b). 청각장애인과 건청인의 말속도와 쉼 특성 비교. **언어청각장애연구**, 9(1), 15-29.

윤미선(2005). **Speech perception의 발달과 평가**. 2005 동산난청연구소 인공와우 심포지엄, 106-115.

윤미선, 심현섭, 장선오, 김종선(2005). 선천성 심도 청각장애 아동의 와우이식 후 말명료도 예측변인. **언어청각장애연구**, 10(3), 57-70.

윤점룡(1999). 특수교육 정책의 과제. 특수교육학. 1999년도 춘계 학술심포지엄. 23-66.

이규식, 석동일, 국미경, 강창욱, 이상희, 박상희, 윤미선, 신혜정, 박희정, 박미혜(2006). **청각장애아동 언어지도와 치료방법**. 대구: 대구대학교 출판부.

이규식, 석동일, 권도하, 정옥란, 강수균, 김시영, 신명선, 이상희, 황보명, 이옥분(2004). 의사소통장애 치료교육. 서울: 학지사.

이나미, 윤점룡(1990). **학습장애아 특성분석과 진단도구 개발**. 한국교육개발원.

이상복, 이상훈(2002). **정서·행동장애와 치료의 교육**. 경산: 대구대학교 출판부.

이상복, 이효신(2000). **유아특수교육**. 대구대학교 출판부.

이상복, Tsai, L. Y., 김정일(2002). **자폐성 영·유·아동의 조기중재**. 대구: 대구대학교출판부.

이상복, 김진희, 김정일 공역(2001). **자폐 및 정서·행동장애 아동의 약물치료에 대한 이해**. 서울: 시그마프레스.

이상복. 정대영(1995). **정서장애아 행동치료교육**. 국립특수교육원.

이상흔, 박미혜, 허명진(2003). **청각언어재활을 위한 평가 가이드; EARS**. 대구: 경북대학교 이비인후과 교실.

이소현(2003). **유아특수교육**. 서울: 학지사.

이소현(2005). **유아특수교육**. 양서원.

이소현, 박은혜(2006). **특수아동교육**. 학지사.

이숙, 정미자, 최진아, 유우영, 김미란 공저(2005). **아동상담**. 양서원.

이장호, 정남균, 조성호(1999). **상담심리학의 기초**. 학문사.

이지영(2000). 심도 감각신경성 청각장애 아동의 자음지각 및 자음산출 연구. 이화여자대학교 석사학위논문.

이태영(1988). **특수아동의 심리**. 대구대학교 출판사.

이현복, 김선희(1991). **한국어 발음 검사**. 서울: 서울국제출판사.

전국보육교사교육원대학협의회(2005). **특수교육학**. 양서원.

정용부, 고용인, 신경일(2004). **아동 생활지도와 상담**. 학지사.

조현춘, 송영혜, 조현재 공역(2003). **아동이상심리학**. 서울: 시그마프레스.

천성문 역(2001). **아동상담의 이론과 실제**. 시그마프레스

최성규(2004). **장애아동의 언어지도**. 대구: 한국언어치료학회.

최중옥, 박희찬, 김진희(2005). **정신지체아 교육**. 양서원.

한국정신지체아 교육연구회(1994). 정신지체인의 교육과 재활.

허명진, 정옥란(1997). 언어습득 전 난청자의 음향학적 특성. **언어치료연구**, 6(1), 61-77.

American Association on Mental Retardation (1992). *Mental Retardation: Definiton, classification and systems of supports* (9th cd.). Washington, DC: Author(박승희 역. 1994. **정신지체의 정의, 분류, 지원의 체계**, 교육과학사)

American Association on Mental Retardation(2002). *Mental Retardation: Definition, Classification and systems of supports* (pp. 14-15). Washington DC: Author.

Aram, D. & Nation, J.(1982). *Child language disorders.* St. Louis: The C. V. Mosby Company.

Bailey, A., Phillips, W., & Rutter, M.(1996). Autism: Towards an integration of clinical, genetic, neuropsychological, and neurobiological perspectives, *Journal of Child Psychology and Psychiatry*, *37*, 89-126.

Beirme-Smith, M., Ittenbach, R.F., & Patten, J.R.(1998). *Mental Retardation columbus.* OH: Merrill. Belmont(1971).

Boone, D. R. & McFarlane, S. C.(2000). *Voice and voice therapy.* Boston: Allyn and Bacon.

Boone, D. R.(1966). Modification of the voice of deaf children. *Volta Review*, *68*, 686-692.

Boucher, J., & Lewis, V.(1992). Unfamiliar face recognition in relatively able autistic children. *Journal of Child Psychology and Psychiatry*, *33*, 843-859.

Bryson, S. E., Smith, I. M., & Eastwood, D.(1988). Obstetrical suboptimality in autistic children. *Journal of the American Academy of Child and Adolescent Psychiatry*, *27*, 418-422.

Carney, A. E.(1986). Understanding speech intelligibility in the hearing impaired. Topics in *Language Development*, *6*(3), 47-59.

Clark, B. & Rogers, W.(1981). Correlates of syntactic abilities in hearing impaired students. *Journal of Speech and Hearing Research*, *24*, 48-54.

Cole, M. L. & Cole, J. T.(1989). *Effective intervention with the language impaired child.* Rockville: An Aspen Publication.

Colton, R. & Cooker, H.(1968). Perceived nasality in the speech of the deaf. *Journal of Speech and Hearing Research*, *11*, 553-559.

Cook, E. H., Courchesne, R., Lord, C., Cox, N. J., Yan, S., Lincoln, A., Haas, R., Courchesne, E., & Leventhal, B. L.(1997). Evidence of linkage between the serotonin transporter and autistic disorder. *Molecular Psychiatry*, *2*, 247-250.

Corey, G.(1991). *Theory and practice of counseling and psychotheraphy* (4th ed.). Belmont.

Courchesne, E., Townsend, J. P., & Chase, C.(1995). Neurodevelopmental principles guide reseach on developmental psychopathologies. In D. Cicchetti & D. Cohen (Eds.), *Developmental psychopathology: Vol. 1. Theories and methods* (pp.195–226). New York: Wiley.

David, J. E. (2001). Emergence of a vowel system in a young cochlear implant recipient. *Journal of Speech, Language, and Hearing Research*, *44*, 803–813.

Davis, J. & Hardick, E.(1981). *Rehabilitative Audiology for Children and Adults*. NY: John Wiley & Sons.

Dawson, G.(1996). Neuropsychology of autism: A report on the state-of-the science. *Journal of Autism and Developmental Disorders*, *2*, 179–181.

Dawsons, P., Blamey P., Dettman, S., Barker, E. & Clark, G.(1995). A clinical report on receptive vocabulary skills in cochlear implant users. *Ear and Hearing*, *16*, 287–291.

Doll, E. A.(1941). The essentials of an inclusive concept of mental deficiency. *American Journal of Mental Deficiency*, *46*, 214–229

Egan, G.(1975). *The skilled helper: A model for systematic helping and interpersonal relating*. CA: Brooks/Cole

Ellis, A.(1979). *The rational-emotive approach of counseling, in theories of Counseling* (3rd ed.). McGraw-Hill, Inc.

Ertmer, D. & Mellon, J. A. (2001). Beginning to talk at 20 months: Early vocal development in a young cochlear implant recipient. *Journal of Speech, Language, and Hearing Research*, *44*, 192–206.

Everhart, V. & Lederberg, A.(1988). Total Communication. *Poster presented at Southwestern Society for research in Human Development*, LA.

Flick G.(1998). *ADD/ADHD Behavior-Change Resource Kit*. The Center for Applied Research in Education

Freud S.(1900). *The Interpretation of Dreams*. Standard Edition. Vol.4.

Frith, U.(1989). Autism. *Explaining the enigma*. Oxford, England: Basil Blackwell.

Frith, U., & Hill, E. L.(2003). *Autism: Mind and Brain*. Oxford, New York: The Royal Society.

Gatty, J. (1992). Teaching speech to hearing impaired children. *The Volta Review*, *94*, 49–61.

Geers, A. E., Nicholas, J., Tye-Murray, N., Uchanski, R., Brenner, B., Davison, L. S., Toretta, G. & Tobey, E. A. (2000). Effects of communication mode on skills of long-term cochlear implant users. *Annals of Otology, Rhinology, & Laryngology*, *185*(s), 89–92.

Gillberg, C., & Coleman, M.(1992). *The biology of the autistic syndromes* (2nd ed.). London: Mackeith.

Grossmann,H.J.(1973). *Manual on terminology and classification in Mental retardation*. Washington, DC: American Association on Mental Retardation

Hallahan, D.P. & Kauffman J.M.(2003). *Exceptional children: Introduction to special education* (9th ed., p. 115). Boston:Allyn and Bacon

Hamzari, J., Deutsh, W., Baumgartner, W. D., Bigenzahn, W. & Gastoettner, W.(2000). Short-term effect of auditory feedback on fundamental frequency in post-lingually deafened adults. *Audiology, 37*(4), 219-230.

Herber, R.F.(1961). *A Manual on terminology and classification in mental retardation* (rev.ed.). Monographs to the American Journal of Mental deficiency. 64

http://blog.daum.net/artar/2387942

http://blog.naver.com/kimhappy777/120028911163

http://en.wikipedia.org/wiki/ADHD

http://www.adhd.com/index.jsp

http://www.adhd.or.kr/

http://www.nimh.nih.gov/publicat/adhd.cfm

kanner, L.(1943). Autistic disturbances of affective contact. *Nervous Child, 2*, 217-250.

Kentworthy, O.(1986). Caregiver-child interaction and language acquisition of hearing impaired children. *Topics in Language Disorders, 6*(3), 1-11.

Klin, A.(1991). Young autistic children's listening preferences in regard to speech: A possible characterization of the symptom of social withdrawal. *Journal of Autism and Developmental Disorders, 12*, 29-42.

Kretschmer, R. & Kretschmer, L.(1990). Language. *Volta Review, 92*(4), 56-71.

Langere, M. , Bosman, M. & Van Olphen, A.(1998). Effect of cochlear implantation on voice fundamental frequency in post-lingually deafened adults." *Audiology, 37*(4), 219-230.

Leder, S., Spitzer, J. & Kirchner, J.(1987). Immediate effects of cochlear implantation on voice quality. *Archive Otorhinolaryngology, 244*(2), 93-95.

Levitt, H. & Stromberg, H.(1983). Segmental characteristics of the speech of hearing impaired children: Factors affecting intelligibility. In Hochberg, I., Levitt, H., & Osberger, M. (Eds.), *Speech of the Hearing Impaired*. Baltimore: University Park Press.

Ling, D.(1989). *Foundation of Spoken Language for Hearing Impaired Children*. Washington: A. G. Bell Association for the Deaf.

Lowit-Leuschel, A. & Docherty, G.(2000). Dysprosody. In Kent, R., Ball, M. (Eds.), *Voice Quality Measurement*. San Diego: Singular Publishing Group.

Macmillian International.

Mahshie, J. & Contour, E.(1983). Deaf speakers laryngeal behavior. *Journal of Speech and Hearring Research, 26*, 550-559.

Martin M. Frederick & Clark Greer John.(2006). *Introduction to Audiology*. Boston:

Allyn and Bacon.

Martony, J.(1968). On the correction of the voice pitch level for severly hard of hearing subjects. *American Annals of the deaf, 113*, 195-202.

McGarr, N. & Whitehead, R.(1992). Contemporary issues in phoneme production by impaired persons: Physiological and acoustic aspects. *Volta Review, 94*(5), 33-48.

McGarr, N. S.(1983). The intelligibility of deaf speech to experienced and inexperienced listeners. *Journal of Speech and Hearing Research, 26*, 451-458.

Metz, D. E. , Samsar, V. J., Sciavetti, N. & Sitler, R. W.(1985). Acoustic dimension of heaing impaired speaker's intelligibility. *Journal of Speech and Hearing Research, 28*, 345-355.

Minshew, N. J.(1996). Brain mechanisms in autism: Functional and structural abnormalities. *Journal of Autism and Developmental Disorders, 26*, 205-209.

Moeller, M., Osberger M. & Eccarius, M.(1986). Receptive language skills. Language and Learning Skills of hearing impaired students. *ASHA monographs*, 41-54.

Mondain, M., Sillon, M., Vieu, A., Lanvin, M., Reuillard-Artieres, F., Tobey, E. & Uzeil, A. (1997). Speech perception skills and speech production intelligibility in French children with prelingual deafness and cochlear implants. *Archive Otolaryngology, Head & Neck Surgery, 123*, 181-184.

Muma, R.(1978). *Language handbook: Concepts, assessment, intervention.* Englewood Cliffs: Prentice-Hall.

Nelson, K. & Welsh, J.(1998). Progress in multiple language domains by deaf children and hearing children: Discussions within a rare event transactional model of language dealy. In Paul, R. (Ed.) *Exploring the speech language connection.* Baltimore: Paul Brookes Publishing Co.

Nelson, N.(1988). *Planning Individualized Speech and Language Intervention Program.* Tuscon: Communication Skill Builders.

Nelson, N.(1993). *Childhood Language Disorders in Context: Infancy Through Adolescence.* NY: Macmillian Publishing Company.

Nickerson, R. S.(1975). Characteristics of the speech of deaf persons. *The Volta Review, 77*, 342-362.

Nober, E.(1967). Articulation of the deaf. *Exceptional Children, 33*, 611-621.

Osberger, M.(1992). Speech intelligibility in the hearing impaired: Research and clinical implications. In R. Kent (Ed.), *Intelligibility in Speech Disorders.* Philadelphia: John Benjamins.

Osberger, M., Moeller, M. & Eccarius, M.(1986). Expressive language skills. Language and Learning Skills of hearing impaired students. *ASHA monographs*, 41-54

Osberger, M., Robins, A. M., Todd, S. L., Riely, A. I. & Miyamoto, R. T.(1994). Speech production skills of children with multichannel cochlear implants. In Hochmair, I. & Hochmair, E. (Eds.). *Advances in Cochlear Implants.* Vienna: Manz.

Parkhust, B. G. & Levitt, H. (1978). The effect of selected prosodic errors on the intelligibility of deaf speech. *Journal of Communication Disorders, 11*, 249–256.

Pisoni, D.(2000). Cognitive factors and cochlear implants: Some thoughts on perception, learning, and memory in speech perception. *Ear and Hearing, 21*, 70–78.

Prizant, B.(1996). Communication, Language, social, and emotional development. *Journal of Autism and Developmental Disorders, 26*, 173–178.

Richter, B., Eissele, S., Laszig, R. & Lohle, E.(2002). Receptive and expressive language skills of 106 children with a minimum 2 years experience in hearing with a cochlear implant. *International Journal of Pediatric Otorhinolaryngology, 64*(2), 111–25.

Robbins, A.(2000). Language development. In: Waltzman S, Cohen N. (Eds.) *Cochlear Implants.* NY: Thieme.

Robins, A., Osberger, M., Miyamoto, R. & Kessler, R.(1995). Language development in children with cochlear implants. *Adv. otorhinolaryngol.*, *50*, 160–166.

Robinshaw, H. M.(1997). Early intervention for hearing impairment: Differences in the timing of communicative and linguistic development. *British Journal of Audiology, 29*, 315–344.

Rogers, S. J., Ozonoff, S., & Maslin-Cole, C.(1993). Developmental aspects of attachment behavior in young children with pervasive developmental disorders. *Journal of the American Academy of Child and Adolescent Psychiatry, 32*, 1274–1282.

Ross J. Roseser, Michalel Valent, & Holly Hosford-Dunn.(2000). *Audiology Diagnosis.* New York: Thieme.

Rutter, M.(1970). Autistic children: Infancy to adulthood. *Seminars in Psychiatry, 2*, 435–450.

Ryalls, J., Le Dorze, G. Boulanger H. & Laroche, B.(1995). Speech therapy for lowering vocal fundamental frequency in two adolescents with hearing impairments: A comparison with and without speech viewer. *The Volta Review, 97*, 243–250.

Schaefer CE & Millman HL(1994). *How to help children with common problem.* Jason Aronson Inc.

Schiavetti, N.(1992). Scaling procedures for the measurement of speech intelligibility. In Kent, R. (Ed.), *Intelligibility in Speech Disorders.* Philadelphia: John Benjamins.

Schiavetti, N., Sitler, R., Metz, D. & Houde, R. (1984). Prediction of contextual speech intelligibility from isolated word intelligibility measures. *Journal of Speech and Hearing Research, 27*, 623–626.

Schirmer, B.(1994). *Language and Literacy Development in Children Who are Deaf.* NY: M.

Seaver, E. G., Andrews, J. R. & Granata, J. J. (1980). A radiografic investigation of velar positions in hearing impaired young adults. *Journal of Communication Disorders, 3*, 239–247.

Seifert, E., Oswald, M., Bruns, U., Vischer, M., Kompis, M. & Haeusler, R. (2002). Changes of voice and articulation in children with cochlear implants. *International Journal of Pediatric Otorhinolaryngology, 66*(2), 115–123.

Serry, T. & Blamey, P. (1999). A 4-year investigation into phonetic inventory development in young cochlear implant users, *Journal of Speech, Language, and Hearing Research, 42*, 141–154.

Seyfried, D. & Kricos, P.(1996). Language and speech of the deaf and hard of hearing.

Shirmer, B. R.(2001). *Psychological, social and educational dimension of deafness*. Boston: Allyn & Bacon.

Show, R. & Nerbonne, M.(1996). *Introduction to Audiological Rehabilitation*. Boston: Allyn and Bacon.

Shriberg, L. D. & Kwiatkowski, J.(1982). Phonological disorders III: A procedure for assessing severity of involvement. *Journal of Speech, and Hearing Disorders, 47*, 242–256.

Shriberg, L. D., Kwiatkowski, J., Rasmussen, C., Lof, G. & Miller, J.(1992). The Prosody-voice screening profile (PVSP): *Psychometric data and reference information for children. Phonology project technical report No.1*. Madison: University of Wisconsin-Madison.

Sitler, R., Schiavetti, N. & Metz, D. (1983). Contextual effects in the measurement of hearing impaired speakers' intelligibility. *Journal of Speech, and Hearing Disorders, 26*, 30–35.

Smith, C. (1975). Residual hearing and speech production in deaf children. *Journal of Speech and Hearing Research, 18*, 795–811.

Spencer, L., Tye-Murray, N. & Tomblin, B. (1998). The production of English inflectional morphology: speech production and listening performance in children with cochlear implants. *Ear and Hearing, 19*, 310–318.

Spencer, P. & Gutfreund, M.(1990). Characteristics of dialogue between mothers and prelinguistic hearing impaired and normally hearing infants. *Volta Review, 92*, 351–360.

Spencer, P.(1993). Communication behaviors of infants with hearing loss and their hearing mother. *Journal of Speech and Hearing Research, 36*, 311–321.

Stark, R. E. & Levitt, H.(1974). Prosodic feature reception and production in deaf children. *Journal of the Acoustic Society of America, 55*, 563.

Swanson, H.L.(1994). Short-term memory and working memory: Do both contribute to out understanding of academic achievement in children and adults with learning disabilities? *Journal of Learning Disabilities*, *27*, 34-50

Tomblin, J., Spencer, L., Flock, S., Tyler, R. & Gantz, B.(1999). A comparison of language achievement in children with cochlear implants and children using hearing aids. *Journal of Speech and Hearing Research*, *42*, 497-511.

Tye-Murray, N.(2004). *Foundation of oral rehabilitation*. NY: Thomson.

Tye-Murray, N., Spencer, L. & Woodworth, G.(1995). Acquisition of speech by children who have prolonged cochlear implant experience. *Journal of Speech and Hearing Research*, *38*, 327-37.

Weeks, S. J., & Hobson, R. P.(1987). The salince of facial expression for autistic children. *Journal of Child Psychology and Psychiatry*, *28*, 137-152.

Whitehead, R. L.(1983). Some respiratory and aerodynamic patterns in speech of the hearing impaired. In Hochberg, I., Levitt, H., & Osberger, M. (Eds.), *Speech of the Hearing Impaired*. Baltimore: University Park Press.

Wing, L.(1993). The definition and prevalence of autism: A review. *European Child and Adolescent Psychiatry*, *2*, 61-74.

Wirz, S. (1991). The voice of the deaf. In Fawcus, M. (Ed.). *Voice Disorders and Their Management*. London: Chapman & Hall.

Yoshinaga-Itano, C. & Stredler-Brow, A. (1992). Learning to communiate: Babies with hearing impairments make their needs known. *The Volta Review*, *95*, 107-129.

Yoshinaga-Itano, C. (2003). From screening to early identification and intervention: Discovering predictors to successful outcoms for children with significant hearing loss. *Journal of Deaf Studies and Deaf Education*, *8*(1), 11-30.

Zilbovicius, M., Garreau, B., Samson, Y., Remy, P., Barthelemy, C., Syrota, A., & Lelord, G.(1995). Delayed maturation of the frontal cortex in childhood autism. *American Journal of psychiatry*, *152*, 248-252.

찾아보기

<ㅅ>

<ㅇ>

—•—•—•— <ㅈ> —•—•—•—

<ㅊ>

<ㅌ>

<ㅍ>

저자 소개

조정연

대구대학교 초등특수교육학과 문학사
대구대학교 교육대학원 특수교육전공 교육석사
대구대학교 대학원 정서행동장애아교육전공 문학박사
대구덕희학교, 대구광명학교
국립특수교육원 현장연구원
7차 기본교육과정 집필위원
대구대학교 겸임교수
현) 대구교육발전위원
　대구교육과정 개발 연구위원
　초록꽃행동치료연구소장
　대구사이버대학교 행동치료학과장

김영숙

독일 Carl von Ozzietzky Oldenburg University 특수교육학(Diplom)
독일 Julius-Maxmilians-Wurzburg University 특수교육학(Ph.D.)
현) 대구사이버대학교 특수교육학과 교수

박상희

대구대학교 언어치료학과 이학사
대구대학교 대학원 언어치료전공 이학석사
대구대학교 대학원 언어치료전공 이학박사
동산난청연구소 실장 역임
대구대학교 겸임교수 역임
University of Iowa Post Doc.
현) 한국언어치료학회 총무이사
　한국언어치료전문가협회 기획이사
　대구사이버대학교 언어치료학과 교수

특수아동상담

인 쇄 일	2008년 3월 10일 초판인쇄
발 행 일	2008년 3월 20일 초판발행
저 자	조정연 · 김영숙 · 박상희
발 행 인	구본하
발 행 처	도서출판 **박학사**
주 소	서울시 마포구 서교동 460-26 동아빌딩 2층
전 화	(02)3142-3764~5
팩 스	(02)3142-3766
E-mail	pakhaksa@kornet.net
웹사이트	www.pakhaksa.co.kr
등록번호	제10-2230호

가격 15,000원 ISBN 978-89-91633-27-8